金融助力新质生产力的长效机制研究

程　鹏◎著

中国商务出版社
·北京·

图书在版编目（CIP）数据

金融助力新质生产力的长效机制研究 / 程鹏著.
北京 : 中国商务出版社, 2024. 8. — ISBN 978-7-5103-5381-9

Ⅰ. F120.2

中国国家版本馆CIP数据核字第2024RD9109号

金融助力新质生产力的长效机制研究

程　鹏　著

出版发行：中国商务出版社有限公司
地　　址：北京市东城区安定门外大街东后巷28号　邮　　编：100710
网　　址：http://www.cctpress.com
联系电话：010-64515150（发行部）　　010-64212247（总编室）
　　　　　010-64515164（事业部）　　010-64248236（印制部）
责任编辑：杨　晨
排　　版：河南济航文化有限公司
印　　制：宝蕾元仁浩（天津）印刷有限公司
开　　本：787毫米×1092毫米　1/16
印　　张：16　　　　　　　　　　字　　数：232 千字
版　　次：2024年8月第1版　　　　印　　次：2024年8月第1次印刷
书　　号：ISBN 978-7-5103-5381-9
定　　价：79.00元

前　言

在当今全球经济一体化与数字化转型的浪潮中，生产力的革新已成为推动社会进步与经济发展的核心引擎。新质生产力，作为这一时代背景下的新兴概念，不仅蕴含着技术创新、模式变革的深刻内涵，更预示着未来经济结构与增长动力的根本性转变。金融作为现代经济的血脉，其在新质生产力的培育与发展中的作用不容忽视。新质生产力是在信息化、智能化技术深度融合的基础上，通过创新驱动、结构优化、效率提升等手段形成的一种以高质量、高效率、可持续为特征的新型生产能力。其超越了传统生产力的范畴，不仅关注物质财富的创造，更强调知识、技术、数据等无形资产的积累与应用，是实现经济社会全面转型升级的关键。在全球竞争加剧、资源环境约束加剧的背景下，新质生产力的培育成为各国提高国际竞争力、实现可持续发展的必然选择。金融作为资源配置的重要手段，对于促进新质生产力的发展具有不可替代的作用。一方面，金融体系通过提供多元化、高效率的融资服务，能够有效缓解创新型企业及项目面临的资金约束，为新质生产力的孕育与发展提供充足的“血液”。无论是初创企业的风险投资、成长期企业的股权融资，还是成熟企业的债务融资，金融市场的完善与创新为不同阶段的新质生产力发展提供了强有力的支持。另一方面，金融通过风险管理、信息处理等功能，降低了创新活动的不确定性，为新质生产力的持续演进创造了稳定的外部环境。金融衍生品市场的发展，为企业对冲市场风险、锁定成本收益提供了可能；而金融科技的兴起，更是极大地提升了金融服务的便捷性与普惠性，使得更多中小企业能够享受到金融服务的红利，加速其向新质生产力转型的步伐。在金融与新质生产力的深度互动中，金融以其独特的力量，为新质生产力的培育与发展注入不竭动力。展望未来，随着金融体系的不断完善与创新，以及新质生产力内涵的不断丰富与拓展，两者之间的协同效应将更加显著，共同推动经济社会向更高质量、更有效率、更加公平、更可持续的方向发展。在这一过程中，既要充分发挥金融的引领作用，又要注重新质生产力对金融反哺作用的挖掘，实现两者的和谐共生，共绘新时代背景下经济发展的壮丽图景。

本书包括八章：第一章主要介绍新质生产力的内涵、特征、逻辑、构成要素、形成机制、历史演进与时代价值，并深入分析习近平总书记关于发展新质生产力的重要论述以及我国新质生产力的研究现状与发展趋势；第二章主要介绍金融助力新质生产力发展的可行性与必要性、内在逻辑与理论基础、历史经验与中国启示，并探索金融助力我国新质生产力高质量发展的实践路径；第三章先是分析财政金融在新质生产力发展中的作用，而后指出财政金融在新质生产力发展中面临的问题，接着基于问题分析着重阐述财政赋能新质生产力发展的着力点与基本原则，并提出相应的对策建议；第四章先是阐述科技金融在新质生产力发展中的现实意义和理论基础，并结合当前现状提出对策建议；第五章先是介绍数字金融对新质生产力提升的作用机制和价值与逻辑，而后剖析当前面临的现实困境，并提出对策建议；第六章先是介绍绿色金融发展的内涵、特点和学理以及绿色金融的发展逻辑、演进路径与中国实践，并探析绿色金融促进新质生产力发展的内在机理，而后更深入地阐述绿色金融促进新质生产力快速发展的挑战与对策；第七章先是阐述加快建设金融强国的重要意义，并对金融强国与金融新质生产力之间的内在联系进行深入剖析，最后提出建设金融强国、加快形成新质生产力的路径；第八章先是介绍现代化产业体系的内涵特征与演进规律，而后分析新质生产力对现代化产业体系建设的影响，接着分析新质生产力赋能现代化产业体系建设的逻辑与着力点，最后分析新质生产力引领现代化产业体系建设的现状与实现路径。

作　者

2024.5

目 录

第一章　新质生产力的理论综述

第一节　新质生产力的内涵、特征、逻辑

一、新质生产力的内涵

（一）新一轮科技革命和新兴战略产业集群发展是新质生产力的核心内涵

新质生产力，以新一轮产业技术革命为引领，正逐步孕育出战略性新兴产业集群。这场深刻的技术变革，不仅系统性地推动了新旧生产要素的优化重组，更从根本上重构了社会再生产的各个环节。新质生产力的深远影响，不仅在于极大地丰富了社会的使用价值，更在于显著提升了价值的创造能力。在这一进程中，技术革命的力量如同涌动的江水，激荡着产业变革的浪潮，引领我们走向一个更加繁荣与创新的时代。无须多言，其重要性已然凸显，新质生产力正成为推动社会进步的强大引擎。技术革命形成紧密交织的技术创新集群，包括通用低成本投入品，如能源或重要原材料，以及新产品、新工艺或基础设施，催生新支柱部门和产业集群，推动人类社会从农业社会向机器生产、信息技术主导的信息社会发展。习近平总书记曾深刻指出，新质生产力的形成，离不开科技创新资源的有效整合。他强调，引领战略性新兴产业和未来产业的发展，是催生新质生产力的关键。在多个重要场合，习近平总书记重申了培育新能源、新材料、先进制造、电子信息等战略性新兴产业的重要性，这些产业的崛起将为经济增长注入新的活力，

成为发展的新引擎。这些讲话反映了以习近平同志为核心的党中央对科技、产业和生产力的内在逻辑的深刻理解和不断深化。这些举措不仅将加速产业结构的优化升级，更将为国家的发展增添强劲的新动能。在科技创新的推动下，新质生产力将如同璀璨的新星，在经济的星空中熠熠生辉。

（二）新质生产力是新时代实现高质量发展的生产力

马克思深刻洞察到，机器生产之进步，必须植根于与其相契合的新生产方式之上。而重大的技术革新，往往是在现有生产模式与物质基础之间矛盾的不断激化中应运而生的。这种变革，如同破土而出的新芽，在旧有体系的裂缝中汲取养分，茁壮成长。技术变革不仅推动局部生产部门的革新，还通过创造新的生产部门和满足新需求，拉动社会再生产的循环，并修复一般利润率，开启新一轮增长浪潮。

新常态的战略预判，以高瞻远瞩的视角，提前十年揭示了我国经济未来长期的发展动态及面临的挑战。2023 年，中央经济工作会议深入剖析了当前的经济形势，指出在推动经济回升的道路上，存在有效需求不充沛、部分行业产能过剩、社会预期不振和多重风险隐患等难题。这些因素是经济新常态的延伸，高质量发展是在多重约束下的最佳选择。仅依赖传统生产力的扩展不足以推动高质量发展，必须向新质生产力进发才能开辟新局面，其中技术形态和产业组织均是重要入手点。新质生产力并非单纯替代或否定旧有生产力，而是在每次技术革新的推动下，重新焕发传统生产力的活力，大幅提升生产效率。通过产业升级的强劲引擎，新质生产力巧妙吸纳过剩产能和货币资本，有力促进经济循环的加速运转。在这一进程中，新型工业化、信息化、城镇化和农业现代化得以迅猛推进，共同绘制出一幅波澜壮阔的时代画卷，彰显着新质生产力的巨大潜能和无限魅力。

（三）新质生产力为社会生产力的进一步解放和发展提供了物质基础

在人类历史的长河中，工业革命无疑是一个划时代的重大事件。每一次工业革命，都标志着人类生产力的飞跃；每一次技术突破，都意味着对劳动力更深层次的释放。回想起第一次工业革命，那是人类劳动能力首次得到大规模解放的时代。自动机器系统的出现，犹如一股清风，吹散了生产过程中对劳动者体力的过度依赖；蒸汽机的轰鸣，则象征着动力系统的全新革命，它使人们不再受制于人畜力。这一系列的变革，将社会生产力推向一个崭新的阶段，生产方式也因此具备了前所未有的扩展弹性。然而，这种扩展并非无限制的，它依然受到原料和销售市场的制约。时光荏苒，第二次工业革命接踵而至，这一次，体力劳动得到了进一步的解放。电力、化工产品和廉价钢铁的广泛应用，推动了自动机器系统的规模不断扩大。机器在生产过程中对劳动者和原材料的整合能力日益增强，生产效率也随之提升。与此同时，垄断企业的规模逐渐扩张，管理工作的重要性日益凸显。银行、信贷等办公室工作领域也因此得到了进一步发展。从 20 世纪后期开始，管理型工作在现代企业生产中快速增加，逐渐成为独立的生产分工，这也预示着劳动力结构的深刻转变。历史的车轮滚滚向前，第三次产业技术革命如期而至。这一次的革命不仅继续解放了体力劳动，更推动了对脑力劳动的广泛替代。集成电路、计算机系统、存储技术和互联网的迅猛发展，使得社会在信息接收、处理和存储方面获得了指数级的增长。生产的规模、效率和效能也因此得到极大的提升。新质生产力的发展，将劳动能力的解放推向了一个全新的高度。在新时代，物联网、数字技术、云计算等高新技术如雨后春笋般涌现，它们强大的算力能够对生产过程进行精准的“数字化”刻画，将复杂的精密劳动分解为多个模块，并求得最优参数。这使得原本需要高度专业技能和经验的复杂劳动，可以由机械来完成，或者被分解为简单、标准化的劳动。这种变革不仅提高了生产效率，还降低了对专业技能的依赖。展望未来，技术创新的脚步将永不停歇。特别是人工智能这一前沿技术，有可能颠覆工业设计、美工绘图、商业决策等传统领域，成为新质生产力的重要里程碑。我们可以预见，在未来的日子里，随着技术的不断进步和应用领域的拓宽，人类的劳动能力将得到更加全面和深入的解放。这不仅会推动社会生产力的持续飞跃，更能为人类带来更加美好的生活体验。[①]

---

① 赵峰，季雷 . 新质生产力的科学内涵、构成要素和制度保障机制 [J]. 学习与探索，2024(1):92-101,175.

二、新质生产力的特征

新质生产力系统作为当代的生产力体系，彰显着鲜明的时代特征，其核心特质可归结为创新驱动、绿色低碳、开放融合和人本内蕴四大方面。谈及创新驱动，我们不得不提及其在新质生产力中的核心地位。创新，作为发展的主动力，是推动社会进步的引擎，而科技则是这引擎的燃料，是先进生产力的核心体现。在新一轮科技革命的浪潮中，科技在生产力中的主导地位越发显著，犹如巨轮中的舵手，引领着生产力的航向。唯有颠覆性、突破性、引领性的科技成果，方能实现生产力的裂变式跃升，推动社会发展的车轮滚滚向前。新质生产力的创新驱动特性，需要最新科技成果的滋养，以促进数字经济与实体经济的深度融合，推动产业数字化与数字产业化，进而助力传统产业的华丽转身，大力发展战略性新兴产业和未来产业。再观绿色低碳特性，其是对过去生产力范式的深刻反思与超越。曾几何时，人们将自然视为无限资源的供给对象，肆意索取。然而新质生产力以“生态即资源、生态即生产力”的崭新理念，强调保护生态环境就是保护生产力。这一特性展示了人与自然和谐共生的美好愿景，倡导“绿水青山就是金山银山”的绿色发展理念。其不再仅仅关注对自然的改造能力，更着眼于对自然的保护与维系，是一种具有深远保护意义的生产力。说到开放融合特性，新质生产力以其超越传统地理空间限制的能力，展现了前所未有的开放与融合态势。借助互联网、大数据、人工智能等现代技术，以及各类新型基础设施的支撑，新质生产力在天、地、空、网等多维度开放场域中自由翱翔，迅速扩展与融合。数据，作为这一时代的重要生产要素，以其快速传播、即时反馈和有机融合的特性，自然而然地融入生产过程和人类社会活动的每一个角落。最后谈谈人本内蕴特性，新质生产力始终坚持以人为本的质量导向发展。其深切关注是否能够满足广大人民群众对美好生活的多元化需求，这些需求不仅涵盖物质层面，更延伸至精神、生态、个人价值实现和社会治理参与等诸多方面。新质生产力致力于构建一个人人共享发展成果、人人尽展其才的社会环境，让每个人都能在对美好生活的追求中找到属于自己的位置和价值。因此，新质生产力注重普惠性和人的全面发展，不仅提升了物质资源和技术能力，更强调创新驱动、绿色低碳、开放融合和人本内蕴等特性，体现了其与传统生产力的显著差异。

三、新质生产力的逻辑

（一）形成逻辑

1. 前置条件：颠覆性创新引致主导技术体系更迭

生产力演进通常建立在体系之上，而不再局限于单一技术进步。Ellul（埃吕尔）在 1977 年提出的“技术体系”概念强调了技术的整体性和环境依赖性。技术体系的深刻变革，如同波澜壮阔的江河，汇聚了多个产业部门与技术的升级迭代，进而催生出紧密相连的创新集群。以新能源电池技术的显著突破为例，其犹如一股清新的溪流，不仅激活了汽车电机、驱动与传动技术的蓬勃发展，更推动了充电、储能和电控等技术的协同创新。这种颠覆性创新不仅提升了生产效率，还重塑了整个产业链的结构和劳动力需求，是形成新质生产力的关键前提之一。

2. 技术条件：通用目的技术的产生与发展

通用目的技术水平不断增强，生产力也会愈加深化，广泛应用是其最初表现，而后继续向系统化进发，成为强大的新质生产力。这些技术具有普适性，与其他技术互补，产生显著的正外部性，被称为经济增长的关键引擎。例如，蒸汽机问世后，人力系统逐步被取代，它不仅在相关产业中大放异彩，还对经济结构、布局和劳动力产生了深远影响。

3. 时代条件：新一轮科技革命和产业革命的兴起

通用目的技术在科技更迭和产业发展中充当重要驱动角色。18 世纪中期的第一次科技革命以蒸汽机为代表，将人类从农业时代引向机械驱动的工业时代，转变了劳动力结构并奠定了工业的主导地位。19 世纪中前期的第二次科技革命则以发电机和内燃机为核心，推动了能源和重化工业的迅速发展，资本密集型产业成为主导，原先在农业中付出汗水的劳动力得到解放。第三次科技革命后，信息处理和通信技术愈加成熟，催生了知识密集型产业和服务化制造业，深化了社会分工和专业化。21 世纪初的第四次科技革命则以数字技术为核心，推动了数据驱动的新兴产业和创新模式的发展。

4. 制度条件：促进科技转化应用的制度体系

科技和生产力不能直接划等号。新质生产力的培育须优化知识产权保护，调整创新成果的经济利益分配，激发创新活力，提供高质量的科技供给，支持创新创业并推动战略性新兴产业发展。应坚持市场导向原则，优化科技创新与应用机制，促进技术规模化应用，形成科技驱动经济发展的循环。建立高效国内市场是培育新质生产力的重要制度支撑。[①]

（二）理论逻辑

1. 生产力是人类社会发展的决定性力量

人类是为了生存而进行的物质生产，这是社会发展的基础。生产力是指人类通过生产活动获取物质资源的能力，其推动社会各方面的变化，推动社会进步。经济学家如色诺芬、孟德斯鸠、配第、斯密等早已讨论过如何增进社会财富，马克思、恩格斯则深入探讨生产力对社会发展的核心作用。生产力发生变革，生产关系会受到影响，进而使经济、政治、文化等方面也发生变化，推动社会进入新的发展阶段。

生产力从量变到质变的发展过程中，生产关系对生产力产生反作用。落后的生产关系会阻碍新生产力的发展，而适应性强的生产关系则促进生产力的发展。正确发挥人的主观能动性，革除落后的生产关系，能加速生产力的进步。这一理念在社会主义建设实践中得到了验证，改革生产关系成为经济发展产生质变的关键所在。社会关系的重要性不言而喻，人与自然的关系也不能忽略，如果通过牺牲自然来发展生产力则扭曲了这种关系，必然导致生态灾难频发。习近平总书记高度强调绿色发展，强调经济要发展，但不能以破坏生态环境为代价。只有彻底转变才能开辟可持续发展的新路径，探索人与自然和谐共生的现代化进程。

---

① 彭绪庶.新质生产力的形成逻辑、发展路径与关键着力点[J].经济纵横,2024(3):23-30.

2. 生产力本身处于不断新质化的运动之中

人类社会发展需要驱动力，生产力是重要一环。物质运动遵循“量转质、质转量”的规律，量的积累最终引发质的变化。生产力的量变不断积聚能量，足以推动质的转变，这是生产力不断发展的关键。新的量变引发新的质变，使生产力不断实现新质化。生产关系和人与自然的作用影响生产力的新质化进程，但推动生产力不断新质化的核心动力是生产力内部。

劳动者、劳动对象和劳动资料作为生产力的三大要素，内在地推动着生产力不断实现新质化。劳动者作为能动性要素，随着物质需求的提升推动生产力进一步发展，劳动对象从自然界获取物质资料，不断受到自然力的影响，也为生产力提供内在的驱动力；劳动资料作为决定性因素，持续推动生产力规模化增长，科学的作用尤为关键，其驱动劳动资料不断革新，提升生产效率。

3. 推动人类社会实现跨越式发展的是生产力的系统性新质化

唯物辩证法认为，物质变化形式多样，可分为爆发式和非爆发式两种基本形态。生产力的新质化也呈现多样性，主要包括一般性和系统性两种形式。一般性新质化指生产力从低级向高级的质的变化，其丰富物质与精神生活，并在经济发展、社会革新等过程中发挥作用。系统性新质化产生的影响更加深远，生产要素、技术和产业系统都会迎来新面貌，推动人类社会向高能级全方位跃升。

生产力的一般性新质化与系统性新质化之间存在千丝万缕的联系。每一次生产力的新质化，都标志着质的飞跃，其中自然融入了一般性新质化的精髓。因此，系统性新质化在深层次上也必然体现一般性新质化的核心特质，也就是生产力在本质层面的更新与升级。进一步地讲，系统性新质化可谓一般性新质化的集成表达，其将多个点状的一般性新质化转变汇聚成一个宏大的面状质变。这种相互包容的联系并未消除它们的差异，反而造就了二者的本质差别。一般性新质化推动力较小，而系统性新质化则是多次一般性新质化的集聚，因此产生的推动力更大，通过重组升级释放巨大的能量，推动人类社会跨越性发展。[①]

① 蒋永穆，乔张媛．新质生产力：逻辑、内涵及路径［J］．社会科学研究，2024(1):10-18,211.

（三）历史逻辑

新质生产力的发展基于传统生产力的演进。随着科技进步，传统生产力不断提升。当经济发展到一定阶段、面临多方挑战时，如果没有产生新技术，就难以应对挑战。新技术是新质生产力的源头，同时必须有技术创新、资金支持、市场需求等条件。传统生产力向新质生产力进发要经过不断的积累和创新过程，新技术和新生产方式的出现推动了生产力的进步。

原始社会末期，随着生产经验和技术的积累，生产力得到提升。新的生产工具，如石器、陶器等的出现，提高了生产效率，改善了生活条件。农业和畜牧业的兴起取代了狩猎和采集，引发了生产关系的变革。在资本主义的浪潮下，生产力得到了空前的释放与提升，社会财富创造能力显著增强。私有制成为这一体系的基石，市场机制则像一只无形的手，精妙地调节着经济的脉动。商品生产与交换在这片热土上蓬勃开展，成为经济活动的主流。企业与个人在这片繁荣的海洋中扬帆起航，以追求利润的最大化为航标，不断探索、勇往直前。这种制度激发了人们的创新精神，推动了科技进步和生产效率的提高，促进了整个社会的经济繁荣和进步。资本主义通过多次工业和科技革命不断创新和改进生产工具和技术手段，不断推动社会的发展与进步。随着资本主义私有制的不断深化，列宁曾深刻洞察到生产资料的日渐集中和高度的社会化已渐显与资本主义体制的不相容性，预言这一体制终将走向崩溃的边缘。历史的巨轮滚滚向前，1929—1933 年的经济大萧条，无疑成为对资本主义世界的一次严峻考验。这场危机促使诸多资本主义国家开始深刻反思国家经济政策，探寻新的出路。一些国家转而采取更加积极的国家干预策略，推行国家垄断资本主义模式，凸显了政府在经济活动中的关键作用。他们通过一系列政策调控，力图重振经济，推动社会生产力的复苏与发展。这一转变，不仅是对列宁预言的一种回应，更是资本主义自我调整与完善的体现，显示出社会经济体系面对挑战时的灵活性与韧性。

马克思深刻指出，生产力的发展并非孤立的，而是受到多重社会因素的制约。生产关系必须与生产力的发展要求相契合，否则将成为阻碍其前进的桎梏。同时，自然环境的优劣与技术的革新亦对生产力产生深远影响。自然条件的适宜与否，直接关系到生产力发展的速度与效率；而技术的不断进步，则为生产力发展提供了源源不断的动力。在实践中，真正的社会主义国家将解放和发展生产力视为首要目标，这不仅从理论上确立了马克思的观点，也为马克思理论奠定了实践基础。传统生产力依赖大量资源投入，资源利用率低且对环境破坏大。随着科技的进步，新质生产力显现出新技术、新模式、新产业等创新成果，如人工智能、大数据等。这些技术创新不仅提升了生产力，更显著的是从质量和结构层面发挥助力，成为社会进步的重要推动力。新质生产力的出现为社会主义经济提供了新动力，促进了创新、协调、绿色、开放、共享发展，是中国特色社会主义建设的必然结果。

（四）现实逻辑

20 世纪 90 年代是信息技术由微末走向辉煌的关键时期，经过不断融合和渗透，催生了新兴产业和新业态。在全球政治经济格局动荡变迁的背景下，科技创新成为各国获取领先优势的核心。应对变局，特别是中国经济和科技的全面崛起，科技创新成为提升实力的主要途径，也是中美竞争的主战场。因此，抢占关键领域，推动原创、突破性技术的发展，实现传统生产力向新质生产力的转变，具有重要的现实意义和深远的战略影响。

改革开放以来，中国以惊人的速度完成了发达国家历经数百年的工业化过程，铸就了经济迅猛增长与社会持久安定的双重奇迹。中国已从昔日的农业国家成功转型为全球瞩目的制造业强国，更在人工智能、5G 通信、航天科技等尖端领域取得了举世瞩目的进展。然而，辉煌的成就之下，我们也应清醒地认识到，在科技创新与核心产业竞争力上，中国与发达国家仍有不小差距。众多关键技术尚需依赖外部引进，这无疑是制约国家科技自主发展的重要因素。习近平总书记强调，必须坚持自信自立。因此，加强科技创新、提高科技成果转化和产业化水平，是实现新质生产力发展，确保中国在科技创新上具有独立能力的关键路径。

中国式现代化的全面推进已成为历史进程中不可逆转的趋势。党的二十大报告深刻阐述了科教兴国战略、人才强国战略、创新驱动发展的战略意义，这深刻反映了党对科技力量在推动社会生产力发展中关键作用的精准把握。在新的时代背景下，中国正站在新的历史起点，面临着前所未有的战略机遇与挑战。科技创新不再只是一个选项，而是必须处于国家发展蓝图中的核心位置。推进科技自立自强，已成为时代发展的迫切要求。这就意味着，必须集结国家的智慧和力量，专注于核心技术的突破，以确保在激烈的国际竞争中站稳脚跟。科技创新是推动高质量发展的关键，也是构建新发展格局的基石。数字技术、网络技术、人工智能等前沿科技的迅猛发展，不仅显著提升了生产效率，更在无形中重塑了社会经济的面貌。特别是数字技术、大数据、人工智能等新质生产力的崛起，不仅极大地增强了生产的效率和品质，更为社会创造了丰富的就业机会和巨大的财富。新能源、智能制造等高科技产业的蓬勃发展，正在引领传统产业的转型升级，为经济注入了新的活力。数字化和智能化的浪潮，推动了新质生产力的不断涌现，这些前沿技术正成为推动经济社会发展的新引擎。在这样一个大变革的时代，每一次技术的突破，每一次创新的尝试，都在为中国的发展注入新的动力。从生物技术的深入探索，到智能制造的广泛应用，再到数字经济的蓬勃发展，科技创新正在以前所未有的速度改变着国家的发展轨迹，引领着中国走向更加繁荣与强大的明天。①

第二节　新质生产力发展的构成要素与形成机制

一、新质生产力发展的构成要素

新质生产力是一个多维度的复合体，它涵盖了新型劳动者、新型劳动对象和新型劳动工具等诸多要素，这些要素彼此交织、相互影响，共同构筑了一个动态而和谐的统一体。在这个统一体中，新型劳动者无疑占据着核心地位。他们不仅

① 李政，廖晓东 . 发展“新质生产力”的理论、历史和现实“三重”逻辑 [J]. 政治经济学评论 ,2023,14(6):146-159.

继承了传统工匠的精湛技艺，更能在现代数字化、智能化的工作环境中游刃有余，展现出跨界融合的非凡能力。这些新时代的劳动者，通常都接受过高等教育，拥有敏锐的思维和强大的学习能力。他们能够娴熟地创造并操作各种新型劳动工具，勇于拓展新型劳动对象的边界，同时，也能有效地使用和维护新型基础设施。新型劳动对象是新质生产力的另一个重要支柱。它们以实体和非实体的双重形态存在，既有传统的原材料和零部件，也有现代的数据和知识。这些劳动对象在新质生产力中扮演着至关重要的角色，为新型劳动者提供了广阔的创造空间，也为新型劳动工具的应用提供了丰富的场景。新型劳动工具是新质生产力的关键体现。不同历史时期的劳动工具反映了社会生产力的发展水平，如工业革命时期的蒸汽机和信息时代的计算机和互联网。如今，人工智能、虚拟现实、机器人和物联网等新型劳动工具的快速发展和应用，正在推动着传统产业的升级、战略性新兴产业的发展，以及未来产业的培育。新型劳动工具的创新使用，直接促进了生产效率的提高和社会进步。

基础设施作为劳动工具的重要组成部分，在现代生产力中扮演着关键角色。新型基础设施以信息网络为核心，融汇数字化、网络化和智能化的鲜明特征，如高速网络、大数据中心、智能物流系统等。这些基础设施的日渐完善，为经济的高质量发展注入了强劲动力，成为孕育新质生产力的沃土。在这一进程中，新型劳动者扮演着举足轻重的角色，他们不仅驾驭着新型劳动工具、创造出新型劳动对象，更肩负着新型基础设施的应用与维护之责。劳动对象的创新变化，推动着劳动工具的进化与应用，而这些革新又促进了新型基础设施的建设。这种相互促进、相互影响的关系，在不同阶段中推动着劳动者、劳动对象、劳动工具和基础设施的不断演变。这一过程不仅深刻改变了生产力的结构，更在无形中塑造了当代现代化产业体系的崭新形态。①

① 黄群慧，盛方富.新质生产力系统：要素特质、结构承载与功能取向[J].改革，2024(2):15–24.

二、新质生产力发展的形成机制

（一）新技术持续涌现和群体性突破带来新赛道

新质生产力的核心在于创新驱动，其是推动社会进步的重要引擎。新技术的不断涌现与群体性突破，为新质生产力的形成注入源源不断的动力。在中国，众多领域的技术进步已经取得了举世瞩目的成就，展现了强大的创新能力和发展潜力。在通信技术领域，中国已经站在了全球的前沿。5G 专利数量高居全球榜首，5G 移动网络的建设规模更是无人能及，数字基础设施的领先地位已然确立。这一系列的成就不仅彰显了国家的科技实力，也为新业态和新应用的层出不穷奠定了坚实基础。从智慧城市到远程医疗，从自动驾驶到物联网，新技术正在深刻改变着人们的生活方式和社会面貌。在空间技术领域，中国的载人航天工程同样取得了令人瞩目的进展。关键技术验证的丰硕成果为中国空间站的全面建成提供了有力支撑。这一里程碑式的成就不仅标志着中国在航天领域的重大突破，也为未来的空间探索和开发奠定了坚实基础。生物领域也是中国科技创新的重要舞台。生物制药相关专利申请数量连续多年保持全球第二，这一数据充分体现了中国在生物医药领域的创新活力和实力。从基因编辑到细胞疗法，从新药研发到医疗器械创新，中国的生物医药产业正在迎来前所未有的发展机遇。然而，成就的背后也隐藏着挑战。中国在前沿技术突破方面仍存在一些短板，需要高度重视。原始创新能力不强是其中之一。在某些关键领域，如生物医药和新能源汽车，中国仍面临着“卡脖子”的局面。高精度的科学实验仪器、核心菌种和新能源汽车的核心软硬件技术等，还需要进一步加强自主研发和创新。此外，科技生态的完善也是一项紧迫任务。创新体系的整体效能有待提高，科技创新资源的整合和优化布局亟待加强。同时，科技投入的产出效益也需要进一步提升。在这一过程中，优化科技人才队伍结构、加强产业链与创新链的融合、改革高等院校和科研机构的评估机制，以及提高科技成果的转移转化效率等，都是关键所在。与此同时，国际环境中的挑战也不容忽视。针对中国的科技进步，某些国家采取了打压和遏制的策略。这种外部环境的变化无疑增加了中国科技创新的难度和复杂性。然而，挑战与机遇并存。面对外部压力，我们更应该坚定自主创新的信念，加强对核心技术的研发和保护，以应对各种潜在的风险和挑战。在新能源汽车领域，中国尽管已经成为全球最大的新能源汽车市场，但在核心技术的掌握上仍有待加强。车规级芯片、车载传感器和车用操作系统等软硬件技术的薄弱，使得中国高度依赖进口。这不仅增加了生产成本，也在一定程度上制约了新能源汽车产业的进一步发展。因此，加强新能源汽车核心技术的研发和创新尤为重要。在生物医药领域，中国尽管生物制药相关专利申请数量保持领先地位，但在一些关键技术和设备上仍存在依赖进口的情况。例如，高精度科学实验仪器、分离系统耗材和核心菌种等领域的技术和设备仍需加强自主研发和生产能力。这不仅有助于提高中国生物医药产业的自主可控能力，也有助于降低生产成本，提升国际竞争力。

（二）数据等新生产要素进入生产函数

数字化与智能化，无疑是新质生产力的重要标签，它们昭示着新一轮科技革命与产业变革的汹涌浪潮。在这一变革中，数据生产力崭露头角，成为新质生产力系统中不可或缺的一环。数据，这个看似无形的存在，已悄然进入生产函数，与资本、劳动力、土地和企业家才能等传统要素并肩，共同为新质生产力注入源源不断的动力。大数据产业作为战略性新兴产业，正通过数据的生成、采集、存储、加工、分析和服务，引领着生产效率、精度和价值的飞速提升。它像一股清新的风，吹散了传统产业的迷雾，为生产力的创新和变革开辟了新的道路。在大数据的驱动下，企业能够更精准地洞察市场需求，更高效地配置资源，从而实现生产力的跨越式发展。而当下全球热议的“生成式预训练变换模型”，更是展现了智能生产力的惊人潜力。这一技术的核心在于利用大规模数据进行持续训练，构建出庞大的模型。而这一切，都离不开强大的算力支持，尤其是智能算力的鼎力相助。这种模型的出现，不仅将人工智能推向了新的高度，也为生产力的进一步提升提供了有力支撑。数据的魅力还在于其独特的乘数效应。它能够形成规模经济和范围经济，使得生产效率在数据的驱动下实现质的飞跃。同时，数据还能提升配置效率和激励效率，让企业在激烈的市场竞争中脱颖而出。当数据作为新的生产要素进入生产函数时，其对经济增长和新质生产力的推动作用更加明显，全球经济结构和竞争格局也将因此重塑。《数字中国发展报告（2022 年）》显示，中国数据产量正以惊人的速度增长。2022 年，中国数据产量高达 8.1ZB，同比增长 22.7%，占全球比重达到 10.5%。而数据存储量也呈现出强劲的增长态势，达到了 724.5EB，同比增长 21.1%，占全球比重为 14.4%。这一系列数据不仅彰显了中国在数字化和智能化领域的雄厚实力，也为新质生产力的发展奠定了坚实基础。尽管如此，数据在价值释放过程中仍面临如下挑战：公共数据供给不足、数据质量问题、流通保障体系不完善、技术体系成熟度不高、数据应用不足、标准和接口不统一等。

（三）较为顺畅的“科技—产业—金融”循环

科技创新与数据要素融入生产力系统后，顺畅的“科技—产业—金融”循环至关重要。这一循环能够加速科技成果的产业化进程，推动创新链、产业链、资金链的深度融合。近年来，国家高度重视并致力于推动这一循环，不断夯实科技、金融、产业的发展基础，并促进它们之间的交叉融合。此举不仅奠定了循环的基础，激发了循环的动力，还拓宽了循环的通道，显著提高了循环的效能和效率。一方面，银行要求企业提供抵押物，以解决信息不对称问题并控制不良贷款率，这对于“轻资产、少担保、缺乏抵押品”的创新型企业发展不利。另一方面，我国资本市场的成熟度仍有待提升。目前，股票发行与退市机制尚未达到完善状态，上市公司在信息披露方面存在明显短板，中小股东权益保护机制亦须进一步加强，同时，数据质量问题亦不容忽视。国内风险投资机构的实力尚显薄弱，且现行支持政策体系仍须进一步优化和完善。大型金融机构在涉足风险投资市场时面临诸多困难，导致金融自我循环趋势加剧，从而弱化了金融与科技、产业之间的紧密联系。这些问题的存在，无疑对“科技—产业—金融”的良性循环构成了挑战，亟待我们深入研究和妥善解决。

（四）强大国内市场的有力支撑

随着中国内需的深厚潜力被逐步释放，国内市场在经济循环中的主导地位日渐凸显。特别是在新质生产力的形成与演进中，中国广袤的市场和旺盛的消费需求为前沿技术的产业化提供了宝贵的初期应用场景，从而成为推动新质生产力持续涌现和成长的重要力量。历经多年的稳健发展，中国已稳固占据全球第二大消费市场的地位。数据显示，2022 年，中国的社会消费品零售总额高达 44 万亿元，而实物商品网上零售额也达到了约 12 万亿元，与 2013 年相比，分别实现了 90% 和 5.4 倍的增长，年均复合增长率分别为 7.3% 和 22.8%。这一系列的数字不仅证明了中国消费市场的活力和韧性，更揭示了其巨大的增长潜力。在多个新兴领域，如消费电子、新能源汽车和可再生能源等，中国已超越美国，跃升为全球最大的消费市场。同时，在药品和医疗器械市场，中国的规模也位居全球第二。这一系列的成就，无疑为中国经济的持续发展注入了强大的动力。展望未来，随着中等收入群体的不断扩大、城镇化率的持续提高、新型工业化的深入推进、乡村振兴和区域发展战略的全面实施，中国的国内大循环将进一步扩展，内需的潜力也将得到更加充分的释放。正因如此，中国强大的国内市场已被全球视为经济的“稳定器”，同时成为吸引外资的“黏合剂”。多年来，中国的货物贸易进出口总额和外资吸引力均位居全球前列，为全球经济的增长提供了有力支撑。然而，任何事物的发展都不可能是一帆风顺的。尽管中国市场体系已取得了显著进步，但仍面临着一系列挑战。其中，制度规则不统一、要素资源流通不畅、地方保护和市场分割等问题尤为突出，这些问题在一定程度上影响了市场功能的正常发挥。例如，部分地方政府对于新能源车企设有诸多要求，如必须注册销售公司、建立维修点甚至生产厂等。这些要求虽然可能是出于地方经济发展的考虑，但也在无形中增加了企业的运营成本和市场准入难度。此外，一些城市在推行风电项目时，也要求企业在本地建立生产基地，实行“以资源换投资”“以市场换投资”的策略。这种做法虽然在短期内可能带来一定的经济效益，但长期来看，却可能阻碍市场的公平竞争和资源的优化配置。更为严重的是，一些地方还设立了地方标准和目录，对外地企业上市设置了技术门槛，或者通过补贴政策、采购条件和隐形门槛等手段限制外地企业的进入，从而扭曲了市场竞争。这些做法不仅损害了市场的公平性和效率，也可能阻碍中国市场的长期健康发展。

（五）拥有良好产业基础和一批高素质劳动者

新质生产力的诞生与发展并非孤立的，而是深深根植于传统生产力的转型升级中。中国具备的全球最为完备的产业架构，便是这一转型的坚实基础。这一体系横跨 41 个工业大类、207 个中类和 666 个小类，融合了劳动密集、资本密集、知识密集和技术密集等多种产业类型，为新质生产力的孵化和成长提供了肥沃的土壤。值得关注的是，中国的战略性新兴产业已初具规模，其增加值在国内生产总值中的占比已显著攀升至 13% 以上。这些产业的崛起，不仅大幅提升了生产效率与市场竞争力，更为前沿技术从构想到实物的转化提供了不可或缺的支撑。而在这场生产力的革新中，人才无疑是最核心的动力。他们的智慧与创新，是推动新质生产力不断前行的关键所在。中国拥有世界第一的科技人力资源数量，高等教育覆盖广泛，每年培养出超过 300 万名理工科毕业生和 6000 万名工程师。

（六）企业活力和企业家才能充分发挥作用

产业的发展与新质生产力的构建，离不开一支高素质的人才队伍。这其中，不仅需要战略科学家以深邃的洞察力引领方向、科技领袖以卓越的领导力推动创新，还需要青年科技人才、工程师、工匠和高技能人才以专业技能助力实现。同时，领军企业和创新型企业在新质生产力的形成中起到关键作用，它们通过尖端技术研发、完善的产业生态系统和全球供应链管理能力，整合全球优质资源，建立创新生态系统和协作关系，控制产业链上下游的关键技术、标准和规则体系，从而提升对全球产业链的供应链控制力。2023 年，习近平总书记重申了党中央对民营企业和企业家的重视，鼓励他们积极作为、合规经营，并在转型升级中展现更大作为，以推动民营经济的健康、高质量发展。但我们必须认识到，我国的创新型企业在诸多方面，如数量、质量、运营效率等，还与国际顶尖企业存在显著差距。因此，加强创新型企业的培育工作尤为迫切。这需要我们进一步激发企业家的潜能和才华，通过他们的创新和努力，促进新质生产力的形成和发展。①

第三节　新质生产力发展的历史演进与时代价值

一、新质生产力发展的历史演进

（一）生产力中科技作用的凸显（1949—1977 年）

新中国成立伊始，国内可谓一穷二白，经济基础薄弱，百废待兴。在此背景下，毛泽东同志于《关于农业合作化问题》一文中着重指出，在一切适用机器操作的领域内，应大力推广机械化，以期从根本上改变国家的经济面貌。这一论述深刻反映了党对科技推动经济建设重要作用的深刻认识。时至 1956 年，党在探讨知识分子问题的会议上，进一步提出了“向科学进军”的响亮口号，并着手起草了《1956—1967 年科学技术发展远景规划》，明确了以国民经济与国防建设的科技需求为驱动，引领学科发展的方向，并确立了“集中力量、统一领导、通力合作”的重要原则。通过建立中央专门委员会来协调国家各方面力量，实现了“两弹一星”等重大科研任务的成功，显示了我国科技事业在政策和制度上的高度集中和充分计划特征。

（二）生产力的丰富内涵及其实践推动（1978—2011 年）

邓小平同志提出了“科学技术是第一生产力”的重要论断，他深入分析了科技作为知识形态与劳动资料、劳动者的深度融合，以及成为生产力的过程，并强调科技的发展直接促进了生产力的进步，提高了科研工作者的社会地位。为深入贯彻邓小平同志关于科技生产力的深刻思想，并紧密适应我国经济体制的改革步伐，我国毅然决然地对科技体制进行了大刀阔斧的改革。这一改革的核心理念，

① 盛朝迅 . 新质生产力的形成条件与培育路径 [J]. 经济纵横 ,2024(2):31-40.

便是将停留在知识层面的科学技术,转化为推动社会进步的实际生产力。1981年,国家科委提交的《关于我国科学技术发展方针的汇报提纲》,如同指引灯塔,为我国科技发展指明了方向。其中,“经济建设依靠科学技术,科学技术服务经济建设”的原则,更是被确立为我国科技发展的基本方针。这不仅彰显了科技与经济建设之间的紧密联系,更体现了我国对科技发展的高度重视和坚定决心。随着改革的深入,1985年中共中央发布的《关于科学技术体制改革的决定》,进一步推动了科技体制的全面革新。运行机制、组织结构和人事制度等方面的改革,犹如一股清流,为科技领域注入了新的活力。在这一系列改革的推动下,我国科技事业迎来了蓬勃发展的春天。“863计划”“973计划”、星火计划和火炬计划等指令性计划的实施,犹如一首科技革命的序曲,奏响了我国科技发展的凯歌。这些计划不仅深化了科技对传统产业的赋能,推动了高技术产业的蓬勃发展,更加强了基础性研究,为科技的持续进步奠定了坚实基础。科技,正逐步转化为推动社会发展的强大生产力。江泽民同志领导的第三代中央领导集体,在继承邓小平科技生产力思想的基础上,更进一步强调了教育和人才对科技的重要支撑作用。他们高瞻远瞩地提出了“科教兴国”的战略思想,将科技与教育置于经济社会发展的核心位置。这不仅是对科技和教育的高度重视,更是对国家未来发展的深远谋划。在他们的引领下,我国科技实力不断增强,科技向现实生产力的转化能力也得到了显著提升。面对加入世贸组织后的全球竞争新态势,胡锦涛同志特别强调了创新在科技发展中的核心地位。他深知,只有通过科技创新,才能突破发展困境,引领国家走向更加繁荣的未来。因此,他将增强自主创新能力置于科技工作的首要位置,以此推动科技的持续发展。2006年,国务院发布了《国家中长期科学和技术发展规划纲要(2006—2020年)》,以“建设创新型国家,增强自主创新能力”为核心思想,为我国科技发展描绘了新的蓝图。《国家中长期科学和技术发展规划纲要(2006—2020年)》的发布,不仅彰显了我国对科技创新的坚定决心,更为我国的科技发展指明了前进方向。随着科技发展的深入推进,2010年国务院颁布了《关于加快培育和发展战略性新兴产业的决定》,进一步明确了重点发展的七个产业领域，如节能环保、新一代信息技术、生物等。《关于加快培育和发展战略性新兴产业的决定》的实施，不仅有助于加快我国产业结构的调整和转型升级，更将为我国经济发展注入新的活力。在这一历史时期，我们党在马克思主义科技思想和生产力理论上取得了显著突破。从将科技视为第一生产力，到将科技视为先进生产力的核心体现和主要标志，再到强调自主创新和人才资源的重要性，我们党不断深化理论探索，为新质生产力的崛起奠定了坚实的理论基础。

（三）新质生产力的出场（2012 年至今）

党的十八大以来，科技创新在国家发展中的地位日益凸显。以习近平同志为核心的党中央对此给予了高度重视，深刻把握经济与科研的内在规律，以高瞻远瞩的战略眼光推动科技创新不断向前发展。2014 年的两院院士大会上，习近平总书记深刻指出，只有把核心技术掌握在自己手中，才能真正掌握竞争和发展的主动权。这一观点不仅强调了自主创新的重要性，更是对当下百年未有之大变局的深刻回应。在这个变革的时代，没有核心技术就意味着没有话语权，只有通过自主创新，才能在变局中抓住机遇，实现国家的长远发展。2015 年的全国两会上，习近平总书记进一步提出"创新是引领发展的第一动力"。这一论断不仅丰富了"科技是第一生产力"的内涵，更凸显了创新在推动经济发展中的核心作用。在科技日新月异的今天，创新已经成为推动社会进步的重要力量，只有通过不断创新，才能在激烈的国际竞争中立于不败之地。2021 年，习近平总书记在两院院士大会上再次强调了"高水平科技自立自强"的重要性。他深入阐述了科技创新在中华民族伟大复兴中的关键作用，指出只有实现科技的自立自强，才能真正实现国家的繁荣富强。这一观点不仅体现了党中央对科技创新的高度重视，更彰显了科技创新在国家发展中的重要地位。2023 年，习近平总书记又提出了"中国式现代化关键在科技现代化"的重要论断，进一步强调了科技创新在全面发展中的关键作用，指出只有通过科技创新，才能实现中国的现代化进程。这一观点不仅为我们指明了前进的方向，更为我们提供了实现现代化的重要路径。在这一系列重要论述的指导下，我国科技创新取得了显著的成就。2022 年，战略性新兴产业增加值占国内生产总值的比重已经超过 13%，国家级先进制造业集群达到 45 个，产值超过 20 万亿元。这些成就的取得，离不开党中央的正确领导和一系列科技政策的支持。从 2015 年的《中共中央、国务院关于深化体制机制改革加快实施创新驱动发展战略的若干意见》到 2016 年的《国家创新驱动发展战略纲要》，再到 2021 年中央经济工作会议将科技政策作为重要政策之一，以及 2023 年 8 月发布的《新产业标准化领航工程实施方案（2023—2025 年）》，这一系列政策文件的出台，为我国科技创新提供了有力的政策保障和指引。①

二、新质生产力发展的时代价值

（一）破解经济高质量发展的困境

1. 新质生产力解决内部发展困境的战略价值

第一，推动产业升级与提高创新能力，是新质生产力在当下经济社会发展中的显著体现。通过引入前沿技术、革新商业模式和推出创新产品，新质生产力正逐步改善传统行业的生产效率和产品品质，进而引领传统产业朝着高附加值、高技术含量的方向迈进。以光伏、新能源汽车和生物医药等新兴产业为例，其不仅为产业结构升级注入了新的活力，还助力经济多元化和结构优化，显著提升了产业的竞争力和发展潜力。第二，在资源高效利用与绿色发展的征途上，新质生产力同样展现出独特的魅力。随着智能制造和数字化技术的广泛应用，生产过程的精细化和精准化已成为现实。这不仅有效降低了能源和原材料的消耗，更减少了污染物的排放，从而减轻了对环境的影响。此外，清洁能源和生产技术的推广使用，也在逐步降低对化石能源的依赖，进一步减少了二氧化碳的排放，为应对全球气候变化作出了积极贡献。第三，新质生产力还在促进区域均衡发展方面发挥着不可或缺的作用。以中国高铁的发展为例，其背后的科技创新不仅连接了以往发展

① 魏崇辉．新质生产力的基本意涵、历史演进与实践路径 [J]. 理论与改革，2023(6): 25-38.

相对滞后的地区，还为这些地区带来了前所未有的经济活力和就业机会。高铁的开通，使资源配置不均的问题得到了有效缓解，地区间的发展差异也在逐步缩小。值得一提的是，高品质的教育、医疗和文化等公共服务得以进入更广泛的地区，无论是城市居民还是农村居民，他们的生活条件都因此得到了实质性的改善。第四，在提高劳动效率与增加就业岗位方面，新质生产力的影响同样深远。智能化、数字化及机器人技术的迅猛发展，极大地优化了劳动力的配置，减少了对劳动力的直接需求，从而有效缓解了劳动力成本上升的压力。与此同时，新质生产力对生产效率和产品质量的持续追求，推动了先进管理和生产方式的广泛应用，进而从根本上提高了劳动产出水平，为企业减轻了成本压力。第五，促进政府治理体系和能力现代化发展。首先，通过信息技术和大数据分析，政府实现了农村精准扶贫，提高了决策和规划效率。例如，全国贫困人口建档立卡数据显示，2015—2019年，贫困户人均纯收入增幅达30.2%。其次，新质生产力提升了政府服务质量和效率，如健康码系统在2020年新冠疫情期间起到了追踪和阻断病例传播的作用。再次，通过信息技术和数字化平台，政府提供便捷服务，如医保和社保互联网应用，提高居民异地就医效率。最后，新质生产力推动“互联网+政务服务”，居民“一站式”办理教育、医疗、社保等公共服务需求，节约了时间和精力。

2. 新质生产力应对外部发展压力的战略价值

新质生产力在当前国际环境下，尤其是在应对中美关系的复杂挑战时，显示出不可或缺的价值。在中美经济贸易争端的背景下，新质生产力为中国企业提供了一种全新的应对策略。通过技术创新和产品升级，如华为、小米等中国企业，不仅在国内市场上稳固了地位，更在国际市场上展现出其强大的竞争力。这些企业通过精细化的研发和创新，推出了一系列高质量、高性能的产品，成功打破了国际市场的壁垒，进军海外市场，从而降低了对单一市场的依赖，有效分散了经贸风险。面对美国的技术封锁，新质生产力同样展现出独特的魅力。中国在新质生产力的推动下，自主创新能力得到了显著提升。以华为为例，其在5G技术领域的领先地位和鸿蒙操作系统的成功推广，不仅彰显了中国科技的实力，更是对美国技术封锁的有力回应。此外，中国还积极参与国际科技合作，与其他国家和地区分享技术成果，共同推动科技进步，这种开放的态度和行动有效缓解了美国技术封锁带来的压力。在应对美国对中国的人权和意识形态威胁方面，新质生产力同样发挥了重要作用。随着科技创新和产业升级的深入推进，人民的生活水平得到了显著提升，人权状况也因此得到了实质性改善。新质生产力为人们提供了更多的物质基础和自由选择的空间，使人们能够更好地实现自我价值、享受生活。这种实质性的进步，有效地回应了美国对中国的人权指责，削弱了其在意识形态领域的攻击力度。而在应对领土争端方面，新质生产力的贡献同样不容忽视。通过运用前沿技术和海洋工程知识，中国不仅加强了对海洋经济的开发和利用，而且在巩固国家领土主权方面取得了显著成效。同时，中国自主研发的先进武器装备也大大提高了国防实力和军事技术水平，增强了在领土争端中的谈判地位和军事平衡力量。这种实力的提升不仅有效降低了美国的干预和施压效果，更为维护国家主权和领土完整提供了有力保障。①

（二）推动经济发展实践和理论创新

新质生产力，是根据我国当前经济发展和战略部署提出的新概念，不仅具备深厚的理论基础，更在实践中展现出强大的生命力和广阔的发展前景。在追求经济高质量发展的道路上，解放和发展生产力已不再是简单的规模扩张，而是向更高层次、更深内涵的挑战进军。新质生产力，便是这一进程中的关键一环。从宏观视角来看，新质生产力与以人民为中心的发展思想紧密相连，它是这一思想在经济领域的生动体现。它不仅关乎经济增长的速度与规模，更在于经济增长的质量和效益，以及这种增长是否真正惠及全体人民，实现共同富裕。新质生产力与中国式现代化的特征相得益彰，共同推动着物质文明与精神文明的协调发展，促进人与自然的和谐共生。与发达经济体相比，我国在全要素生产率方面仍存在不小的差距。各产业劳动生产率的不均衡发展，成为制约我国经济进一步腾飞的阻

① 姚树洁，张小倩．新质生产力的时代内涵、战略价值与实现路径 [J]. 重庆大学学报(社会科学版),2024,30(1): 112-128.

碍。因此，提升全要素生产率、推动产业结构转型升级、加强科技创新，便成为新质生产力发展的主攻方向。这需要我们不断优化要素组合，提高资源利用效率，实现更高质量、更可持续的经济增长。经济制度的完善与生产关系的调整，对于新质生产力的形成与发展至关重要。在这一过程中，政府的作用不容忽视。政府应充分发挥其在科技创新和资源动员方面的优势，为城乡居民提供均等化的公共产品与服务，从而有效发挥国内市场的需求潜力。同时，政府间的经济协调发展也是关键一环。通过改进行政考核和激励机制，可以更好地促进地方政府因地制宜地制定和实施新质生产力发展政策。新质生产力，这一经济学的新领域，不仅对我国经济高质量发展具有重要意义，更在推动经济理论创新方面发挥着积极作用。它要求我们跳出传统的思维模式，以更广阔的视野和更深入的洞察来审视经济发展问题。例如，新质生产力的测量问题已成为研究的焦点，尝试用 GDP 或人均 GDP 之外的指标，如 GEP（生态系统生产总值）进行衡量，以准确反映生产力的发展水平和居民新需求的满足。此外，新质生产力与传统生产力的关系问题也值得关注，它不仅基于传统生产力，还超越了传统生产力的范畴，这需要深入理解它们之间的联系、区别和相互作用。新质生产力的发展，深入触及生产、分配、交换、消费等经济活动的各个环节。其独特的要素组合方式，不仅推动了这些环节的紧密协同，更引发了它们之间的深刻交叉影响，从而为我们提供了一个全新的视角来重新审视和理解经济的各个环节。在这一进程中，新质生产力与生产关系之间的动态互动尤为引人注目。新质生产力的发展，催生了一系列新的生产关系特征，这些特征进一步对微观主体的所有制和分配制度产生了深远影响。这不仅揭示了生产力与生产关系之间的紧密联系，还为我们理解经济社会的深层次变革提供了有力抓手。此外，新质生产力还推动了不同产业之间的深度融合。在此背景下，传统三次产业的变动规律正在发生深刻变化。因此，我们需要研究新质生产力、政府与市场如何进行有效合作，以及新质生产力发展如何影响政府与市场的关系。总之，新质生产力的提出，对经济理论创新具有重要意义，为深入理解我国经济发展规律和构建中国特色社会主义政治经济学提供了丰富的研究课题和重要契机。[①]

第四节　我国新质生产力的研究现状与发展趋势

一、我国新质生产力的研究现状

（一）关于新质生产力的出场逻辑研究

1. 新质生产力出场的理论逻辑

主流观点将新质生产力视为马克思主义时代化与中国化的最新思想结晶，这既是对经典马克思主义生产力理论的继承与深化，又体现了习近平经济思想中的创新精神。在学术界的热烈讨论中，有几个观点尤为引人注目。有观点主张，马克思主义生产力理论在新时代背景下可以进一步细化为科技生产力思想。这一思想强调了科技在推动生产力发展中的核心作用，被视为新质生产力理论提出的坚实学术支撑。另一种看法则是将新质生产力作为对马克思主义生产力理论发展的直接回应，认为新质生产力的提出，是在新的历史条件下对马克思主义理论的丰富与发展。有学者从“两个结合”的视角审视新质生产力，即新质生产力在弘扬中华优秀传统文化精髓的基础上，与现代经济理论相融合，从而形成了具有中国特色的经济理论创新。此外，还有学者从术语创新的角度提出，新质生产力这一新术语的诞生，是21世纪经济学术语适应时代发展需要的一次重要革新。其不仅为经济学界带来了新的研究视角，还为指导当代经济发展提供了有力的理论武器。

2. 新质生产力出场的历史逻辑

学界对新质生产力出现的历史逻辑进行了广泛探讨，主要分为三个观点：第一，从经济发展史的视角来看，我国过去辉煌的经济成就无疑为新质生产力的提

① 高帆.“新质生产力”的提出逻辑、多维内涵及时代意义[J].政治经济学评论,2023,14(6):127-145.

出奠定了坚实的基础。第二，从政治领导史的维度分析，党对生产力发展规律的深刻把握与不懈探索，是推动新质生产力概念形成的关键因素。第三，从科技史的层面阐释，新质生产力可视为信息化生产力的延续与升华，其出现不仅是技术进步的体现，更是时代发展的必然趋势。这一系列历史与现实的交织，共同揭示了新质生产力提出的深刻背景与内在逻辑。总体来看，学界主要通过经济史和科技史的视角来探讨新质生产力出场的历史逻辑。

3. 新质生产力出场的实践逻辑

学界普遍认为，以习近平总书记为核心的党中央根据国内外发展现状，创造性地提出了新质生产力概念，体现了新质生产力出现的实践逻辑。学界主要从三个角度探讨了国内对新质生产力的看法。第一种观点认为，生产力自身的发展变化推动了新质生产力的出现。这些变化包括科技产业的改变和生产要素的优势转变，促使新质生产力的形成。第二种观点认为，高质量发展的现实需求驱动了新质生产力的提出，是推动我国经济阶段性转变的必然选择。第三种观点认为，推动中国式现代化的目标和维护国家安全的需要，对新质生产力的发展提出了紧迫的需求。国际学界对新质生产力的探讨存在两种主流看法。一种看法聚焦于科技创新的推动力，认为其正在促进经济的高度融合，并日渐成为未来生产力的中心。另一种看法则着眼于国际竞争与技术封锁的现实，提出新质生产力的概念是为了在激烈的国际环境中寻求突破，以及应对西方的技术限制。这两种观点从不同角度揭示了新质生产力的时代意义与战略价值。

（二）关于新质生产力的丰富内涵研究

1. 新质生产力的内涵诠释

（1）本质内涵论

学界主要从性质、生态、动力、效率和价值等维度探讨新质生产力。在性质维度上，新质生产力被视为颠覆性技术创新的先进生产力，重新配置生产要素。在生态维度上，新质生产力被理解为可持续的绿色生产力，支撑工业向生态文明转型。在动力维度上，新质生产力被看作创新驱动的生产力，科技进步对其发展至关重要。在效率维度上，新质生产力被认为是高效率的生产力，适应数字经济和新技术融合的时代。在价值维度上，新质生产力被视为促进经济高质量发展的社会生产力。

（2）要素内涵论

学界主要从要素构成、要素组合和要素驱动三个视角来讨论。在要素构成上，包括高素质劳动者、新介质劳动资料和新料质劳动对象等要素。在要素组合方面，强调通过要素组织和技术变革提高效率，实现产品或服务的增量生产。至于要素驱动，认为新质生产力是创新作为核心要素的新生产形态。

（3）比较内涵论

学界主流思路通过对比分析，深入揭示了新质生产力的特点。在“新”与“质”的维度上，有学者指出，新质生产力与传统生产力存在显著差异。它在生产资料的选择上，更偏向新能源、新基建等前沿领域。在劳动对象方面，新数据要素和新产业被重点引入。而在劳动方式上则强调高素质人才的参与，追求高质量发展，以及保持高水平的对外开放。从传统文化解释角度看，有学者从《周易》出发比较二者，指出二者在强调多种生产要素总和作用上的相似性，同时也指出新质生产力要求更高素质的劳动者和先进的数字化工具。在马克思主义政治经济学维度上，有学者通过结果、要素、要素组合、产业形态和保障等分析框架比较二者，强调新质生产力不同于一般生产力的重点在于满足发展性需求，扩展了要素范围和质量，并推动了更复杂的要素组合和产业结构变迁。

2. 新质生产力的特征研究

（1）具有高科技创新的根本驱动性

学者强调新质生产力的高科技创新驱动特征，从生产力数智化要素、与传统生产力比较、数字化和绿色化时代特征等方面阐述。这表明科技融合是推动新质生产力的主要力量，具体体现为数字化、网络化、智能化、信息化、绿色化、自动化、高效化和集约化等特征。

（2）具有高质量发展的直接目的性

多数学者着重指出，新质生产力在经济转型期肩负着推动高质量发展的核心使命。为实现这一目标，新质生产力需引领国际经济体系的深刻变革，重塑现代化产业体系的框架，并助力企业提升核心竞争力。这些途径共同构成了新质生产力推动经济转型发展的多维策略，彰显其在促进经济质量与效益双提升中的关键作用。同时，新质生产力也以服务人民美好生活为根本价值。有学者指出，新质生产力为实现高品质美好生活提供了物质支持，关注社会关系，旨在满足人民群众日益增长的美好生活需要。

（3）具有新产业赋能的未来前瞻性

在科技创新的驱动下，关键颠覆性技术已催生出新质生产力，然而这些新兴形态尚未形成广泛且持久的影响力。因此，学界在探讨新质生产力时，未来导向成为一个不可或缺的维度。诸多学者认为，战略性新兴产业和未来产业是新质生产力的战略要地。通过大力发展这些领域，不仅能推动新质生产力的孵化与壮大，还能为新产业的蓬勃发展注入强劲动力，从而在未来的全球竞争中抢占先机。这一视角凸显了新质生产力在引领未来产业发展中的关键作用，以及其在塑造全球竞争格局中的重要地位。

3. 新质生产力的类型划分

新质生产力的划分，确实应基于细致且多元的标准。学者依据生产力的本质属性，明晰地界定了传统生产力与新质生产力的差异。在此基础上，学界又根据不同要素，进一步细分了新质生产力的多种类型，如数字新质生产力、算力新质生产力、智能新质生产力等，每一种类型都映射出科技发展的最新动向。若从应用领域来考量，新质生产力则呈现出更加丰富的面貌，如数字农业新质生产力、数字冰雪新质生产力、数字低空新质生产力等，这些分类揭示了新质生产力在各行各业的广泛应用与深远影响。更有学者以新发展理念为指引，将新质生产力细化为数字新质生产力、协作新质生产力、绿色新质生产力、蓝色新质生产力和开放新质生产力等。这些分类不仅体现了新质生产力的多元特性，更昭示了其在推动社会全面进步中的关键作用。

（三）关于新质生产力的提出价值研究

1. 理论价值

（1）有助于丰富马克思主义生产力理论

主流观点普遍认为，新质生产力的提出是对马克思主义生产力理论的重大丰富与发展，其深刻推动了马克思主义政治经济学在中国的时代化和中国化步伐，与中国的具体国情和时代特征高度契合。学者们深入探讨了习近平总书记关于新质生产力的重要论述，指出这些观点从生产力新质论、生产力要素创新论到生产力水平跃升论，均对马克思主义生产力理论作出了实质性的贡献。他们观察到，这些论述不仅为马克思主义生产力的质量、发展和进步理论注入了新的内涵，更对新时代如何有效解放和发展生产力这一根本问题做出了明确回答。进一步来讲，这些关于新质生产力的观点为中国科技创新和经济发展的未来方向提供了明确的指引，同时为全球经济社会的持续进步贡献了中国智慧。部分学者从术语创新的角度审视新质生产力的提出，认为这不仅是马克思主义经济学领域的最新成果，更为该领域开辟了新的理论天地。这一术语的提出，不仅是对现有理论的简单补充，更是对经济学理论体系的一次深刻革新。其不仅反映了中国在经济理论与实践上的创新与进步，也展现了马克思主义政治经济学在中国的新发展。新质生产力的深入探讨与研究，无疑为未来的经济社会发展提供了更加坚实的理论基础和实践指导。

（2）有助于构建新质生产力理论

在宏观视野下，新质生产力的概念为我们洞察中国经济发展规律提供了有力工具，成为构建中国特色社会主义政治经济学的重要契机。其深化了我们对社会主义市场经济的理解，为政策制定和经济发展战略提供了坚实的理论基础。从中观层面看，新质生产力进一步丰富了习近平经济思想，展现了中国共产党在经济理论方面的持续创新。其不仅拓展了经济理论的边界，还为实践中的经济政策提供了新的视角和思路。在微观领域，新质生产力引领人们深入探究具体测度方法、新旧生产力的动态关系，以及在发展过程中所涉及的就业结构、分配机制、生产关系调整、产业变迁、市场与政府角色等诸多问题。基于这些探讨，学者们正致力于构建涵盖“打造世界一流企业、提升国际竞争优势、构建人类命运共同体”的三维理论体系，以期为全球经济发展贡献中国智慧和中国方案。学者们也从生产力三要素出发，提出了“科技创新核心、智慧原则保护生态、低污染低消耗低投入、新竞争优势、现代企业群体和现代产业体系”的理论框架。

2. 实践价值

（1）有助于促进我国科技水平实现质的飞跃

新质生产力的提出，彰显了高科技创新在现代社会发展中的核心地位。这一概念的涌现，预示着国家将更大力度地推进自主科技创新，力求在科技领域实现质的飞跃。从理论层面来看，新质生产力使我们能够更加深入地剖析生产力变革背后的多重动因，更准确地把握科技与社会生产力融合发展的历史脉络与未来趋势。展望未来，以新质生产力为战略指引，国家将致力于构建全新、高效的科技创新体系。这一体系将围绕加强基础科学研究展开，力图在原始创新上取得突破，并推动科技成果的迅速转化与应用。同时，培养高端科技人才将成为关键一环，以确保科技创新源源不断。此外，优化财税政策与金融支持，完善科技攻关的相关机制，也将是未来工作的重点。通过这些举措，国家期望在新质生产力的引领下，推动科技创新与社会发展的深度融合，进而实现科技强国的宏伟目标。

（2）有助于以高质量发展引领中国式现代化

新质生产力将极大地推动我国实现高质量发展，引领中国式现代化进程。具体效应如下：首先，推动产业创新、升级和集聚，促进我国产业整体发展，增强竞争优势。其次，构建高水平自主创新的新发展格局。最后，调整与完善国内生产关系，是推动新质生产力形成的关键。通过优化发展目标、增强发展动力、调整经济结构、丰富发展内容和提升发展要素，可为高质量发展注入强劲动力。新质生产力作为当代先进生产力的典范，不仅奠定了中国式现代化的物质基础，更在其中扮演着引领者的角色，指引着国家走向更加繁荣与进步的未来。

（3）有助于在未来国际竞争中赢得战略主动

新一轮科技革命和产业变革改变了国际力量对比，尤其在产业和核心技术竞争方面愈加激烈，显示出新质生产力是未来发展的关键方向，也将成为主要的国际竞争领域。新质生产力的提出与当前和未来的国际竞争密切相关。新质生产力的提出，折射出党中央对国家当前发展阶段的精准把握与深邃洞察，深刻揭示了未来国际竞争的演变趋势。在全球竞争日趋激烈的背景下，这一理念的诞生标志着国际竞争已迈入新的赛道。其凸显了积累新动能、提升国家整体生产力的重要性，唯有如此，方能在全球舞台上占据先机。而科技创新则被视为塑造国家核心竞争力的关键，通过不断攻克技术难关，引领全球新一轮的发展浪潮。此外，新质生产力还有助于构建崭新的经济格局，使国家在应对复杂多变的外部环境时更加从容与自信。

（四）关于新质生产力的形成路径研究

1. 经济赋能新质生产力的形成路径

新质生产力，这一主要属于经济领域的概念，近年来在学界引发了广泛且深入的探讨。在探寻其形成路径的过程中，学者们不约而同地从经济的视角出发，细致剖析宏观理论指导、新质产业培育、金融支持优化和政府与市场协同等多个层面。谈及宏观理论指导的加强，学者们深入探讨了新发展理念如何助力新质生产力的逻辑框架。他们普遍认为，在推动新质生产力形成的过程中，必须毫不动摇地贯彻新发展理念。其中，创新理念被视为催生新质生产力的首要动力，创新发展理念鼓励思维的碰撞与技术的革新，为新质生产力的萌芽提供了肥沃的土壤。协调发展理念作为新质生产力的内在要求，强调各领域的均衡与和谐，确保新质生产力能够在全面协调的环境中茁壮成长。绿色发展理念指明了新质生产力的重要发展方向，其呼吁在追求经济增长的同时，要注重对生态环境的保护，实现可持续发展。开放发展理念被视为推动新质生产力形成的有效途径，其鼓励国际间的交流与合作，为新质生产力的发展注入外部活力。而共享发展理念则体现了新质生产力的本质要求，其强调发展成果的普惠性，确保每个人都能在新质生产力的发展中受益。在新质产业的培育方面,学界达成了广泛的共识。学者们认为，要集中资源和力量，大力发展新兴产业和未来产业，针对这些产业发展中的短板进行有针对性的弥补。同时，要积极推动传统产业的转型升级，完善整个产业链条，努力打造一个以新产业为主导的现代化产业体系。这样不仅能够为新质生产力提供坚实的产业基础，还能够引领整个经济体系向更高层次、更高质量的方向发展。金融改革的优化赋能也是推动新质生产力形成的关键一环。有学者从金融与新质生产力的紧密关系入手，深刻阐述了金融在推动新质生产力形成中的核心作用。他们主张全面优化金融的支持能力，通过供给侧结构性改革，建立起适应新质生产力需求的金融体制机制。这样不仅能够为新质生产力提供稳定而充足的资金支持，还能够有效降低其发展过程中的风险。政府与市场的协同作用同样不容忽视。在政府层面，有学者强调应优化政府的职能，推动创新型政府的建设。政府应发挥其引领作用，通过有效市场和有为政府的有机结合来支持新质生产力的发展。同时，政府还应制定新型产业政策，优化创新生态环境，为新质生产力的发展创造更加有利的外部条件。在市场层面，学者们呼吁构建高水平的社会主义市场经济体制，以更好地服务新质生产力的发展。此外，还有学者提出应培育数据要素市场，建立适应新质生产力发展的数据要素产权体系，以进一步激发市场活力和创新动力。

2. 科技赋能新质生产力的形成路径

完善科技创新体系，是推动新质生产力发展的关键一环。学界深知，要充分发挥我国社会主义制度的优势，特别是在集中力量办大事方面的独特能力。在这一理念的指引下，完善新型举国体制下的科技创新体系尤为重要。实施创新驱动发展战略，不仅是对科技领域的全面升级，更是对国家整体创新能力的深度挖掘。通过进一步提升改革创新的制度红利，我们可以为新质生产力的诞生和发展提供坚实的支撑。加强科技创新能力，必然离不开现代科研体系的建立。学者们纷纷主张，在各个重要区域设立研发中心，这样能够更好地汇聚人才、资源和创新要素，从而推动新质生产力的快速发展。数字化、算力和绿色科技，被学界视为新质生产力的三大赋能要素。在这个数字化飞速发展的时代，加快数字产业化和产业数字化的步伐，已经成为推动新质生产力发展的必由之路。同时，打造强大的算力竞争优势，不仅能够提升数据处理和分析的能力，还能够为新质生产力的发展提供强大的技术后盾。而绿色科技的推广，则是对可持续发展理念的深入践行，它旨在通过环保、节能等技术手段，促进新质生产力与生态环境的和谐发展。在高精尖领域的科技攻关方面，国际联合尤为重要。学者们深知，当今世界的科技创新已经不再是某个国家或某个团队的单打独斗，而是需要全球范围内的智慧和资源共享。因此，他们强调要积极参与国际科技创新项目，加强与其他国家和地区的开放合作。这样不仅能够加速新质生产力的形成，还能够提升我国在全球科技创新体系中的地位和影响力。当然，在积极参与国际合作的同时，我们要统筹自主技术创新与对外开放合作的关系，确保新质生产力的发展既立足于国内实际需求，又紧跟国际科技前沿。

3. 教育赋能新质生产力的形成路径

在探讨新质生产力与教育的紧密关系时，不得不提的是教育在培养新型人才方面的核心作用。在加快形成新质生产力的过程中，高等教育不再是单纯的知识传授，而是成为引领和推动力量。其如同一盏明灯，在科技的海洋中为新质生产力的发展指明方向。教育与新质生产力之间存在着一种微妙的双向驱动关系。新质生产力的崛起，如同春风吹拂，催生了教育体系的革新与蜕变。而教育，则如同细雨滋润，通过促进劳动力再生产、科技创新和理念更新，为新质生产力的发展提供源源不断的动力。若要进一步推动新质生产力的蓬勃发展，便需依托教育、科技与人才的紧密协同。教育优先发展的科教兴国战略，如同稳固的基石，为国家的长远发展提供了坚实的支撑。而人才引领驱动的人才强国战略，则如同强劲的引擎，为国家的进步注入了源源不断的活力。在深化教育改革以服务新质生产力人才建设的道路上，我们必须更新教育理念，将科技、教育、人才视为一个不可分割的整体，树立宏大的“大教育观”。这一观念的转变，如同打开了一扇全新的窗户，让我们以更宽广的视野去看待教育的发展。与此同时，教育培养模式的转型升级也势在必行。我们需要构建高水平的创新型人才培养体系，不仅要提升培养方式的力度，还要创新培养模式，使之更加符合新质生产力的发展需求。

教育供给侧的改革同样重要。我们应根据产业需求动态调整教育供给，推动高等教育和职业教育与产业的协同发展。这一改革，如同精准的手术刀，切除了教育体系中不合时宜的部分，使之更加健康、灵活。产教融合与校企合作的加强，也是深化教育改革的重要一环。通过推动产教融合与校企合作，我们可以构建高质量的教育体系，为新质生产力的发展提供坚实的人才保障。政府和社会加大对高等教育的投资，培养符合未来产业需求的创新型人才。加快中国教育的全球化步伐，坚持教育对外开放，提升国际影响力。这些措施有助于深化教育服务新质生产力人才建设，推动新质生产力的快速形成。[①]

二、我国新质生产力的发展趋势

（一）新进展

第一，我国正致力于探索前沿科技，例如，人工智能、生物技术、新能源和新材料等领域。在人工智能的广阔天地中，深度学习、机器人操控技术和自动驾驶已取得显著进展，成果斐然。生物技术的探索同样不甘人后，特别是在基因编辑技术、生物医药研制和农业基因优化方面，我国科研力量正不断攻坚克难。不仅如此，对新能源和新材料的深入研究，也催生了可再生能源的广泛应用，以及轻量化、高强度新材料在航空航天和汽车制造行业的广泛应用。

第二，在数字化时代，数据如同富裕的矿山，而算力则是开采和加工这些数据的工具。例如，大语言模型如 ChatGPT，依靠强大的算力，分析和整合海量互联网数据，创新性地输出新知识。类比工业化时代的人均资源占有量和人均用电量，数字时代的人均数据拥有量和算力拥有量成为衡量国家竞争优势的重要标志。在数据领域，我国正迎来前所未有的飞跃。国际数据公司（IOC）2023 年发布的 Global Data Sphere 权威报告披露，从 2022 年到 2027 年，我国的数据存储量将以惊人的速度增长，从 23.88ZB 激增至 76.60ZB，年复合增长率约 26.3%，稳坐全球数据增长的“领头羊”位置。这一数据的迅猛增长，得益于自动驾驶、智能

① 杨广越 . 新质生产力的研究现状与展望 [J]. 经济问题 ,2024(5):7-17.

工厂等新型产业的蓬勃发展，这些产业的发展对算力的需求日益旺盛，催生了云计算、边缘计算与端计算等先进技术。由此，算力的应用已不再局限于传统的机房，而是展现出更加灵活、流动的特性，为我国在数字化时代的领跑奠定了坚实基础。

第三，战略性新兴产业，是依托国家重大发展需求而崛起的一系列产业。其以技术密集、资源消耗低、未来发展前景广阔为特点，涵盖了新一代信息技术、新能源、新材料、先进制造、绿色环保、生物技术和深海空天开发等多个领域。这些产业如同璀璨的星辰，在科技的天空中熠熠生辉，引领着国家经济的发展方向，昭示着未来产业的无限可能。未来产业是面向未来社会需求的，虽尚未成熟但已有重大技术突破。这些产业首先应用和实施新技术、新要素，体现了新质生产力的发展成果。①

（二）新构想

1. 逐步推进体制机制改革

在推动战略性新兴产业的发展过程中，完善社会主义市场经济体制尤为重要。通过营造一个宽松的市场环境，可以进一步简化行政审批流程，降低市场准入难度，从而鼓励更多的民间资本进入市场，投身于新兴产业和未来产业的投资与创业。这不仅能为产业注入新的活力，还能有效拓宽其发展空间。深化科技创新体制的改革同样不可或缺。优化科技成果的评价体系，确保科研经费的合理有效使用，能够显著提高科技创新的效率和活力。当科技创新的源泉被充分激发，便会为新兴产业和未来产业的发展提供源源不断的动力。此外，完善协调发展机制也是关键一环。通过加强不同区域间的交流与协作，可以实现资源的最优配置和优势互补，进而形成高效、顺畅的产业链、供应链和价值链。这将有助于打破区域间的壁垒，推动统一大市场的建设，促进城乡和区域的协调发展，实现人与自然的和谐共生。

---

① 石建勋，徐玲. 加快形成新质生产力的重大战略意义及实现路径研究 [J]. 财经问题研究，2024(1):3-12.

2. 不断补齐战略性新兴产业的发展短板

在推动国家创新发展的过程中，完善国家创新体系、优化科研体制尤为重要。通过打破行业间的壁垒，我们可以促进跨界合作与资源共享，从而推动“产学研用”的深度融合与一体化发展。重点攻克光刻机、芯片制造等关键技术领域，优化科研评价，支持基础研究和前沿技术，为新质生产力发展提供支撑。科学规划产业布局，加强中西部数字基础设施建设，深化东中西部科技创新合作，缩小地区发展差距。

3. 利用数字融合改善传统产业

产业数字化转型已成为传统产业迈向高质量发展的关键一跃。其中，优化生产流程是核心任务，而物联网、大数据分析和人工智能等尖端技术的应用，则是实现数字化管理与智能化控制的有力武器。通过这些技术的深度融合，企业能够精细管理、智能决策，进而显著提升运营效率与产品质量，在激烈的市场竞争中脱颖而出。开拓电子商务渠道，通过互联网和电商平台拓宽销售渠道，提升品牌影响力。推动智能制造，引入自动化设备和机器人建设智能工厂，提高生产效率和灵活性，降低成本。建设数字化供应链，利用数字技术优化供应链管理，提高协同效率，降低库存成本，提升整体供应链效能。

4. 培育发展新质生产力的“人才红利”

我国具备培育“人才红利”的良好条件，进入从人力资本积累到劳动生产率提高的良性循环。为优化教育体系，调整教育资源供给结构，需要动态调整学科专业结构，提升科学性、实用性和前瞻性，大力培养面向新质生产力的新时代人才，推动高学历人才就业。同时，建设服务新质生产力的职业教育体系，根据学校特色和区域需求定位技能型人才培养，加强产学研合作，提高人才培养的实用性。①

① 徐政，郑霖豪，程梦瑶．新质生产力赋能高质量发展的内在逻辑与实践构想 [J]. 当代经济研究，2023(11):51–58.

第二章　金融助力新质生产力发展的实践探索

第一节　金融助力新质生产力发展的可行性与必要性

一、金融助力新质生产力发展的可行性

（一）金融集聚对新质生产力发展的直接影响效应

金融集聚区，这一现代经济的核心地带，汇聚着多样化的金融机构，宛如一座金融的百花园。在这里，多元化的融资渠道与服务如繁星般璀璨，满足了各式各样的资金需求，为劳动者的创新能力提供了源源不断的动力。金融机构与资本市场间的紧密协作，宛如精巧的车轮，推动着创新要素的顺畅流动与高效配置，使得每一份创新资源都能发挥出最大的效能。在金融集聚的沃土中，多元金融产品和风险分散机制如同稳固的盾牌，为创新者降低了前行道路上的风险成本，进一步点燃了他们的创新激情。这种环境的熏陶，无疑为人才的创新能力提供了更加广阔的发展空间。金融集聚的力量，也在悄然改变着劳动资料的格局。金融集聚吸引着大量的金融机构与资金，如同磁铁吸引着铁屑，显著提高了资本的供给水平和积累能力。

（二）产学研合作的中介效应分析

金融集聚促进产学研合作多元化，解决资金瓶颈，推动科技成果转化；促进信息共享，提高合作效率；提供风险管理服务，保障各方利益；促进人才交流与培养，推动科技创新和产业升级。金融集聚的扩展深化，促进了产学研的紧密合作，这种融合不仅提升了技术创新能力，还为高素质人才的培养提供了丰沃的土壤。通过资源的有效整合，技术创新得到加速，技术成果转化率显著提高。产学研的协同，宛如一股春风，催生了新质生产力的蓬勃发展，为产业升级注入了强劲的动力，展现了一幅金融与科技交织共生的壮丽画卷。高校和科研机构支持企业技术发展，为学生和研究者提供实践机会，培养创新人才。企业获得技术支持，提升产品质量和竞争力，推动产业升级和经济发展。[①]

（三）金融科技对新质生产力的直接影响效果

金融科技，这一融合了金融与科技的崭新领域，正以其强大的推动力，促进着经济的优化与产业的升级。借助大数据、人工智能等尖端技术，金融科技得以精准地分析消费者行为和市场趋势，从而为资金流向高增长、高效率、高科技产业提供了有力的决策支持。这一变革不仅优化了资金配置，还为经济的持续健康发展注入了新的活力。在金融科技的助力下，创新型小微企业得到了前所未有的支持。传统的金融服务往往难以满足这些企业的独特需求，而金融科技平台则能够量身定制融资方案，有效解决这一痛点。这种创新型的金融服务模式不仅激发了小微企业的创新潜力，还为经济增长培育了新的动力源。与此同时，金融科技也在深刻改变着人们的生产、消费和投资方式。移动支付、在线理财等新型金融服务的涌现，极大地简化了消费者的支付和理财流程。[②]

---

① 任宇新，吴艳，伍喆．金融集聚、产学研合作与新质生产力 [J]. 财经理论与实践，2024,45(3):27–34.

② 尹振涛，杨佳铭．以金融科技推动新质生产力发展 [J]. 金融博览，2024(5):54–56.

二、金融助力新质生产力发展的必要性

（一）新质生产力发展需要金融体系的有力支撑

在新质生产力的发展历程中，金融的角色尤为关键，其对新质生产力的发展速度、质量和效益有着深远影响，犹如助推器般不可或缺。经济与金融的紧密关系，好似肌体与血脉的相依，二者共生共荣，共同构成了一个完整的生态系统。在市场经济的大潮中，各类社会经济活动均离不开交易的纽带，而货币作为这场交易舞蹈中的灵动媒介，其重要性不言而喻。金融的润滑作用，使新质生产力的发展更加顺畅，为经济增长注入了源源不断的活力。货币的流动意味着金融活动的展开，深入影响社会各领域。作为国民经济的血脉，金融服务实体经济是其初心和使命。在风险可控的前提下，金融体系持续将资金引入经济活动，为经济循环提供支持。自货币出现以来，所有的财富都可用某一货币单位来衡量。金融活动使得货币在经济主体之间流动，完成资源配置。金融引导储蓄资源以市场机制"物随钱走"，转化为投资，促进资源在新质生产力高效部门的配置，提高资源使用效率。金融资源支持创新活动，提升经济的发展质量和效率。①

（二）金融是新质生产力发展的催化剂和助推器

1. 金融支持优化科创环境，为新质生产力发展夯实技术基础

随着产业数字化与数字产业化浪潮的不断推进，数据和数字技术在金融领域日益显现出其不可或缺的价值。未来的金融市场，必将深化与实体经济的融合，以适应这一历史性的变革。金融机构正积极拥抱数字技术，借助大数据的精准分析，为客户绘制出更加细致的画像，从而更准确地识别并满足他们的真实需求。这种技术的应用，不仅提升了风险管理的水平，更使得金融服务能够因人而异，实现真正的个性化。新质生产力的崛起，催生了一批新兴产业和全新的商业模式，这为金融场景的应用开辟了更广阔的空间。战略性新兴产业和未来产业的快速发展，以及传统产业的科技赋能与数字化转型，都标志着经济结构正在发生深刻的

① 董昀 . 以金融高质量发展助力新质生产力发展 [J]. 经济 ,2024(4):27–29.

变化。特别是经济向绿色低碳方向的转型，已经成为不可逆转的趋势。这些变革为金融市场带来了前所未有的机遇，新的金融场景和生态应运而生。在这样的背景下，金融服务正逐渐渗透到现代化产业体系的每一个角落，为各个行业提供着强有力的支持。无论是新兴的科技产业，还是转型中的传统产业，都能在金融的助力下，迎来更加广阔的发展空间。

2. 金融支持覆盖科技成果转化全过程，助力构建现代产业体系

建立高标准的技术交易市场，无疑是市场导向下科技创新的重要推动力。这样的市场，不仅为技术创新提供了展现和应用的大舞台，还使科技成果能够更有效地转化为实际生产力，惠及社会各个领域。构建多层次的技术交易市场体系，旨在打造一个全国范围内的技术交流与合作枢纽，进一步链接国际技术市场，从而更好地服务于国家战略需求，提升国家整体科技实力。此外，地方性的技术交易市场也在蓬勃发展，这些市场专注于推动科技成果在地方经济中的应用，为区域发展注入了强大的创新动力，成为地方经济发展的重要支柱。科技成果的市场化定价与交易机制的完善，进一步提高了市场活力，使价格发现和资源配置更加高效，资金的使用效率也因此得到了显著提升。这一系列的变革，为处于各个发展阶段的科技创新企业提供了与其风险承受能力相匹配的资金支持，有力地推动了科技创新的深入发展，为我国的科技进步和产业升级奠定了坚实的基础。

（三）新质生产力与金融场景双向赋能

1. 以新质生产力发展赋能数字经济时代的金融场景建设

随着产业数字化与数字产业化的不断演进，数据和数字技术在金融领域的应用越发关键。展望未来，金融与实体经济的深度融合将成为必然趋势。在这一背景下，金融机构正积极拥抱数字技术革命，借助大数据的力量，实现对客户的精准画像，深入洞察其真实需求。这不仅有助于提升风险管理的精细度和实效性，还能为客户提供量身定做的金融服务，从而不断优化数字金融的应用场景。新质生产力的兴起，正孕育着全新的产业和商业模式，为金融场景的创新提供了广阔的天地。战略性新兴产业和未来产业的蓬勃发展，以及传统产业的科技革新与数字化转型，共同勾勒出一幅经济转型升级的壮丽画卷。特别是绿色低碳经济的崛起，不仅彰显了社会对环境可持续性的深切关注，而且为金融市场注入了新的活力。这些变革为金融领域带来了前所未有的机遇与挑战。新的金融场景和生态应运而生，金融服务正逐步渗透到现代化产业体系的各个层面，助力各行各业实现更高效、更智能的发展。从科技创新到绿色经济，金融的力量正在推动整个社会迈向更加繁荣与可持续的未来。

2. 金融机构可以完善金融场景为重点助力新质生产力发展

近年来，我国商业银行在支持创新型企业方面做出了积极尝试，如设立科技子行、试点投贷联动等创新举措层出不穷。然而，受分业监管、资本充足率和资产质量等多重因素的制约，银行在股权投资领域仍持谨慎态度。科创企业所特有的“高风险、高收益”属性，使得股票融资成为更贴切的选择，但遗憾的是，其在社融总量中的比重仅占约 3%。为了更精准地满足科技企业的融资诉求，新型信贷方式如知识产权质押、股权质押、排污权质押和订单贷等应运而生。这些创新举措不仅拓宽了科技企业的融资渠道，还为其提供了更加灵活的融资方案。此外，完善差异化授信与风险管理机制，对于提升商业银行服务科技创新企业的效能和积极性至关重要。现代产业体系的日趋复杂，使得产业链分工更加精细，链条越发绵长，所涉企业亦日渐增多。在此背景下，金融创新的重要性越发凸显。完善供应链金融产品与服务，精准服务链上核心企业，成为提升产业链整体效能的关键。借助人工智能、云计算、区块链、大数据和物联网等尖端技术，我们不仅能优化信息的获取与处理流程，还能有效降低运营成本，提升服务效率。此外，推动供应链金融的国际化进程，对于支持中资企业更深度地融入全球价值链具有重要意义，这不仅能提升我国企业在全球产业链中的分工水平，更有助于增强我国经济的国际竞争力，实现更广泛、更深入地参与全球经济合作与发展。[①]

① 周景彤 . 新质生产力发展与金融场景建设双向赋能 [J]. 图书与情报 ,2024(2):15–17.

第二节　金融助力新质生产力发展的内在逻辑与理论基础

一、金融助力新质生产力发展的内在逻辑

金融是国民经济的核心和血脉。新质生产力发展亟需金融强力支持，金融通过拓宽发展空间、提供关键服务、优化发展环境等多方面赋能新质生产力。

（一）金融拓宽新质生产力发展空间

金融通过提升消费者的消费能力和激发消费意愿，推动新质生产力的升级，提高质量要求，从而拓宽其发展空间。通过提供精准匹配消费者需求的消费金融产品和服务，金融机构提升社会消费能力，增加新质生产力的收益水平。针对不同收入和不同消费水平的群体，金融机构通过精准营销和服务，提供相应的消费金融支持，特别关注低收入和新市民群体的消费金融可得性，解决居民消费流动性问题，进而增强他们对新质生产力产品和服务的消费能力。对于中高收入群体，金融机构专注于开发多样化和个性化的消费金融服务，以满足其对新质生产力产品和服务的需求，促进消费增长，提高其收益水平。

金融通过创新型消费金融产品和经营策略，激发消费意愿，推动新质生产力的发展。商务部数据显示，我国乡镇和村两级消费市场已占总体消费市场的38%。然而，农村居民因收入低、社会保障不足、数字鸿沟等问题，消费需求不足。相比之下，我国3亿多的新市民占总人口的20%以上，在创业、就业、住房、教育、医疗、养老等方面的金融需求巨大。由于新市民的工作不稳定、信用记录不足、行业分布广泛，他们对金融产品与服务的了解程度有限，传统金融服务往往无法满足其融资需求，导致其消费意愿受限。金融机构利用现代信息技术和人工智能，

洞察农村居民和新市民等不同群体的消费需求变化，持续拓宽消费金融产品和服务的范围，激发各群体对发展型消费的意愿，为新质生产力的发展注入动力。

金融通过加大对新型消费领域的支持力度，推动消费转型升级，扩展新质生产力的创新应用空间。在居住消费领域，逐步推动租购并举、智能化和绿色化转型。金融机构为居民提供改善型住房和购房衍生消费的金融产品和服务，积极参与保障性住房和住房租赁的多层次供应体系建设，促进居住消费升级，拓展新质生产力在这一领域的应用。在医疗消费领域，广泛应用“互联网 +”和人工智能技术，智慧化和便捷化疾病治疗流程。金融机构通过电子医保卡、无感支付、电子病历和电子票据等有效衔接，重塑就医流程，将金融服务范围从疾病预防和治疗扩展到健康生活方式和日常家庭护理，促使人民群众享受智慧医疗。在汽车消费领域，加速向绿色低碳和高度智能的产业生态与消费模式转型。金融机构为新能源汽车提供全链条的生态金融产品和增值服务，推动汽车消费升级转型，推动新质生产力的发展。

（二）金融服务助力新质生产力发展

1. 金融体系的融资支持新质生产力全生命周期

金融可以通过直接融资和间接融资的联动，为新质生产力提供全生命周期的资金支持。在创新孵化期，科创企业主要通过直接融资获取资金，如天使投资、风险投资和创业投资，有助于减轻早期研发和创业阶段的风险。新三板和区域性股权交易市场专注于支持创新型中小微企业，有效扩展了中小微企业的直接融资渠道。

在产业化发展期，科创企业需要迅速扩展生产规模和市场份额。金融机构可以通过设立产业投资基金、提供定向增发、可转债、金融租赁、知识产权质押等多种融资方案，支持企业的快速成长。金融租赁帮助科创企业完成固定资产投资，降低融资门槛；知识产权质押则为拥有知识产权的企业提供新的融资渠道，解决传统抵押物不足的融资问题。

在成熟扩张期，企业商业模式稳定，现金流较为稳定，可通过直接融资和间接融资获取研发资金。上市公司可以通过发行新股、配股、可转债等权益类融资工具筹集资金，支持产品研发和技术创新。商业银行利用大数据和人工智能技术，针对科创企业的快速迭代、高风险和轻资产特点，推出科技贷、知识产权质押等创新信贷产品，助力科技创新和成果转化。国家发展和改革委员会发行以中长期为主的科技创新公司债，重点投向集成电路、人工智能、高端制造等前沿领域。截至 2024 年 4 月底，科技创新公司债累计募资 1226.41 亿元，同比增长 143.24%，为新质生产力发展提供了强有力的资金支持。

2. 金融管控新质生产力发展的各类风险

新质生产力发展面临创新风险、原材料价格、利率和汇率波动等多重风险。金融通过保险、期货等衍生品，以及资产证券化等结构化工具，有效分散、规避、对冲这些风险。保险根据创新主体特征，提供科技保险、责任保险和知识产权保险等产品，帮助企业转移创新风险。期货等衍生品则用于风险对冲和套期保值，企业可通过购买商品期货、利率期权和汇率互换等产品应对市场波动。资产证券化工具将单一项目风险分散给多个投资者，特别适用于高风险、高投入的高精尖技术项目。

3. 金融促进新质生产力资源优化配置

金融通过价格信号和信息优势，促进创新要素资源的精准对接与高效流动，优化新质生产力领域的资源配置。利率作为资金的机会成本，若新质生产力领域预期回报率高于一般投资成本，将吸引更多的资金流入该领域。证券市场的股价和估值反映投资者对不同产业和企业的预期，引导资金向高潜力的新兴产业和创新企业流动。衍生品市场的期货和期权合约价格反映相关商品的预期价格，有助于新质生产力领域的风险管理和对冲。金融机构运用大数据和人工智能等技术，掌握企业经营、技术创新和市场发展信息，及时发现有创新潜力的企业，精准匹配创新企业和投资者，实现创新资源供需的无缝对接。

（三）金融优化新质生产力发展环境

1. 金融改善新质生产力发展硬环境

金融如同活水，源源不断地为新质生产力的发展注入资金动力。通过精准识别和支持具有潜力的科技创新项目，金融机构能够有效降低市场信息不对称，提高资金配置效率。例如，科技贷款、风险投资等金融工具的广泛应用，为初创期、发展期的企业提供了宝贵的资金支持，助力其突破技术瓶颈，加速产品市场化进程。此外，政策性金融的引导作用也不容忽视，通过设立专项基金、提供贷款贴息等方式，引导社会资本向战略性新兴产业和未来产业倾斜，为新质生产力的培育提供了坚实的资金保障。金融可改善新质生产力发展硬环境，为科技成果转化保驾护航。一方面，金融机构通过引入科技保险、知识产权质押融资等新型金融产品，分散和降低科技创新风险；另一方面，加强金融科技应用，利用大数据、人工智能等技术手段提升风险评估和监控能力，确保资金安全高效运行。这些措施不仅增强了投资者信心，也为企业提供了更加稳定可靠的融资渠道。金融改善新质生产力发展的硬环境，需要政策与市场的协同作用。政府可通过制定并完善相关法律法规、出台税收优惠政策、建立多层次资本市场等措施，为新质生产力的发展营造良好的政策环境。

2. 金融优化新质生产力发展软环境

金融通过金融创新、风险投资和金融监管优化新质生产力发展软环境。金融机构通过股权交易、债券市场改革和创新金融工具，降低融资门槛，提升技术应用效率，推动新质生产力发展。风险投资追求高回报，支持科技创新企业的融资需求，促进新质生产力发展。金融监管保护投资者权益、管理风险、促进金融创新和服务实体经济，确保市场公平、透明、稳定，增强投资者信心，促进新质生产力发展。①

二、金融助力新质生产力发展的理论基础——以科技金融为例

科技金融作为连接科技创新与经济增长的桥梁，其重要性日益凸显。其不仅为创新项目提供必要的资金支持，还加速了知识和技术的传播与应用，从而推动了新质生产力的发展。为了深入理解科技金融与新质生产力之间的关系，有必要

① 李建军，焦文昭．金融赋能新质生产力的内在逻辑与实现路径 [J]. 当代中国与世界，2024(2):21–30.

借鉴经典理论，构建相应的理论框架。以下将详细阐述几个关键理论及其在科技金融领域的应用。

（一）约瑟夫·熊彼特的创新理论

约瑟夫·熊彼特，作为奥地利经济学的杰出代表，其创新理论对经济发展研究产生了深远影响。熊彼特强调，创新是推动经济增长的核心动力。他指出，企业通过引入新产品、采用新方法、开拓新市场、获取新材料或建立新组织等创新活动，能够打破现有均衡，推动经济向前发展。在科技金融领域，熊彼特的创新理论提供了重要指导。科技金融通过为创新项目提供资金支持，促进了新技术的研发和应用。这些新技术不仅提高了生产效率，还催生了新的产业和商业模式，从而推动了新质生产力的发展。同时，科技金融还通过风险投资、天使投资等方式，为初创企业提供了成长所需的资金和资源，进一步激发了创新活力。

（二）资本结构理论

弗兰科·摩迪利亚尼和米尔顿·米勒提出的资本结构理论，是企业财务领域的重要基石。他们的 MM 理论探讨了企业的资本结构（即债务与股权的比例）对企业价值的影响。在完美市场条件下，MM 理论认为企业的资本结构与其价值无关。然而，在现实中，由于税收、破产成本等因素的存在，企业的资本结构确实会影响其价值。科技金融在提供资金支持时，往往会考虑企业的资本结构。通过合理的资本结构设计，科技金融可以降低企业的融资成本，提高企业的财务灵活性，从而支持企业的长期发展。此外，科技金融还可以通过债权融资、股权融资等方式，为企业提供多样化的融资选择，满足不同发展阶段的需求。

（三）知识经济理论

彼得·德鲁克作为管理学的先驱，对知识经济领域作出了重要贡献。他强调知识和信息在经济发展中的核心作用，认为知识产权、人力资本和技术创新是推动经济增长的关键因素。在知识经济时代，企业之间的竞争越来越表现为知识和技术的竞争。科技金融在促进知识和技术的传播与应用方面发挥着重要作用。通过为研发项目提供资金支持，科技金融促进了新技术的研发和应用。同时，科技金融还可以通过专利质押、知识产权融资等方式，为拥有核心技术的企业提供资金支持，促进其技术成果的商业化。此外，科技金融还可以通过支持教育培训、人才引进等方式，提升人力资本水平，为知识经济的发展提供有力支撑。

（四）网络外部性理论

让·提罗尔因其在网络外部性领域的研究获得了诺贝尔经济学奖。网络外部性理论指出，在某些市场中，产品或服务的价值随着使用者数量的增加而增加。这种效应在信息技术、通信、互联网等领域尤为显著。例如，社交媒体平台的用户越多，其吸引力就越大，因为用户可以更容易地找到朋友、分享信息。科技金融在推动新兴技术广泛应用方面发挥着重要作用。通过为区块链、人工智能等前沿技术提供资金支持，科技金融促进了这些技术的研发和应用。随着这些技术的普及和应用范围的扩大，其网络外部性效应将逐渐显现，进一步推动新质生产力的发展。此外，科技金融还可以通过支持技术创新联盟、产业协同等方式，促进不同企业之间的合作与交流，加速技术的传播与应用。

（五）创业金融理论

创业金融理论是金融学和创业研究领域多位学者共同努力的结果。其关注新兴企业融资的特殊性，包括风险投资、天使投资等非传统融资方式。这些融资方式具有高风险、高回报的特点，能够为初创企业提供所需的资金和资源支持。科技金融在支持初创企业和创新项目方面发挥着重要作用。通过风险投资、天使投资等方式，科技金融为初创企业提供了成长所需的资金和资源支持。这些资金不仅用于研发新技术、开发新产品，还用于市场拓展、人才引进等方面。同时，科技金融还可以通过提供创业指导、管理咨询等服务，帮助初创企业完善商业模式、提高管理能力，从而推动其快速发展。

（六）发展经济学理论

沃尔特·罗斯托提出的“经济增长阶段”理论，描述了国家经济发展的五个阶段：传统社会阶段、起飞前阶段、起飞阶段、成熟阶段和高额消费阶段。该理论强调经济发展的阶段性和不平衡性，认为不同发展阶段需要采取不同的经济政策和措施。科技金融在不同经济发展阶段对新质生产力的影响和作用也有所不同。在起飞前阶段和起飞阶段，科技金融通过为创新项目提供资金支持，促进了新技术的研发和应用，推动了产业升级和经济发展。在成熟阶段和高额消费阶段，科技金融则更加注重支持高端技术研发和新兴产业培育，以推动经济持续增长和创新发展。因此，在制定科技金融政策时，需要充分考虑经济发展阶段的特点和需求，以确保政策的有效性和针对性。

第三节　金融助力新质生产力发展的历史经验与中国启示

一、新质生产力发展的要求

（一）发展新兴产业和未来产业，推动传统产业转型升级

2023 年 12 月的中央经济工作会议强调了发展新兴产业和未来产业，推广数智技术和绿色技术，加速传统产业的转型升级。发展高科技、高效能、高质量的新兴产业和未来产业是提升生产力水平的重要途径。然而，从当前中国产业结构状况来看，名副其实的新兴产业所占比例并不尽如人意，这阻碍了整体产业未来发展质量。因此，加大新兴产业发展力度极为必要，两个指标分别为“增量”和“存量”，是重要衡量标准，前者反映了新兴产业规模增长速度，后者反映了新兴产业存在与发展底蕴。传统产业需要不断革新，但革新需要新技术和渠道支撑。新兴产业可能与传统产业并不直接相关，但释放出的技术潜力和渠道类型在潜移默化中成为传统产业得到革新的重要助力，进而向数字化、智能化、绿色化进发。与此同时，传统产业转型成功之后，也会反过来助力新技术继续腾飞。

（二）摆脱传统经济增长方式和生产力发展路径，贯彻新发展理念

新质生产力具有显著先进性，比如在发展路径上摒弃传统模式，并且在发展理念上与最前沿理念相对接。首先，新质生产力离不开高科技的支撑。科技发展是在不断研究、应用以及商业转化过程中得到验证，当某项科技能够带来高效能、高质量效果时，就意味着该科技能为新质生产力添砖加瓦。从目前来看，产业发展中存在着质量品质和供给相矛盾的现象，必须依靠高科技来破局，不仅能提升质量品质和产出效率，还能有效推动边际产出更为充足。其次，新质生产力在发展理念上积极与绿色、开放、共享相对接。长期以来，生产力问题应对之策的构建离不开科技力量的支持，科技创新便是重中之重，而在新时代，科技创新还要继续深化，不能只将提升生产力作为目标，还要着重考量地区发展是否平衡、人与自然是否和谐、社会是否公平等。结合当前社会主要矛盾的论述，新质生产力显然是应对和解决社会主要矛盾的重要抓手。

（三）充分发挥金融的作用与功能，助力三大要素的跃升

新质生产力是一种先进的、不断优化重组的、能够全盘考量的生产力类型，而该生产力的发展需要多方面支持，其中金融的作用尤为关键。首先要对金融资源进行全新调动，使其成为科教兴国和人才强国战略中的重要一环，进而为培养出更多优秀优质的劳动者提供助力。当劳动者达到更高素质水平后，能够成为发展新质生产力的主动力量。其次要从投资入手来规划金融策略，比如针对基础设施建设要不断增加投入比例，除了基本投入，相关研发投入也要得到保障，使得基础设施建设不断走向更高水平。这一举措可提升劳动资料品质。最后要重视引导政策，引领金融行业自觉向新兴产业、未来产业等靠拢，保障其获得足够金融支持。同时也要筛选具有潜力的传统产业，积极提供金融支持促进转型。如此一来，新质生产力就能在劳动者、劳动资料、劳动对象三者共同提升中得到更好发展。

二、三次工业革命的经验与教训：既要发挥金融的作用，又要防范金融风险

不同时代对应不同技术水平，到了今天的信息技术时代，信息技术火热发展，

已经渗透到各个领域。而这一时代的生产力也在质和量两个层面突飞猛进，其中金融发挥了极大作用。金融产业的发展也处于时代洪流中，金融支持方式在不断调整和革新，但其作用并没有太大变化，总体来看仍旧在以下两个方面表现突出。一是投资产业，助力社会经济发展向前。相关产业在得到更多金融投资后，内在技术研发更有保障，技术进步的脚步不会停歇。二是助力生产力提升品质。当前金融支持手段更为多元化，除了最基础的银行贷款，证券发行、创业投资等也得到开发和利用，这使得金融支持范围更为广阔，更多力量能够参与到生产力提升事业中。金融的作用和价值自然极为重要，但在现实生活中想要充分发挥，还要依赖完善的监管和风险防控系统。

（一）第一次工业革命：银行为英国的国家竞争和产业革命提供了资金支持

英国在 18 世纪后期开启了第一次工业革命历程，重要标志是相关新发明的问世和应用，蒸汽机便是典型例子。

1. 议会权力的加强和英格兰银行的成立，帮助英国取得了国家竞争的胜利

工业革命到来的前夕，英国政府做出了诸多改革，其中针对英格兰银行着力提升其信用水平，这不仅为塑造政府良好形象提供助力，还有力应对战争的负面影响。众所周知，战争爆发必然会对经济发展产生冲击，比如英国在 17 世纪下半叶多次开启对外战争，财政投入不断增加，财政赤字愈演愈烈，本国经济面临下行危机。与此同时，英国王室的信誉也饱受摧残，使得债务筹资途径受阻。到了 1689 年，《权利法案》正式制定并颁布。该法案主要针对国王无节制行使财税权进行变革，推动财税大权由议会掌控。如此一来，财税使用得到更有力监督，极大避免了财款滥用情形。该法案不仅对国家财税使用高度重视，而且对私人财产保护力度有所提升。该法案颁布后的第 5 年，英格兰银行正式登上历史舞台。该银行成立初期主要是为王室提供贷款，并且支持军费开支。为了打好信用基础，该银行将吨税和酒税作为重要担保，同时发行银行券，一方面起到了筹资作用；另一方面也成为国债市场越发壮大的重要力量。

2. 综合国力的提升为工业革命提供了良好的社会经济环境

工业革命在英国启程，之所以如此，与英国综合国力不断提升有着密切关联，因为综合国力提升过程中势必对新技术产生强烈需求，致力于技术研发的机构和产业陆续强势崛起。英国是老牌殖民主义国家，在本土之外拥有广阔的殖民地。这些殖民地一方面为主国源源不断地输送原材料，另一方面成为主国的消费市场，如此双管齐下，英国技术改进的盈利空间更为巨大，技术革新动力更为充足。其实在 17 世纪时，英国已经建立了多个工业部门。18 世纪，很多新技术为棉纺织业继续火热发展提供助力，比如 1733 年飞梭的发明，1764 年一种名为珍妮纺纱机的新机器得到制造和应用，1769 年蒸汽机在瓦特的研究下得到改进并在 1785 年正式应用到了纺纱厂中。

3. 英国银行体系的发展为技术应用和工业化大生产提供了资本保障

英国不断改进银行体系，积极与工业化大生产相对接，进而为银行业支持工业发展打下根基。如此一来，英国的金融业和工业水平急剧提升。长期以来，英国银行数量繁多，很多银行属于私人性质，虽然资金储蓄量巨大，但是缺少国家层面的指导和引领，难以获得优质投资出路。工业革命到来后，这些私人银行发现了闪光点，开始着重投资工业领域，从最初的投资蒸汽机工厂到后来向各个领域进发。随着英国进一步优化打造银行体系，工业发展所需资金愈加充足，并且不同地区利率差异不断减小，为地区平衡发展打下了坚实基础。伦敦作为英国首府，在优质银行体系助力下一跃成为欧洲金融中心，成为英国生产力发生质变的强大推手，比如在 1825 年英国生产的蒸汽机达到了 15000 台，马力也迈向 37.5 万匹，而当这些机器应用到生产领域后，各个领域的生产效能得到大幅提升。

（二）第二次工业革命：资本市场助力美国基础设施建设和大规模工业的发展

19 世纪六七十年代，第二次工业革命开始酝酿，相较于第一次工业革命，此次革命以美国、德国、日本等国家为引领。美国的地位更为突出，相关领域突飞猛进，如汽车行业、航空行业、燃料化工行业等。金融依然扮演着重要角色，依然是第二次工业革命的重要推动力量。

1. 资本市场满足了基础设施建设和国家债务融资的需求，促进了经济发展

资本市场在诸多举措下愈加壮大，美国基础设施建设受其助力走向更完善、更扎实的道路，同时国家债务融资也大踏步上前，为经济建设储电充能。在这样的背景下，第二次工业革命强势登场。金融发展和工业发展相辅相成，当资本市场壮大后，金融能为工业发展提供更多资金，而当工业发展达到更高层次后，也会反过来助力资本市场。1817 年，美国纽约成立了证券交易所，并通过承销“伊利运河债券”募资 700 万美元。这些资金支持伊利运河更快建成，而建成之后，该运河所获收益极为巨大。这一募资模式促使纽约成为美国的商贸金融中心。金融行业可为国家债务融资提供支持。在美国南北战争期间，北方政府的大量资金是由银行家筹集和提供的，与此形成鲜明对比的是，南方政府采取了“多印钱”策略，非但没有发挥资金供应作用，还使得南方经济走向崩盘，为北方战胜南方打下了基础。

2. 资本市场为企业的大规模融资和产业并购重组提供了巨大资金

资本市场在美国南北战争期间扮演了举足轻重的角色，其不仅为战争的胜利提供了坚实的资金后盾，还间接地催化了对工业品需求的激增和劳动力市场的解放。彼时，运河与铁路交织的脉络，将广袤的美国大地紧密相连，构建起一个庞大的市场体系，促进了规模经济的显著效应，为经济的迅猛发展铺设了坚实的基石。在此背景下，美国工业如旭日东升，与资本市场的蓬勃兴起相辅相成，共同孕育了超大型工业企业的雏形。1887—1904 年，美国见证了历史上首次并购浪潮的汹涌澎湃，其间记录在案的并购交易高达 2943 起，逾 3000 家中小型企业在这场浪潮中被整合兼并。此番并购重组，不仅重塑了诸多行业的竞争格局，提升了行业集中度，更催生了一系列企业巨擘，如杜邦、通用电气、柯达等，它们以巍峨之姿屹立于市场之巅。这一系列变革，不但有效地调控了行业内竞争态势，更通过规模经济的进一步放大，强化了企业的市场竞争力与盈利能力，为美国经济的持续繁荣注入了不竭的动力。此番历史进程，无疑是对当时社会经济结构的一次深刻重塑，其影响深远，至今仍为后世所研究与借鉴。

（三）第三次工业革命：创业投资市场促进了美国高科技企业的发展

在20世纪下半叶，第三次科技革命在美国兴起。此时的美国在科技领域已经领先全世界，生产力水平也是诸国之最。很多新科技开始涌现，如原子能、计算机、生物工程等，而依托新科技建立起的高科技企业也越来越多。

1. 创业投资体系的诞生促进了军用技术的民用转化

创业投资市场在美国高科技企业的崛起中扮演了催化剂的角色，其诞生为军用技术向民用领域的华丽转身搭建了桥梁。这一体系，犹如一股创新洪流，不仅为初创企业提供了急需的资金，还促进了技术成果的高效转化与商业应用。在此机制驱动下，原本束之高阁的军事科技得以在民用市场绽放异彩，加速了科技迭代的步伐，催生了一系列颠覆性创新。创业投资者以其敏锐的市场洞察力，甄选潜力项目，助力科技企业跨越从研发到市场的鸿沟，共同绘制了美国高科技产业蓬勃发展的壮丽图景。

2. 创业投资体系的发展为高科技企业的诞生提供了良好的环境

创业投资市场在美国高科技企业的茁壮成长中，扮演了至关重要的角色。其发展犹如肥沃的土壤，为高科技企业的生根发芽提供了不可或缺的环境。在这一体系中，资金犹如源头活水，不断滋养着创新的种子，使之破土而出，茁壮成长为参天大树。创业投资者以其独到的眼光和胆识，为那些蕴含无限潜力却面临资金瓶颈的高科技企业提供了宝贵的支持。正是这样的环境，激发了美国高科技产业的无限活力，推动了技术创新与产业升级的良性循环，为经济的持续繁荣注入了不竭的动力。

3. 创业投资体系的成熟促进了金融和高科技企业的良性循环

创业投资市场的日益成熟，为美国高科技企业的发展铺设了一条金色大道，促进了金融与科技企业间的良性互动。在此体系下，金融资本不再仅仅是资金的提供者，更成为高科技企业成长道路上的伙伴与推手。其以其敏锐的市场嗅觉，甄别并投资那些具有前瞻性和创新性的高科技项目，助力跨越初创期的艰难险阻。而高科技企业的蓬勃发展，又反过来吸引了更多的金融资本，形成了金融与科技企业相互促进、共同繁荣的生动局面，为美国经济的持续增长注入了强大的动力。

（四）繁荣与危机交替的历史教训：既要发挥金融的功能，又要防范金融风险的发生

1. 金融是把“双刃剑”，历史上多次金融危机对生产力造成了破坏

在历史的长河中，工业革命与金融发展的交织构成了推动社会进步的重要力量，然而这一进程亦伴随着危机的阴影。第一次工业革命期间，英国以其领先的工业生产力引领全球变革，国民生产总值与民众财富实现了空前增长。然而，中央银行制度的缺失使得货币发行权呈现分散态势，这一结构性缺陷于 1825 年 9 月引爆了首次现代金融危机，众多银行纷纷倒闭，关键商品价格大幅跳水，对生产力造成了沉重打击。进入第二次工业革命时代，美国经济呈现出蓬勃生机，证券市场亦随之繁荣，但华尔街的金融监管体系尚不完善，过度投机与金融机构的盲目借贷共同编织了一幅虚假繁荣的景象。1929 年 10 月 29 日，道琼斯指数的急剧下挫标志着美国股市的全面崩溃，银行挤兑风潮四起，随之而来的“大萧条”持续四年之久，严重阻碍了生产力的进一步提升。至第三次工业革命，互联网作为新兴的传播媒介，吸引了巨额风险投资，企业股价随之飙升。互联网公司的市值在 2000 年 3 月攀至巅峰，却也预示了“互联网泡沫”的破裂，市场因此遭受剧烈冲击。这一系列历史事件深刻揭示了金融与生产力之间的复杂关系：金融既是推动生产力跃升的强大引擎，亦可能成为引发经济危机的导火索，对经济造成深远的负面影响。在金融与实体经济的互动中，如何平衡创新与监管，防范系统性风险，成为历代经济学家与政策制定者必须面对的重大课题。

2. 加强金融监管是促进金融、经济增长和生产力进步这三者良性循环的保障

1825 年，英国遭遇首次现代金融危机的重创，这一历史性事件催生了金融体系的深刻变革。次年，《银行法》的颁布标志着英国开始强化金融监管。1844 年的《皮尔条例》进一步巩固了英格兰银行作为中央银行的地位，确保了货币发行的稳健与统一，为经济的稳定增长奠定了基石。跨越时空至 20 世纪，美国在

经历“大萧条”的惨痛教训后，深刻认识到金融监管的重要性。为此，美国政府颁布了一系列法律,其中包括《证券法》与《证券交易法》,这些法律框架的构建，旨在强化对证券市场的监督与管理，防止过度投机引发市场动荡。步入21世纪，互联网的兴起带来了新一轮的金融革新，但同时也催生了“互联网泡沫”。面对这一挑战,美国政府再次出手,加强了对证券市场和创业投资的监管力度。《多德—弗兰克华尔街改革与消费者保护法案》的出台，便是这一轮金融监管强化的集中体现。该法案对私募基金的交易信息披露提出了严格要求，并限制了银行参与证券投资的活动，以期在鼓励金融创新的同时，避免过度投机，维护金融市场的稳定。这一系列金融监管措施的实施，不仅是对历史教训的深刻反思，更是对未来金融稳定的积极构建。它们旨在通过加强金融监管，促进金融与经济增长、生产力进步的良性互动，确保金融体系在推动经济发展的同时，能够有效防范和抵御潜在的风险与挑战。

三、中国金融服务新质生产力发展的重点和难点

（一）提升金融服务实体经济的质效，助力新质生产力发展

1. 构建科学稳健的金融调控体系，为新质生产力发展提供良好的经济运行环境

经济发展与生产力进步相辅相成，构成推动社会繁荣的双轮驱动。经济的稳健增长催生了更广泛的市场需求，为生产力的跃升提供了强劲动力。而生产力的提升，则通过优化供给结构与增加产出，为经济的持续发展注入新的活力。在此背景下，构建科学稳健的金融调控体系显得尤为重要。有效的货币政策能够确保市场流动性的合理性，使货币供应与经济增长保持同步，从而维护物价的稳定。宏观审慎政策方面，完善政策框架，确保与其他政策协调配合，加强系统性金融风险监测与预警，防范风险发生。

2. 优化金融市场结构，提升金融产品和金融服务水平，助力新质生产力三大要素的跃升

新质生产力，其核心在于优化“劳动者、劳动资料、劳动对象”这三大基本

要素的组合方式，这一优化过程主要得益于技术革命性的突破。技术的飞跃不仅推动了生产力的跃升，更通过促进科技研发与应用，为新质生产力的发展开辟了广阔空间。在中国金融市场体系中，直接融资渠道，如股票和风险投资，虽已有一定规模，但仍存在巨大上升潜力。为了促进三大要素的进一步优化与跃升，改善金融市场结构、提升直接融资比重，以及引导金融资源向科技创新领域倾斜，显得尤为关键。金融产品与服务是经济高质量发展的重要支撑。目前，信贷、股票、保险和基金等金融产品已相对成熟，但衍生产品市场，如期权、期货等，有待进一步发展。在金融服务方面，除了传统的融资服务，还应大力提升投资顾问和财富管理服务的质量与水平，以满足日益多元化的市场需求。

（二）守住不发生系统性金融风险的底线，保障新质生产力的稳定发展

1. 加强对重点金融机构的监管，防范系统性金融风险对新质生产力的破坏

防范系统性金融风险，对于确保新质生产力的稳定发展具有举足轻重的意义。在中国金融体系中，银行业占据核心地位，其稳定性直接关乎金融全局。近年来，中国金融监管机构高度重视风险防控，国家金融监管总局数据显示，2023 年银行业金融机构成功处置不良资产达 3 万亿元，尽管不良贷款余额为 3.95 万亿元，但 2017 年以来，累计处置的不良资产已高达 18 万亿元。这一系列举措不仅彰显了中国对金融风险防控的坚定决心，也为新质生产力的稳健前行提供了坚实的金融保障。

2. 加强金融监管和执法效能，营造金融服务新质生产力发展的市场环境

金融，这一经济血脉，兼具促进与阻碍新质生产力发展的双重潜能，其影响关键在于如何有效运用。强化金融监管与执法力度，旨在为新质生产力的发展营造一个公平、透明、健康的市场环境，从而最大化金融服务的正面效应。以上海证券交易所为例，截至 2024 年 2 月，A 股市场个人投资者账户数已达 3.5 亿户，而机构投资者仅为 108.8 万户，中小投资者占据市场绝大多数。鉴于此，加强监管以保护中小投资者利益，成为稳固市场信心、促进金融市场与新质生产力和谐共生的必要之举。

3. 推进法治建设和制度建设，构建金融服务新质生产力发展的制度体系

金融服务新质生产力发展，是一项复杂而系统的工程，其根基在于坚实的法治与制度建设。近年来，中国加速推进金融法治建设，全国人大已将金融稳定法、中国人民银行法等关键法律纳入立法规划。此举旨在构建健全的宏观审慎管理框架，完善金融业统计体系及存款保险制度，确保存款保险在防范挤兑风险、高效处置金融风险方面发挥核心作用。通过这一系列制度性安排，为金融服务新质生产力的发展提供强有力的保障，促进金融与实体经济的深度融合与良性循环。

四、金融服务新质生产力发展的路径

金融为新质生产力提供服务和支持时，主要从三个方面入手：一是优化金融体系，除了金融行业本身服务品质得到提升，还要积极融入资本市场；二是从资本“进出入”入手进行优化，并建立相关机制予以保障，这能提升金融投资灵活性，并为金融体系良性运转打下基础；三是引入最新理念指导金融领域改革与创新，确保金融行业走在最前沿。

（一）构建资本市场与银行并重的金融体系，为新质生产力发展提供优质金融服务

1. 完善资本市场的直接融资功能，促进新兴产业和未来产业的发展

金融体系要想输出更好的服务，应该遵循资本市场与银行并重原则，如此体系可支撑的新质生产力在“增量”和“存量”上更为优质。任何产业想要腾飞，长周期资金支持必不可少，尤其是新兴产业，如果资本市场能够提供足够资金，新兴产业将会少走弯路。从新质生产力发展层面分析，新兴产业可提供新技术、新渠道等方面的支持，而资本市场得到完善后，可使相互支撑体系进入良性循环之中。

2. 进一步发挥银行在间接融资方面的优势，支持传统产业的转型升级

传统产业虽“传统”但不“陈旧”，依旧是新质生产力不可或缺的发展基础，但是“传统”需要转型，如模式上应将数字化、智能化、绿色化等作为追求目标。

这必然要求传统产业进行转型，在这一过程中，新技术引入和应用自然十分重要，而银行也要提供风险足够低的金融支持。在中国金融体系中，银行有着重要地位，而在投资方面，间接融资是其重要优势，当这一优势以健康、正确的方式不断壮大后，传统产业绿色转型将会获得更有力的支持。

（二）健全资本进入和退出机制，形成金融投资和新质生产力发展的良性循环

1. 完善一级市场的资本进入和退出机制，鼓励对高科技企业的创业资本投资

高科技产业是一类依托新科技发展的产业，在发展过程中，三大要素均会拥有新面貌，走上高效融合之路，因此能够成为新质生产力优质转化的重要力量。不同于其他产业，高科技产业发展更重视创业投资，从目前来看，中国的创业投资市场规模不断壮大，推动本国高科技产业火热发展，但也存在着一些不足，如资本市场进出机制还不够完善、资金来源还不够丰富等。进出机制构建需要从长计议，尤其要提升应变能力，以适应不同情境下的需求；资金来源向多元化发展时，引入民间资本、境外资本等是重要举措，但同时也要做好风险控制工作。

2. 增强二级市场投资价值和稳定性，促进金融投资和新质生产力发展的良性循环

资本市场有其发展规律，通常来说，一级市场的发展要依赖二级市场，如果二级市场不够繁荣，一级市场也会受到阻碍，比如高科技产业投资会陷入停滞。因此，必须将优化二级市场作为重要策略，使其投资价值和稳定性达到更高层次，一方面能为一级市场助力；另一方面可推动金融投资和新质生产力发展进入良性循环。对于中国股票市场，首先，要平衡投融资功能，维护市场信心，增加资金入市，可以考虑参照国外做法，对长期持有股票的投资者实施股票亏损抵税政策。其次，支持长期资金如全国社保基金入市，同时提升上市公司质量，强化监管，防止高风险企业上市，并加大重组退市力度，清理问题企业。

（三）贯彻新发展理念，做好金融“五篇大文章”，服务新质生产力进步

1. 健全科技金融服务体系，培育新质生产力的新动能

新质生产力的提升离不开科技创新的支持，并且科技创新处于核心地位。从这一层面出发，想要充分发挥科技创新价值，打造健全科技金融服务体系势在必行，尤为关键的是，该体系要将原创性和颠覆性作为重要入手点，如此得到的科技创新能力更为显著，表现在自主性更强、动能更足等方面。具体来说可采取以下建设策略：一是构建政策框架和优化工具体系，其中货币政策至关重要，目的是更有力支持科技创新企业发展与壮大。当前，中国人民银行加强了与科技部的合作力度，并将改良货币政策工具作为重要内容，引入了很多新型工具，如专为创新创业设置的金融债券、科技创新不同阶段贷款方式等。二是打造新产品和革新服务模式，尤其是将“全生命周期”作为指导打造出更具支持力的金融服务。据相关数据，截至 2023 年 3 月，我国高科技企业贷款增速超过总体贷款增速，这充分反映出银行信贷更为关注科技型企业，会积极提供贷款。

2. 提升绿色金融服务能力，绘就新质生产力的底色

新时代呼唤绿色发展，新质生产力正是以此为指导进行发展。金融领域作为新质生产力的重要助力，也要走绿色金融之路。绿色产业一方面要引入和应用绿色颠覆性技术，为绿色新兴产业从微末走向壮大打下技术基础；另一方面要高度关注绿色科技成果，并积极寻找其与传统产业的内在联系，目的是依托其为传统产业绿色转型升级寻找入手点。金融行业的发展举措包括以下三方面：一是重塑政策框架，将绿色金融作为重要内容，如金融机构对某产业提供投资时，应该按照相关标准对目标产业进行碳核算，如果不满足相关标准则要慎重投资。二是改良结构性货币政策工具，如提供货币支持过程中要将参考碳减排、清洁利用等作为默认指标，进而为绿色信贷不断增加提供助力。目前，我国绿色贷款保持着年均 20% 以上的增速，切实为绿色社会、绿色经济、绿色产业建设注入强大活力。三是高度关注重点行业发展状况，并通过金融举措引导其走上绿色发展之路。重点行业关系国计民生，当其转型为名副其实的绿色行业后，对国家和社会绿色发展有着重大意义。发行绿色债券是重要策略，其在类型上还有进一步丰富空间，如环境权益抵押融资的探索仍在火热进行。

3. 构建普惠金融发展长效机制，营造新质生产力发展的社会基础

发展新质生产力是中国式现代化大计中的重要一环，除了依托其实现科技力量更强、生产效能更高等目标，更为重要的是夯实社会公平，始终坚持中国特色社会主义，进而为全民共同富裕打下基础。从金融层面考量，普惠金融应运而生，目前已经在全国范围内铺展开来，为小微企业、农户等寻求新发展提供资金支持。为了推动普惠金融更为完善，打造长效机制必不可少，只有如此，金融在弱势群体中才能更好地发光发热，激发这部分群体的创新创业活力。长效机制构建可从以下三个方面入手：一是针对民营小微企业开发金融支持产品，如小微企业资金实力弱、发展规模小，可以适当延长贷款期限和降低贷款利息；二是响应乡村振兴战略开发相关金融服务，如农业基础设施、农民教育等均是重要入手点；三是深入民生领域开发金融产品，如针对贫穷农户提供助学和创业贷款。

4. 完善养老金融政策体系，形成养老资金和新质生产力发展的互补

新质生产力达到更高层次需要多方面支持，其中资金支持是重要一环。从2023年末的相关数据来看，中国养老金融资产总额已经超过15万亿元。如此巨大的资金只有走“保值增值”之路才能持续焕发生命力，持续为养老事业提供助力。想要走好这条路，养老金融政策体系必须进一步完善，考量养老金融与新质生产力的关系极为必要，旨在推动养老金融政策更为长远、渠道更为广阔。具体而言，一是将养老资金与高科技产业发展、传统产业转型等相结合，适度设置投资产业基金、股票基金等，为养老资金有效支持新质生产力发展提供渠道，同时养老资金也能获得长期回报；二是将养老资金与养老保险结合起来。当前我国民众投资个人养老保险在规模上处于较低层次，上升空间巨大。立足于此，可以开发更多优质养老属性保险产品，但同时也要做好监督管理工作，确保这些产品让民众真正受益。完善的养老体系不仅体现社会公平，还激发广大劳动者的生产力和创造力，从而推动新质生产力的发展。

5. 加快数字金融发展步伐，聚焦效能和安全促进新质生产力发展

随着互联网技术和信息传递技术的迅速发展，数字经济已成为经济发展的重要引擎。在效能和安全层面，这对数字金融提出了更高的要求。加快数字金融发展，提升金融服务的效能和安全性是推动新质生产力发展的必要条件。首先，持续推动金融科技发展，优化金融基础设施，推进数字人民币试点，并通过数字技术优化服务和加强风险管理，以提升服务新质生产力的效果和质量。其次，加强对数字金融创新业务的监管，防范金融风险对新质生产力的不利影响。引入金融科技创新监管试点，提升数字化监管能力和金融消费者保护能力。最后，以数字金融创新巩固和拓展数字经济优势，通过科技创新再贷款等政策工具支撑重点领域发展，加速数字经济与实体经济融合，促进新质生产力的全面发展。①

第四节　金融助力我国新质生产力高质量发展的实践路径

一、以双轨金融支持科技创新和产业创新

（一）以科技创新推动产业创新，是新质生产力的内在机理

科技创新在当今社会的发展中，其正面效应并非简单地对传统生产力三要素进行增量式的补充。其并非生产力的一个新增要素，而是以一种更深刻的方式，为劳动力、劳动对象和劳动工具注入全新的活力。科技的力量，就像一个乘数，将这三要素的能力成倍放大，从而引领产业革新与升级。特别是在信息革命的浪潮下，互联网、大数据、云计算等技术的融合应用，推动了人工智能的飞速发展。这些科技创新成果，不仅重塑了传统行业格局，更催生了一系列新兴产业，使我国步入一个全新的发展阶段。在这一进程中，科技创新展现了其作为产业升级“第一动力”的非凡意义，其引领着新质生产力的诞生，为经济社会发展注入了源源不断的活力。高科技产业作为产业升级的引领者，不仅带动整个产业链的发展，

① 何青，胡通，梁柏林 . 金融服务新质生产力发展：历史经验与中国启示 [J]. 当代财经，2024(7)：1–15.

而且推动“新的两步走”现代化战略的实施。在此背景下，有效的投融资支持显得尤为关键，金融机构应当与企业紧密对接，提供包括商业性和政策性金融在内的多元化支持。

（二）商业性金融体系改革中，以多样化金融产品与服务支持科技创新

在推动国家科技创新战略的过程中，商业银行对科创企业的信贷服务能力建设尤为重要。这一建设的成功与否，直接关系到科技创新能否得到足够的金融支持，从而影响整个国家的科技进步和产业升级。为了更有效地服务于这一战略，我们需要从多个方面进行深入探索与实践。其中，建立科创企业的清晰界定标准是首要任务。科创企业的特性使其与传统企业有着显著的区别，因此，我们不能仅仅依赖传统的财务指标来评估其价值和潜力。通过 R&D 投资、技术人员、发明专利、产权转化等关键因素，我们可以更准确地衡量一个企业的科创属性，进而构建一个全面且科学的评估框架。这样的框架不仅为政策支持提供统一且可操作的标准，还有助于商业银行更精准地识别和服务科创企业。

调整银行内部的资金转移定价和经济资本配置也是关键一环。传统的贷款方式往往难以满足科创企业的特殊需求，因此，推广前期贷款、知识产权质押贷款等新型贷款方式尤为重要。这些创新型的贷款方式不仅能够引导更多的金融资源投向科创企业，还能够有效地降低企业的融资成本，从而促进其快速发展。此外，吸引风险投资资金和创业投资资金也是不可或缺的一环。这些资金通常对前沿数字经济创新有着极高的兴趣，不仅能够为科创企业提供充足的资金支持，还能够带动整个产业链和供应链的升级。通过这种方式，我们可以进一步推动科技创新与金融资本的深度融合，为国家的科技进步和产业升级注入强大的动力。

在为科创企业提供金融支持的同时，我们还需要关注企业的信用建设。通过为符合条件的企业提供信用额度和优惠利率支持，我们可以进一步降低企业的融资成本，提高其市场竞争力。同时，这也有助于商业银行更好地管理信贷风险，确保金融支持的可持续性和稳健性。为了满足科创企业转型升级的多样化需求，我们还需要支持投贷联动、知识产权质押等多样化的信贷方式。这些方式不仅能

够为企业提供更加灵活的融资解决方案，还能够进一步拓宽企业的融资渠道，降低融资风险。同时，设立信贷绿色通道也是提高资金投放效率、支持快速项目资金落地的重要举措。

在丰富金融支持工具方面，我们需要积极推动银行与非银行金融机构的合作，以拓宽科创企业的直接融资渠道。通过鼓励银行与保险、基金、券商、信托等机构的紧密合作，我们可以为科创企业提供更加全面和高效的金融服务。这种跨界的合作模式不仅能够提升服务能力，还能够为科创企业提供股票上市、发债等多样化的金融解决方案。为了进一步提升科创企业的上市积极性和成功率，我们需要筛选出具有创新能力、能够快速成长、具有特色优势和潜力的上市后备企业，并集中政策资源给予支持。通过建立和完善资源储备库，包括拟上市企业备案储备库和专业中介机构服务储备库，我们可以为这些企业提供更加专业和高效的服务，从而推动其顺利上市并融入资本市场。

在健全配套政策方面，我们需要加速推进科创企业知识产权金融创新。产权评估是重要一环，相关流程必须全面到位，尤其是评估范围要扩展，例如，要将产权交易市场是否完善纳入其中。依托更为标准和严格的产权评估体系，知识产权交易将更加合理合规，同时知识产权变现也将更为顺畅，进而在潜移默化中为科技创新提供助力。对于科创企业来说，必须适当提高信贷准入门槛，并且对担保方式、信贷流程等进行针对性优化，比如应该建立科技型中小企业信贷风险分担体系，避免相关企业独自承担巨大风险，进一步设置风险补偿方案，激励相关企业在遭遇风险后继续保持前行。科创企业以科技研发为重点，以产出并转化科研成果为创造价值的重要途径，这一过程中必然充斥着各种风险，如果金融结构能立足于此推出专项资金来提供支持，有利于科创企业更顺利完成研发和转化，还能保持独立自主。科创企业获得诸多金融支持后，会有更多机会参与国家级别科研项目。积极发挥科技赋能作用以提高传统产业效益也是至关重要的，这将有助于推动新质生产力的发展并培育出产业新动能，从而深化创新链与产业链的融合水平并提高科技成果转化及产业化水平，最终推动整个产业的升级和发展。

（三）政策性金融体系开拓发展中，以机制创新的乘数效应弥补市场缺陷、支持科技创新

在推动政策性金融支持机制进一步优化的道路上，我们必须确保其可持续发展。政策性金融机构，以财政资金为主导，其本质并非追求营利，而是通过“自我造血 + 财政支持”的独特方式，实现稳健且持续的发展。以贴息和信用担保损失支出为例，这些看似单向的资金支出，实则通过服务费现金流、财政注资及补充资本金等多元手段，被政策性金融机构有效地管理起来。如此，不仅提升了资金的使用效率，更增强了对特定科创企业和产业升级的定向支持效果。

在财政绩效预算的框架下，我们需要更加精细地优化公共资源的配置机制。这不仅是为了实现资源的合理分配，更是为了引领超常规的发展成果。此外，创新财政科技投入的管理方式也尤为重要。通过与金融化、市场化机制的有机对接，我们能够充分发挥财政资金的杠杆效应，进而吸引更多的资金流入科技型中小企业，特别是那些“专精特新”的企业，为其发展提供强有力的支持。深入探索政策性金融的运行方式和管理模式，是我们面临的另一重要课题。财政贴息，这一在应对2020年新冠疫情中大放异彩的政策工具,为我们提供了宝贵的经验。例如，10000亿元特别国债中的2000亿元，直接用于地方基层的财政贴息，有效扶持了受疫情冲击的小微企业,为稳定经济和就业作出了积极贡献。这种成功的经验，无疑为我们支持中小微科技创新型企业提供了有益的借鉴。政策性信用担保，作为另一种重要的金融手段,已将贴息规模从单一的“一对一”模式扩展到项目“打包”支持。这一创新做法在各地得到了广泛的实践，并取得了显著的成效。其特别适用于支持企业的科技创新和产业升级，为推动我国经济的高质量发展注入了新的活力。

与此同时，产业引导基金的运作也日益受到地方政府的关注和重视。母基金以合理的引导和优惠机制，成功吸引了非政府主体设立子基金。这种“乘数放大 + 风险控制”的投融资决策模式，不仅为数字经济前沿创新提供了有力的政策支持，还推动了“数实融合”的深入发展。然而，政策性金融体系的健康运行，离

不开各主体间的风险分担、优势互补与偏差防范机制的建设。政策性金融的运行涉及多个部门和主体的紧密合作，包括财政部门、政策性金融机构、市场主体、商业银行和专业中介等。为了确保其健康可持续运行，我们必须合理地分担风险，严密防范金融“双轨运行”中可能出现的不良现象。优势互补和风险分担机制的构建，有助于我们有效地防范“道德风险”。而多重审计监督的实施，则能够有效地遏制不正之风和腐败的滋生。在此基础上，我们还应通过思想教育、专业培训等多元化措施，进一步提升政策性金融的功能发挥。这不仅能够兴利防弊，还有助于形成可持续健康运行的长效模式。①

二、以多层次金融服务体系助力新质生产力发展

（一）完善多层次金融服务体系，促进新质生产力加快发展

1. 提升政策法规的适应性

在加强顶层设计的征途中，政府和监管部门必须从战略的角度出发，对现有金融政策法规进行深入审视和全面评估。这一过程的核心目的在于确保法规体系与科技创新和市场发展的步伐保持同步。在时代的洪流中，新兴产业如雨后春笋般涌现，而现行的法规或许已难以完全契合这些产业的特性与需求。因此，对现行法规的适时修订，乃至全新规章制度的制定，变得尤为迫切，这是为促进新兴产业的蓬勃发展，提供坚实的法治保障。监管框架的灵活性成为另一项关键议题。面对瞬息万变的市场环境，一个能够灵活应变的监管框架尤为重要。试点项目便是在这一背景下应运而生的创新举措。在有限的范围内，对新兴金融产品和服务进行测试与验证，既为市场创新提供广阔的空间，又确保监管的有效性不受损害。任何创新都伴随着风险。监管部门在推动创新的同时，必须加强对新兴金融业务的风险管理。借助先进的科技手段，提升市场监测与分析的能力，从而及时准确地识别并响应各种潜在风险，成为监管部门的重要职责。此外，监管机构与金融

① 贾康，郭起瑞．发展新质生产力　以双轨金融支持科技创新和产业创新 [J]. 财会月刊，2024,45(10):3–5.

机构、科技企业等市场参与者的紧密沟通与合作，也是解决问题的重要途径。通过建立有效的沟通机制，各方能够共同面对和解决新兴金融服务领域的监管难题，确保政策的制定与执行更加贴近市场的实际需求。不可忽视的是，监管科技能力的提升同样至关重要。大数据、人工智能等前沿科技的应用，不仅提高了监管的效率和效果，而且增强了监管部门对新兴金融活动的适应性和前瞻性。这是一条科技与监管深度融合的探索之路，旨在为金融市场的健康稳定发展提供强有力的支撑。

2. 强化金融服务创新能力

我国金融机构需提升服务创新能力，以支持新兴产业发展和经济高质量发展。在金融科技日新月异的时代背景下，加强金融科技应用已成为行业发展的重要驱动力。大数据、云计算、人工智能和区块链等前沿科技的深度融合，正在重塑金融行业的生态格局。例如，大数据分析技术使得金融机构能够精准洞察客户的需求，进而定制出更符合市场需求的个性化金融产品。而区块链技术的应用，则极大地提升了交易的透明度和安全性，为金融行业的稳健发展提供了坚实的技术支撑。金融产品与服务模式的创新亦在紧锣密鼓地展开。针对新兴产业的特点，金融机构致力于开发一系列创新的金融产品，如供应链金融、知识产权贷款和绿色金融等，以满足不同产业的资金需求。这些新型金融产品不仅为新兴产业提供了更加灵活多样的融资渠道，还通过提供便捷的支付和结算服务，有效推动了产业的快速发展。金融科技的迅猛发展和金融产品的不断创新，对金融行业的人才结构提出了新的挑战。为了适应这一变革，金融机构正积极与高等院校、科研机构展开紧密合作，共同培养和引进金融科技人才。同时，为了提升整体金融创新能力，金融机构还在内部加强员工的技术和创新培训，努力打造一支高素质、专业化的金融团队。在组织结构方面，金融机构也在进行积极的调整与优化。通过建立灵活扁平的管理体系，金融机构能够更加快速地响应市场变化，捕捉创新机遇。此外，营造开放和创新的企业文化也成为金融机构的重要任务。这种文化氛围不仅鼓励员工积极提出并实现创新想法，还为企业的持续发展注入了源源不断的活力。在与监管机构的沟通与协调方面，金融机构始终保持着高度的警觉性和主动性。通过与监管机构紧密合作，金融机构能够确保自身的金融创新活动始终在合规的框架内进行，从而有效地规避潜在的风险。同时，争取政策支持也为金融机构开辟了更广阔的金融创新空间。此外，金融机构还积极参与国际合作与交流，通过引进先进的金融产品和服务理念，不断提升自身的国际竞争力。这种开放合作的姿态不仅有助于金融机构学习国际成功经验，还为其在全球范围内拓展业务奠定了坚实的基础。

3. 全面强化金融风险防控

在支持新兴产业发展的过程中，我国金融机构面临着前所未有的挑战与机遇。为了更好地评估和管理新兴产业的风险，并推动金融服务的创新发展，需要采取一系列具有前瞻性和创新性的措施。创新风险评估模型是应对新兴产业风险的关键一环。传统的风险评估方法往往基于历史数据和财务报表，但对初创科技企业和新兴产业来说，这些数据可能并不充分或不具备时效性。因此，开发基于非传统数据的创新风险评估模型尤为重要。例如，通过社交媒体和网络行为数据，我们可以洞察消费者的偏好、市场趋势和企业竞争力。利用机器学习等先进技术，我们能够对这些非结构化数据进行深度分析，从而提高风险评估的准确性和预测能力。加强动态监控也是不可或缺的一环。新兴产业的发展速度快，市场变幻莫测，因此，对企业经营活动的实时监控尤为重要。通过大数据分析和人工智能技术，我们可以捕捉到企业经营的每一个细微变化，及时发出风险预警。这种灵活敏感的风险监控系统能够帮助我们更好地适应新兴产业的快速变化，从而做出更加明智的决策。提供多元化产品和服务是分散风险的有效途径。股权投资、债权融资和保险产品等多元化金融服务能够为新兴产业提供全方位的支持。与专业风险投资机构合作，我们可以共同开发更加适合新兴产业的金融产品，从而满足市场的多样化需求。加强人才培养和团队建设是提高风险管理能力的基础。跨学科知识将成为金融风险管理人才的重要素养。通过深入了解新兴产业的技术和市场，我们能够培养出更具专业素养的风险管理团队。这支团队将具备敏锐的市场洞察力和卓越的风险分析能力，为金融机构的稳健发展提供有力保障。主动与监管机构合作是确保风险管理创新在监管框架内进行的关键。通过与监管机构共同研究制定适应新兴产业特点的监管政策和标准，我们能够确保金融服务的合规性，并推动行业的健康发展。在企业内部建立风险意识和风险管理文化也是至关重要的。这不仅能够确保各级员工认识到新兴产业风险的特殊性，还能在日常工作中采取相应的风险控制措施。通过全员参与的风险管理方式，我们能够建立起一道坚实的风险防线，为金融机构的稳健发展保驾护航。[①]

（二）促进形成与新质生产力相适应的新型生产关系

通过 40 多年的体制改革，我国建立了较为完备的市场体系和先进的基础设施，这一体系采用了丰富的调控工具，以间接融资和国有金融机构为主导，有效支持了经济社会发展，为过去几十年的经济高速增长和金融稳定作出了重要贡献。随着经济由高速增长向高质量发展转变、由要素驱动向创新驱动转变，需要深化金融供给侧改革，打通制约新质生产力发展的障碍，创新资金配置方式，促使各类优质生产要素顺畅流向新质生产力发展领域。需要不断推进和深化金融供给侧结构性改革。首先，建设高标准市场体系，完善市场准入和社会信用制度，建立基于交易主体信用的信用体系，支持发展轻资产民营科技企业。其次，进一步完善直接融资体系，转向投资和融资兼顾，加强新股发行和退市制度，提升上市公司质量，强化金融法治建设和监管执法，严厉打击非法金融活动。再次，扩大金融高水平对外开放，优化金融资源配置效率，增强风险管理和资产定价能力。最后，构建现代金融监管体系，全面加强监管，防控金融风险，确保金融环境稳定，支持新质生产力的发展。

（三）因地制宜发展新质生产力

在金融支持新质生产力发展中，应重视“因地制宜”和“先立后破”的方法。

---

① 胡刚，陆岷峰．金融支持新质生产力提升路径 [J]. 金融教育研究 ,2024,37(4):14–20.

虽然以股权融资为主导的金融体系有利于颠覆性技术创新，但以银行为主导的金融体系如德国、日本，同样在科技创新方面表现突出。这些国家的金融体系差异可能根源于深层次的制度和文化因素，不是简单的独立存在。因此，深化金融供给侧结构性改革，支持新质生产力发展，必须坚持“因地制宜”和“先立后破”的方法，避免盲目模仿西方模式，要充分考虑发展中的复杂性和不确定性。

尽管我国的金融体系需要推动直接融资市场的发展，但在相当长的一段时间内，间接融资尤其是商业银行仍是我国金融系统的主要组成部分。为了有效支持新质生产力发展，需采取多方面措施。一是明确定位金融机构角色，发展多层次、广覆盖的银行体系，强化服务科技企业和中小企业的专业化能力。二是更新商业银行运营模式，减少信息不对称，降低对传统抵押和担保的依赖。三是充分利用科技手段，如大数据、人工智能和区块链，优化风险控制能力，提高金融服务效率和质量。①

三、优化金融资本配置，助力新质生产力发展

（一）金融资本配置助力新质生产力发展的框架设计

1. 金融资本配置机制是助力新质生产力发展的动力

市场需求，是金融资本配置的指南针，也是技术创新与产业升级的内在驱动力。市场需求的微妙变化，如同无形的指挥棒，引导着资本的流动方向，以满足新兴的需求热点。在这一动态的调整过程中，不仅加快了技术创新步伐，更助力产业升级的顺利实现。而这一系列连锁反应，不仅促进了经济结构的优化转型，还在无形中完善了金融资本的配置机制，使其更加灵活高效，与时俱进。

2. 风险控制体系是金融资本助力新质生产力发展的保障

风险识别是风险控制的关键环节，直接影响风险评估结果和整体控制系统。准确识别和评估风险，是科学制定后续风险控制措施的基础。通过深入分析风险状况，确定风险等级，有效缓解和应对各类风险对金融资本配置的影响，从而保

① 何德旭，曾敏．为新质生产力发展提供金融助力 [J]. 中国金融，2024(8):60-62.

障金融资本助力新质生产力发展。

3. 政策引导与支持是金融资本助力新质生产力发展的驱动力

金融资本是新质生产力提质增效的重要保障，而要想推动金融资本良性运转，政府应该精心设计相关优惠政策，目的是激励金融资本向新兴领域流动，而从长远来看，优惠政策不能陷入“头疼医头、脚疼医脚”的误区，必须演变为长效机制，提供更长远、更持续的支持和引导。税收减免、财政补贴等均属于优惠政策范围，实施之后，金融资金在向新兴产业流动时将更为顺畅，成本投入也会更低。需要注意的是，政策引导一方面要在宏观上掌控大局，另一方面要指导具体措施保持正确方向，只有这样才能形成协同性更强、覆盖范围更广的扶持体系，进而为新质生产力提供前所未有的全面助力。

4. 动态监测与评估机制是金融资本助力新质生产力发展的调节器

在金融资本推动新质生产力进步的舞台上，动态监控与评估机制犹如精巧的指挥棒，调和着金融资本的流动与配置。实时追踪金融资本的投放效果，确保其紧密贴合新质生产力的增长需求，如同精准地导航，引领资本之船稳稳驶入生产力发展的航道。而基于数据共享的信息反馈，则如同智慧的雷达，不断提升资本配置的精确性与时效性。这一整套体系，既蕴含着科学的严谨性，也体现了实践的灵活性，为金融资本与新质生产力的和谐共舞提供了优雅的编排。

（二）金融资本配置助力新质生产力发展的应用要点

1. 通过精准识别市场需求优化金融资本配置，推动技术创新与产业升级

市场需求必须得到精准识别，这是金融资本优化配置的重要参考，也是技术革新和产业结构调整的必由之路。在技术革命时代，市场需求起着关键作用，直接指导金融资本流向，并引导技术创新和产业升级的方向。首先，大数据分析和挖掘优势要充分发挥，助力市场调研更加深入，更精准地掌握消费者的喜好，并预测市场发展趋势，确保金融资本高效投入有创新潜力和广阔市场前景的领域，实现资本的有效配置。其次，技术支持确保金融资本有效流动，尤其是高新技术和新兴产业领域应成为流入重点，如此才能实现“好钢用在刀刃上”，为整体经

济体系转型升级提供强大力量。最后，精准识别市场需求有助于增强长期投资效益，帮助投资主体更科学布局，有效规避金融风险，而这有利于经济稳定运行。

2. 通过完善风险控制体系，确保金融资本稳定助力新质生产力发展

科学的风险识别机制能够敏锐洞察并深度评估市场、信用和操作层面的各类风险，从而为风险控制策略提供精确的数据支撑。针对识别出的风险特性，精心制定分散、对冲和规避的多元化策略，以削弱风险对资本配置的冲击。一个高效运行的风险控制体系，不仅保障了金融资本流动的稳定性，而且为新质生产力的持久与蓬勃发展保驾护航。此外，一个完备的风险控制体系，无疑会增强金融机构的信誉，使其在激烈的市场竞争中脱颖而出，赢得广泛的客户信赖与市场认可。

3. 实施动态评估机制，调整优化金融资本配置策略

实施动态评估机制，对于金融资本的高效合理运用至关重要。该机制通过实时监控市场数据，辅以智能分析，能够迅速捕捉到市场的微妙变化与潜在风险，从而为金融资本的配置提供科学的决策基础。这种动态的评估方式，不仅可以确保资本精准投向那些潜力巨大且风险可控的领域，而且可以根据市场的实时需求和风险评估的深入结果，灵活调整资本的配置策略。这种灵活性，使资本可以更加迅速地响应市场变化，从而提升使用效率并有效平抑市场的波动性。通过这样的机制，金融资本得以在复杂多变的市场环境中稳健且高效地流动。①

四、加强金融政策引导，增强新质生产力活力

（一）强化监管防范风险，提升金融服务的可靠性，助力市场压力机制下新质生产力的健康发展

强化多元化监管在金融领域中尤为重要。机构监管的加强，旨在明确各方职责，确保央行、国家金融监管总局与证监会在各自的领域发挥专业监管职能。通过疏通银行和非银行资本在贷款与投资方面的障碍，为企业的成长提供全方位的

① 常冶衡，张令兰．技术革命性突破下金融资本配置助力新质生产力发展框架设计[J]. 财会通讯，2024(12):11-15,131.

金融支持，从而满足企业从初创到成熟的全生命周期金融需求。这一举措不仅有助于金融市场的稳定运行，更是对企业发展的有力保障。在监管层面，行为监管的突出亦不可忽视。保护企业权益，防止不当行为的发生，是行为监管的核心目标。地方监管机构需深入理解和切实贯彻中央政策，避免在执行过程中出现层层加码的现象，从而确保政策的精准落地和有效实施。以目标监管为导向，优化现有的监管体制机制，是提升金融监管效率的关键。通过形成机构监管、行为监管和目标监管的协同闭环，可以更加全面地监控金融市场的动态，及时发现并应对潜在风险。在防范风险方面，必须高度警惕战略性新兴产业和未来产业企业对滚动融资的过度依赖。对此，应积极引导社会风险资金和国有金融资产管理公司参与，帮助企业优化债务结构、剥离低效资产，实现健康可持续发展。同时，在政策执行过程中需始终坚守商业原则，对暴露出的风险进行果断处置，对风险企业进行坚决清理，以确保金融市场的整体稳定。此外，系统性金融风险的防范同样重要。尽管我国在亚洲金融危机后设立了金融资产管理公司，并加大了不良资产的处置力度，使得不良资产率保持在较低水平，但近年来金融机构的“爆雷”事件仍时有发生。这些高风险事件一旦暴露，可能会迅速扩散至整个市场，对融资环境造成严重影响，特别是对实体经济和战略性新兴产业的冲击。因此，持续加强系统性金融风险的监测和预警机制建设，提升风险防范和应对能力，尤为重要。

（二）优化金融政策体系，提升金融服务机制灵活性，助力利益驱动机制下的新质生产力高质量发展

政策体系处于引导地位，从新兴产业未来发展来看，政策层面必须得到优化调整，尤其是“上传下达”渠道必须顺畅，确保相关部门、企业等切实沟通和交流。从宏观层面看，应调整货币政策，降低企业融资成本，增强企业创新动力；同时引导社会风险资金加大对企业研发的支持，促进新技术产品的开发。从微观层面看，需提升金融机构识别科技创新成果的能力，优化科技创新评估流程，为企业提供差别化信贷支持；同时对投资渠道做好协调，无论是直接渠道还是间接渠道都要得到关注，并且投资方式要基于实际需求及时创新，配套加强金融供给效率，发展担保机构、建立信息共享平台和长效金融服务合作机制，推动生产力的升级。

（三）加强法律法规建设，提升金融服务保障力度，保障自由开放机制下的新质生产力行稳致远

金融领域的立法、司法与执法工作，对于维护金融秩序、保障新质生产力的安全发展具有举足轻重的意义。为有效解决产融结合背景下的恶性关联交易、犯罪腐败等法律问题，必须采取切实措施。一方面，要加强重点领域的立法工作，确保法律条文与金融新业态、新主体、新业务相适应，从而消除立法盲区，为金融业的健康发展构建坚实的法制基础。另一方面，必须强化执法效率和力度，对非法金融活动、违法犯罪和金融腐败行为给予严厉打击，确保法律执行的统一性和权威性。这些措施将有效促进金融助力新质生产力的健康发展。①

五、强化小微科技型企业金融服务

（一）聚焦“科技—产业—金融”良性循环，转变理念、优化政策，逐步建立“技术流”评价体系

在金融服务领域，对科技型企业的支持正逐渐成为新的重心。这类企业以其独特的技术优势和创新潜力，引领着经济的发展方向。然而，传统的信贷理念往往以资产和利润为衡量标准，这显然无法全面反映科技型企业的真实价值。因此，转变信贷理念，建立新的评价体系和信贷政策，对于促进科技型企业的发展至关重要。科技型企业服务的新理念，需要信贷机构深入理解技术、产业和企业的内在联系。这种理解不仅要关注企业的历史发展和现有资产利润，还要看到企业未来的成长潜力、技术价值和长期效益。这就要求我们打破传统的价值评估和风险判定框架，探索出一条新的信贷经营模式。这一模式的转变体现在客户识别上，

---

① 廖恒，邱志刚.金融助力新质生产力的长效机制研究[J].理论与改革，2024(3):52-61,159.

就是从“资产流”向“技术流”的过渡,从过分依赖物质资产和抵押品的授信模式，转向更加重视企业的知识产权和人才资源。为了更准确地评估科技型企业的价值，建立一个以“技术流”为核心的评价体系尤为重要。这个体系应该整合企业的基础信息、信用记录、科技研发投入等多维度数据，重点考察企业的知识产权储备、研发投入强度、核心团队的实力、技术路线的先进性和成果的市场价值。我们可以借鉴科技部火炬中心的企业创新积分制，逐步构建起一个全面、客观的企业创新能力评价体系。通过这一体系，我们能够为小微科技型企业描绘出更精准的画像，从而提供更有力的融资支持。与此同时，信贷政策的差异化匹配也是关键一环。我们需要优化现有政策，降低准入门槛，简化信用评估流程，改进客户评级和授信核定方式。此外，还应引入内部资金成本核算机制，以确保贷款的有效投放。在办贷流程上，我们也应积极探索差异化的授权模式，简化业务审查环节，提升项目审批效率，加快贷款发放速度。这一系列的转变和创新，不仅有助于提升科技金融服务的适配性和精准度，还将为科技型企业的蓬勃发展注入强大的动力。

（二）聚焦高质量产品供给，加快产品整合、创新和应用，构建多元化接力式产品体系

在金融领域，为科技企业提供精准服务已成为行业发展的重要方向。为了更好地满足不同成长阶段和技术需求的科技企业，我们必须对金融产品进行细致的整合与创新。处于初创、孵化、成长和成熟各个阶段的企业，他们的资金需求和风险承受能力各不相同。初创企业可能更需要灵活的小额贷款以支持其初步的研发和市场推广，而成熟企业则可能寻求更大规模的融资以支持其扩张和多元化发展。同时，技术研发、成果转化、技术更新和前沿探索等不同环节，也对金融服务提出了差异化的需求。因此，我们必须针对大型科技企业和“专精特新”中小微企业的特点，分别打造符合他们行业特征和成长规律的金融生态链。通过深入划分“雏鹰”“瞪羚”“专精特新”等客户群体，我们可以更精确地把握他们的需求和风险特征。在此基础上，扩展产品范围，建立起适合不同渠道和企业规模的产品供应体系尤为重要。这不仅有助于提高金融服务的覆盖率和满意度，还能促进科技企业的健康发展。当然，仅仅整合现有产品还远远不够。随着科技的飞速发展和市场环境的不断变化，我们必须加快金融产品的创新步伐。引入银担合作、银保合作等风险共担机制，可以有效分散金融风险，提高金融服务的稳健性。同时，利用政府增信措施，如风险补偿、政策性担保、保险等，可以为具有发展潜力的科创企业提供更有力的支持，助力其快速成长。此外，探索数字资产、数据流等新型抵押融资模式，推广“贷款 + 外部直接投资”等新型业务模式，也是完善科技金融专属产品和服务的重要举措。这些创新不仅可以拓宽科技企业的融资渠道，还能有效降低融资成本，提高市场竞争力。为了让这些优质的金融产品更好地服务于科技企业，我们还需要做好产品的应用和推广工作。通过制订重点产品营销指南和宣传手册，定期更新产品信息，组织专题讲座等方式，我们可以让更多的科技企业了解和享受这些科技金融特色产品和优惠政策。同时，整合政策、产品和资源，深度服务科技园区，全面覆盖各类企业，也是促成“金融—科技—产业”良性循环的关键一环。这不仅能提升服务品牌的影响力，还能进一步推动科技和金融的深度融合，助力经济的持续健康发展。

（三）聚焦协同经营合力，投贷联动早介入、公私联动增黏性、纵向联动强深耕，做强综合金融服务

在金融领域，一方面，投贷联动与业务联动的实施对于提升科技金融服务能力至关重要。投贷联动，即强调直接融资与间接融资的有机结合，不仅推动了业务的协同发展，还促进了金融工具的创新与产品的多样化。通过与证券、基金等直接融资机构的紧密合作，我们可以进一步推广股权直接投资、基金出资、资管计划等多元化业务，从而显著增强直接融资能力。利用股权直接投资的乘数效应，我们得以与政府产业引导基金、产业资本和创投机构展开更深层次的合作。这种合作模式允许我们探索投贷结合、以贷促投和上市后贷款等多元化融资模式，进而提升金融服务在科技企业生命周期内的覆盖广度与支持力度。另一方面，业务联动的实施致力于优化企业在支付结算、资金管理等方面的服务体验。我们为养

老金融、代发工资、消费升级等领域量身定制了服务方案，旨在更好地支持企业的经营与人才管理。针对关键人才，我们提供专属的私人银行服务，以此加速“科创 +”场景的发展，并进一步深化银企之间的合作关系。此外，通过与第三方服务商的整合，我们建立了“银行 + 第三方 + 行业应用”的全新服务模式。这一模式不仅实现了线上订单交易、融资与风险控制的一站式服务，还显著提升了服务效率和客户满意度。

（四）聚焦守住风险底线，做到风险控制与尽职免责并举，提升风险防控质效

在金融领域，一方面，风险控制力的锻造是确保稳健经营的关键。借助大数据与人工智能等尖端技术，我们能够显著提升客户授信的精准度和用信监控的效率。这些技术的应用，如同为金融机构装上了一双“智慧之眼”，使其在繁杂的数据中洞察潜在的风险，从而做出更加准确的信用评估。与此同时，与地方政府、政策性担保机构和保险公司的紧密合作，也是分散信用风险的重要途径。这种跨界的合作，不仅为金融机构提供了更多的风险共担机会，还能在更大程度上保障资金的安全。此外，加强与法律、会计、审计、资产评估、信用评级等专业机构的合作，更是提升了风险评估的整体水平。这些专业机构如同金融领域的“智囊团”，为金融机构提供全方位、多角度的风险分析，助其筑牢风险防线。在贷款存续期管理方面，我们需密切关注行业政策与核心技术更新的动态影响。这些外部因素的变化，往往会对企业的经营状况产生深远影响，进而波及金融机构的贷款安全。因此，利用科技手段提高管理精准度和监控效率尤为重要。另一方面，健全尽职免责机制也是确保金融服务稳健发展的关键环节。通过落实金融服务小微企业“敢贷愿贷能贷会贷”的长效机制，我们能够进一步激发金融机构服务小微企业的积极性。在此基础上，加大对尽职免责政策的解读、传导和应用力度，无疑能够为金融机构提供更加明确的操作指南和免责保障。通过建立并动态优化信贷业务尽职免责负面清单，我们可以为合规操作、勤勉尽职的员工提供更加明确的免责依据。同时，明确尽职免责的认定标准和流程，也能在很大程度上解决金融机构在贷款过程中的顾虑和困惑，进而推动其更加积极地投身于服务小微企

业的伟大事业中。

（五）聚焦外部融合赋能，以数据整合做强识别评估、以链接资源做好企业营销、以引进智力做强精准服务，构建良好的科技金融生态

在金融领域，数据的整合与外部资源的链接尤为重要。为了更有效地服务科技型企业，建设全面且精准的数据库成为关键。通过整合科技型企业、项目、产品等各方面的数据，我们能够打通政府、企业和第三方机构之间的数据通道，这不仅有助于提升信息的共享能力，还能促进业务的精准撮合，从而降低信息不对称与数据转换的成本。科创企业的信用信息建档工作也至关重要。及时与科技型企业、人民银行和政府部门进行对接，能够多渠道地获取并更新这些企业的最新数据。这种全面的数据收集与分析，为精准识别和评估科技型企业提供了有力的信息支持，进一步强化了金融服务的针对性和实效性。与此同时，积极链接外部资源也是提升金融服务质量的重要途径。通过加强与人民银行、政府部门的沟通对接，我们能够及时捕捉到政策导向，从源头获取科创企业的第一手信息。此外，与产业园区等科技型企业集聚地的紧密合作，不仅能帮助我们把握更多的营销机会，还能提升服务的精准度和满意度。在寻求外部合作的同时，也不忘引进外部智力。通过建立涵盖政府、高校、企业和行业协会等多领域的专家库，我们能够获得更加专业的科技创新项目评估、评审和专业培训等服务。这种“借智”的方式，有效地弥补了银行在专业和技术方面的不足，提升了服务的科技含量和附加值。进一步地，我们还联合了券商、税务等专业服务机构，为科技型企业提供上市辅导、税务筹划、知识产权评估等全方位的支持。这种一站式的服务模式，不仅提升了科技型企业的综合管理能力，还为其长远发展奠定了坚实的基础。①

① 王兴旺 . 金融租赁行业如何服务新质生产力 [J]. 中小企业管理与科技 ,2024(9): 35–37.

第三章　财政金融协同助力新质生产力发展

第一节　财政金融在新质生产力发展中的作用

一、为非特定基本公共服务提供财力保障

政府在加快发展新质生产力中扮演着提供基本公共服务的角色，其中包括非特定基本公共服务。除了传统的养老、医疗、教育和就业等服务，非特定基本公共服务也是经济社会发展所必需的，其内容会随着发展阶段变化。

（一）加快发展新质生产力依靠科技创新

在社会主义市场经济中，市场和政府相辅相成、相互促进。市场驱动社会生产力发展，这是其资源配置的内在要求。市场驱动的优势在于能够有效检验社会生产力发展的方向。现代社会，科技进步是推动生产力发展的关键。科技方向具有多样性，确定未来发展方向并非易事。对于发展相对落后的国家，可以借鉴发达国家的经验，快速提升生产力。然而，若要依靠创新推动生产力，就必须探索新路径。因此，新质生产力的发展方向必须依赖创新，特别是科技创新。

（二）科技创新方向的选择

在科技创新的广阔天地中，颠覆性和原始创新如同璀璨的星辰，引领着科研

人员不断前行。生成式人工智能，作为颠覆性创新的代表，已在科技界掀起波澜。OpenAI 研发的 ChatGPT，虽引领了风潮，但真正的颠覆性并非简单跟进所能达成的。中国企业在其启发下，虽有进展，却仍需在原创上寻求突破。GPT 技术的快速发展，彰显了科研团队的实力，然而，颠覆性的创新，却需要跳出既有的框架。2018 年，图灵奖得主杨立昆的独到见解，为我们揭示了另一种可能。他主张探索不同的技术路径，如联合嵌入架构和基于能量的模型，这为科技创新注入了新的思考。在科技发展史上，每一次颠覆性的进步，都源于对未知领域的勇敢探索。在这个充满无限可能的时代，我们期待着更多的原创思想和颠覆性创新，共同书写科技的辉煌篇章。

（三）财政鼓励科技创新的方式

政府在推动科技创新方面发挥着举足轻重的作用。通过产学研一体化的深度融合，政府有力地促进了创新成果的转化与应用，从而提升了创新的回报。在财政政策上，政府不仅着眼于短期的经济刺激，更通过扩大支出与减税降费等措施，构建了支持创新的中长期制度框架。财政的力量，在于为新的生产力提供必要的滋养，而非取代市场的功能。政府的这一系列举措，无疑为科技创新的蓬勃发展注入了强大的动力。在科技创新中，财政应减少市场扭曲行为，尊重和保护市场主体的积极性，以更好地发挥政府作用。在特定领域的科技创新支持上，需要根据各领域情况选择是短期支持还是中长期支持。市场和政府在经济学理论中有其界限，但在现实中，它们经常交织在一起，难以明确分开。财政与市场的互动同样如此，特别是在国有企业作为市场主体活动时，其与政府的关系更加密切。①

二、为新质生产力发展提供支撑作用

新质生产力发展是一项“路漫漫”的大事业，科技创新是“执牛耳”者，围

① 杨志勇．财政在加快发展新质生产力中提供的是非特定基本公共服务 [J]. 财政研究 ,2024(3):12–17.

绕科技创新构建策略是重中之重。制定结构性减税降费政策是重要策略，该政策主要通过财政资金杠杆效应来引领资金流向，使得资金数量更大、更精准地流入科技创新领域，支撑科创企业保持火热发展态势。科创企业获得资金和资源后，则要充分运用，如优化组合、针对性配置等，确保科创成果高效率产出和应用，为新质生产力加速发展作出贡献。我国在制定科技财政政策时，必须将技术进步和创新作为目标，而政策内容优化只是一方面，构建更长远、更稳定的保障机制是必不可少的，如此一来，基础研究和关键技术研发才能稳定进行。政策制定过程也是政府了解市场的过程，信息不对称现象将大幅减少，所制定的政策在可持续性和执行效率上也能达到更高层次。科技财政政策不断完善的同时，科技金融体系也要得到优化，比如科技投入方式应向多样化发展，并且要与财政资源良好“共行”，避免资金盲目投入而造成资金浪费。因此，构建综合性支持体系势在必行，目的是更好地发挥协同作用，引导政府财政、银行、其他金融机构等有效合作。政府与银行建立良好合作关系后，能形成风险共担局面，此时银行将在科创投资中更为主动。

目前我国处于经济转型重要关口，大力发展科技力量是重要战略，而任何发展不能脱离市场，因此拉动市场需求至关重要。中国拥有庞大的市场规模，如果能有效满足劳动市场需求，科技创新发展将获得更大助力，尤其是处于创新初期的企业，可依托这一优势逐步走向正轨。构建具有中国特色的现代化国家创新体系是更深远的目的，立足于此，市场资源在配置层面要更为立体和全面，国家战略应成为重要指导，比如国家科技创新大计浸润在丰富市场资源中，创新前景将更为广阔。“新型举国体制 + 市场资源配置”模式是我国开发出的独特模式，该模式旨在凝聚各方力量形成更强合力，相关战略实施时将获得更大助力。有需求才有消费，新兴科技要依靠需求劳动来实现飞速发展目标，而真正实现之后，全球创新资源和活力也会向此流动，如此一来，中国在全球科技竞争中将更为主动，也能构建出新的发展格局。无论何种战略，归根结底要依靠“人”来实施和实现。因此新质生产力发展过程中必须将“人”放在首要位置，比如培养更多优秀科研人员，尤其创新活力和创造力是重点培养内容。要想实现科研人才培养目标，高校和科研机构当责无旁贷。目前针对这两个机构实施了薪酬制度和科技成果所有权改革试点工作，从效果来看，所培养出的科研人员在工作积极性和工作热情上更为浓厚，同时工作质量和效率也得到提升，为新质生产力的发展注入更加强大的动力。财政资金充足供应是关键，如何优化配置也是重点。具体到科技创新支出上，基础研究应该持续投入，并且对接国际提升指标，而对于关键技术研发和攻关领域，资金投入应足够灵活，确保资金投入足额足量。①

第二节　财政金融在新质生产力发展中面临的问题

一、财政金融风险

（一）政策风险

政策风险会与政治紧密相关，比如国家调整政策后，如果对外交关系产生影响，则可能冲击对外贸易，由此便会带来金融层面的损失。当前，我国经济正面临转型升级和金融体系改革的挑战，外部环境也异常严峻复杂。在这个关键阶段，金融机构要想规避风险，就需要深入理解并执行政策，通过降低执行偏差来保障正轨运行。例如，基于市场经济规律和竞争机制，金融机构在资源竞争中容易触碰国家政策，政策对其行为产生约束作用，进而造成损失。

（二）市场风险

市场风险涵盖消费者需求的多变性、竞争对手的潜在威胁和市场信息的不对称。在金融领域，企业在投融资活动中，时常因信息不透明和市场激烈竞争而

① 王艺明.新质生产力的关键特征、发展方向和财政政策支撑[J].财政研究,2024(3):22-26.

蒙受经济损失，构成市场经营风险的一部分。特别是在生存与竞争的双重压力下，金融企业或许会采取价格竞争策略以抢占市场份额，然而这种做法往往会引发市场的不稳定与利率的波动，进而对企业的财务收益产生深远影响，这种市场动态不仅考验企业的风险抵御能力，更凸显了市场信息透明度与公平竞争的重要性。

（三）信用风险

信用风险，也称企业违约贷款风险，是金融企业在日常业务中必须严肃对待的财务风险之一。它对主权债券的发行方、投资方和各类证券投资银行均有着不可忽视的影响。债券发行者的借贷成本与信用风险紧密相连，任何信用的波动都可能引起借贷成本的上升。对于投资者而言，债券信用评级的每一次下调，都意味着他们需要调整风险贴水，这通常会导致债券市场价值的下降。而商业银行，由于其贷款往往集中在某些特定行业或地区，所以难以通过贷款的多元化来降低信用风险。这种风险的集聚，对商业银行的稳健运营构成了不小的挑战。[①]

二、财政数字化转型的挑战

（一）缺乏系统建设，技术转型滞后

我国“大智移云”技术逐步成熟，在应用方面既深入又广阔，几乎每个行业都从中受益。具体到财政领域，该技术有力推动财政管理数字化转型，管理效率、管理质量也随之显著提升。然而也面临诸多挑战，如利用大数据技术挖掘相关数据时，虽然效率很高，可是价值密度却相对较低，使得相关机构需要准备很大空间来存储这些数据；智能化系统虽得到构建，可是个性化能力较为不足，导致财政管理不能一步到位，还需要进一步投入成本去优化。移动互联网的应用模式相对滞后，尤其是在财政信息的流通方面，“财政信息孤岛”问题依然严峻，消息的传递存在一定的时间滞后性。近年来，政府已明确提出要促进“大智移云”技

① 李明哲，刘天文.加强金融财务监管、防范财政金融风险的研究[J].科技经济市场，2021(7):73–74.

术与财政实践的深度融合。然而，传统的财政数据治理模式显然已无法适应如今每日需要处理的数据流量需求，改革与创新势在必行。

（二）缺乏数据标准，信息共享困难

财政信息化的数据建设缺乏统一标准，涉及广泛的财政和非财政部门数据资源。尽管财政数据标准正在建立，但跨部门、多层级的数据管理仍缺乏成熟标准，影响了数据存储与分析应用的效果。随着财政和相关部门实践活动的不断改进，财政数据与其他统计标准变化不可避免。因此，如何规范存储和处理不同来源的财政数据，是财政信息化的关键难题之一。财政大数据涵盖政府部门、国家预算单位和国家资金支持的工程项目，数据覆盖广泛、精度要求高。为推动财政现代化建设，需规范财政数据管理，确保信息共享、资源互通和网络交互。元数据的详细定义和数据来源至关重要，加工后的数据资源需明确含义、处理方式和数据源头信息。通过标准化管理财政业务流程中形成的数据，实现财政信息系统的统计分析，支持绩效评估和政府财政投入效果监控。

（三）缺乏数据中台，利用效率低下

“大智移云”时代的到来正在彻底改变传统财政业务。为充分利用现有财政数据资源，财政工作急需整合“大智移云”的技术优势，建立财政数字平台。目前，地方政府普遍存在财政数据存储分散、利用率低的问题，缺乏统一的数据分析模型和标准，阻碍了数据的互联共享。现有数据分析模型虽然具备强大的数据挖掘能力，但通用性有限，未能广泛深入应用于财政数据分析中，从而浪费了宝贵的财政资源。在大数据分析背景下，中国财政部门必须建设信息系统平台，集中采集和保存财政数据。

（四）缺乏财政创新，应用力度不足

随着大数据与人工智能技术的日新月异，各行业信息化的优势已愈加明显。然而，在财政数字化转型的道路上，地方财政数据共享的问题却成为一大瓶颈，

制约了财政支出预算与绩效评估的顺利推进。转型的步伐沉稳却稍显缓慢，亟需财政信息化方面的创新力量来注入新的活力。技术支持成为这一转型的关键一环，从基础数据元素着手，借助数据关联处理技术，精心编织出一张张数据集的网络，旨在提升数据的存储效率和利用效果。财政业务流程与数据的深度融合，正逐步推动着区域与部门之间的数据共享与协同工作，使财政数据的价值得以最大化。这一过程不仅优化了财政管理的效能，而且为未来财政工作的智能化和高效化奠定了坚实的基础。

（五）缺乏领域骨干，急需复合型人才

在“大智移云”的新时代背景下，中国各地区财政面临着一项紧迫且重要的任务——增加现代化管理方面的人才。科技的迅猛发展与广泛应用，使得财政部门在工作效率和实际运作中面临着前所未有的挑战，而财政信息化专业人才的短缺，则成为制约其发展的关键因素。现代数据仓库涵盖了信息管理、统计数据存储、数据管理与展示等诸多领域，其复杂程度远超传统数据分析和计量经济理论。先进的数据挖掘技术不仅要求具备深厚的专业技术知识，还要求具有敏锐的分析与判断能力。因此，培养财政信息化领域的人才，既是一项重要任务，也是一项复杂工程。然而，目前财政部门中，中年和老年工作人员占据较大比例。他们对传统财政工作的流程了如指掌，但在现代计算机操作方面却力不从心。面对先进的数据管理知识，他们往往难以适应，更无法高效地利用计算机进行财政工作，这无疑降低了整体工作效率。在财政数字化转型中，财政信息化领域的专业人才尤为重要，需要掌握财政业务知识和信息化技术，特别是复合型人才。因此，财政部门应加强技能培养活动，提升财政工作人员的职业技能水平，采用挂职锻炼、高校进修等方式，培养全面复合型人才。当前，“大智移云”的时代要求财政部门结合信息化技术，转变财政业务流程，利用数字化平台进行数据加工和分析，推动财政信息化建设，促进财政改革创新。①

① 王宏利 . 财政数字化转型面临的挑战 [J]. 产业创新研究 ,2022(23):15-17.

第三节　财政金融赋能新质生产力发展的着力点与基本原则

一、财政赋能新质生产力发展的着力点

新质生产力发展离不开科技创新推动力量的支持，具体来说，科技创新主要是从研发和应用两个方面发挥推动作用。现实情况并不乐观，比如科技创新会受到成本不足、周期太大、多种风险压力等影响，阻碍创新进程。同时市场经济机制也存在滞后和失灵现象，相关资源得不到有效分配。面对这些问题，政府要“站出来”积极应对。

（一）财政赋能研发创新加快发展新质生产力

科技研发需要财政支持，政府作为财政政策的制定者，应该增强其引导性和支持性，使政府财政能更精准向科技研发输出效能。科技研发也要不断推陈出新，如生命科学、类脑智能、量子技术、元宇宙、区块链等应成为重点。无论是哪一方面，政府都要走在前列、积极应对。首先，研发创新具有准公共品属性和较大的正外部性，市场机制难以有效配置创新资源。其次，研发创新投资规模大、周期长、不确定性高，失败可能带来沉没成本，缺乏企业创新动力。再次，随着中国经济的发展，我国与发达国家的技术差距缩小，但核心技术仍难以引进，需要突破基础理论和通用技术瓶颈。最后，我国基础研究薄弱，原始创新能力不足，科技创新体系效能有待提升，亟须政府集中财政科技资金支持颠覆性、突破性科技创新，助力新质生产力的发展。

（二）财政赋能科技应用加快发展新质生产力

科技成果研发出来后，如何更快得到应用成为重点。政府应该通过财政政策

来引领相关企业成为“应用者”。当下是数字经济火热发展的时代，互联网、人工智能、大数据等在各个领域得到引入和应用，并经过实践验证和改良达到了与实体产业深度融合的程度，有力推动了产业网络化、数字化、智能化、绿色化转型和发展。这显示出科技应用正在不断深化。科技应用不能停滞不前，为此大量新兴产业得到培育和布局，氢能、新材料、电子信息等是典型例子，这些产业研发的科技成果形成新的科技应用局面，大力推动科技创新能力和生产力水平达到更高层次。政府要发挥重要作用。首先，要从推动传统产业升级入手进行规划。目前很多中小企业面临资金不足问题，难以购入最新的高科技设备，使得技术研发水平停滞不前。除此之外，新设备要在高素质人才手中才能正常运行，但是中小企业没有足够资金吸纳和培训这类人才。新设备和人才均不具备，势必打击这些企业的积极性。其次，对于战略性新兴产业和未来产业的培育和布局，风险高、投资回报周期长，企业常常观望不前，错失科技革命的历史机遇。在科技创新市场供需不平衡的情况下，政府要促进高质量研发创新供给，同时刺激科技应用需求，形成科技供给和需求的良性循环，实现产业链与创新链的深度融合。在推动科技应用加速新质生产力发展方面，财政引导和支持尤为关键，政府应主要发挥引导和激励作用，确保科技应用有效推进。

二、财政赋能新质生产力发展的基本原则

基于新质生产力发展规律，财政政策应发挥优化资源配置、促进科技创新的作用，加速新质生产力的发展。在理论上，财政政策服务经济高质量发展将成为共识。在实践中，根据实际情况和新质生产力的复杂性和系统性特征，财政政策需因地制宜、全面赋能。

（一）财政赋能加快发展新质生产力需因地制宜

1. 因地制宜是新质生产力发展的核心要义

各地资源条件不同，发展新质生产力需因地制宜。我国地域广阔，经济发展水平和科研条件差异大，推动经济高质量发展不宜采用统一模式，应根据实际情

况制定发展策略。新质生产力的形成过程也需因地制宜，从量变到质变的发展过程需要充分考虑地方特点。激发创新创业活力和应对市场需求变化同样需要因地制宜，各地应依托自身优势开展活动，探索适合本地的发展路径，增强竞争力和市场影响力。因此，推动新质生产力发展应注重因地制宜，避免一刀切、模式单一的问题。

2. 财政赋能因地制宜加快发展新质生产力

财政赋能加速新质生产力发展，必须因地制宜，充分发挥财政政策的作用。各地资源和发展能力不同，需根据实际情况精准施策。财政赋能要符合财政政策的灵活实施要求，因地制宜、精准施策是关键。通过改革开放以来的实践，我们看到地方政府在经济发展中的成功案例，这充分说明了财政政策因地制宜的重要性。各地要根据自身的人才储备、科研条件、产业基础和资源丰度，制定财政赋能方案，提升赋能效能，避免浪费资源和产能过剩。在当前科技创新驱动新质生产力发展的背景下，各地应根据自身实际情况，科学配置财政科技支出规模和结构，推动研发创新和科技应用的一体化发展。

（二）财政赋能加快发展新质生产力需系统施策

1. 系统性是新质生产力发展的本质属性

新质生产力发展具有系统性，体现在发展理念、内涵、形成过程和经济影响等方面。首先，新质生产力体现了高科技、高效能、高质量和绿色生产力的特征，符合新发展阶段和服务经济高质量发展的需求。其次，新质生产力的内涵丰富，包括原创性科技创新、生产要素跃升、产业升级和新兴产业发展，构成先进生产力的理论体系。再次，在形成过程中，需统筹研发创新、技术应用和产业推广，紧密结合人才、资金、创新和产业链条，推动新质生产力的全面发展。最后，新质生产力的经济影响不仅涵盖农业、粮食安全和收入分配等领域，而且对各行业产生全面系统的影响，促进区域协调发展，增强国际竞争优势。

2. 财政全面系统赋能加快发展新质生产力

新质生产力发展的系统性要求全面系统赋能财政政策，以确保新质生产力各方面的匹配。近年来，我国财政对科技创新的支持力度已显著增加，但要想进一步提升质效，必须在因地制宜的基础上，强化财政政策的协调性、系统性和一致性。全面系统赋能，有助于优化政策设计，确保各部门围绕政策目标共同行动，避免“摩擦”，提升政策体系内部一致性，并加速完善财政政策赋能体系。同时，有助于财政赋能与货币政策、产业政策等保持一致，避免合成谬误，提升赋能效能。

在科技创新驱动新质生产力形成过程中，无论是研发创新的前端还是科技应用的后端，都至关重要且不可替代。确保全链条顺畅高效、各环节协同作用是加速新质生产力发展的关键前提。因此，财政需全面系统赋能。重点在于持续支持研发人才培养、研发平台建设和基础设施建设，同时有效引导和激励劳动力素质提升、新兴产业布局等科技应用环节，避免资源分配不均、用力不到位等问题，以促进新质生产力的形成。在政策工具上，要充分发挥财政支出在研发创新中的支持作用，同时优化税收政策，如通过加大研发费用税前扣除、减免技术转让所得税等方式，建立完善的税收政策体系，全面支持新质生产力发展，提高政策综合效能。①

第四节　增强财政协同性、促进新质生产力发展的对策建议

一、加快发展新质生产力的财政着力点

加快发展新质生产力，财政的作用至关重要，包括支持企业科技创新、人才政策和教育。

（一）企业科技创新的财政支持

加快发展新质生产力需支持企业科技创新。财政需与金融协同，为企业提供资金支持，解决其融资难、融资贵的问题。财政可通过减税降费、财政补贴和政

① 周波，杨李路．财政赋能加快发展新质生产力：着力点、实现路径及基本原则 [J]. 河北大学学报（哲学社会科学版），2024(7):1–10.

府采购等手段，激励企业增加研发投入，促进资金向创新企业聚集。金融部门特别是银行，聚集了大量社会资金，已支持企业科技创新，但财政金融协同支持科技创新仍有进一步发展的潜力。财政金融协同支持科技创新，重点是扶持科技型企业和重大创新项目，引导更多金融机构资金流入市场，同时注重风险防控和信用大数据应用，解决科技型企业信息不足等问题。在直接融资方面，资本市场服务科技型企业的功能增强；在间接融资方面，融资担保体系的初步建成促进商业银行持续发挥贷款优势。科技型企业融资难问题有所缓解，企业技术创新能力不断增强，财政金融协同支持科技创新效果显著。进一步发挥财政金融协同作用的重点，包括：建立健全针对科技型企业的商业银行评估体系；拓宽融资渠道，如政策性金融支持渠道；设计更符合科技型企业创新资金需求的金融产品；完善风险分担补偿机制，推动科技保险事业发展；探索建立多元科技创新政策扶持体系，加强财政金融政策协调，与区域和其他相关政策协调，以优化财政金融协同支持效果。

（二）人才政策的财政支持

加快发展新质生产力的关键在于人才。中国需要建设全球人才高地，这是一个逐步实现的过程。首先，需要增加留学生回国发展的吸引力，解决留学生回国就业难的现状，特别是涉及关键技术的发展。通过深入分析可能遇到的难题，并采取相应措施，促使更多的留学生选择回国发展，从而缓解“卡脖子”问题。改革开放以来，中国留学人员超过 800 万人，尽管有相当比例的顶尖人才选择留在留学国家，但能够留下并发展的人才多为技术精英。为了吸引这些优秀人才回国就业，必须为其提供最优条件，让他们能够专心致志地工作，特别是那些与高技术发展相关的人才，更是宝贵的资源。在技术进口受限的情况下，从人才引进入手，寻找突破口，是一种有效的策略。

其次，需要充分利用全球人才。尽管这需要时间，但中国经济高速发展，应该更好地利用全球人才在加快发展新质生产力方面的潜力。只有开放的世界才能实现构建人类命运共同体的目标。吸引全球人才来华的前提是为他们提供更丰富的资源，让他们在加速新质生产力发展中发挥作用。

最后，财政支持是关键，不仅是投资，而且要建立更有效的人才吸引机制。作为发展中国家，中国的人才资源有限，因此财政支持应更有针对性，突出打造人才高地的需求。财政支持包括财政支出、减税降费等多种手段，但不限于此，还需引入新的体制机制，充分发挥财政在国家治理中的支柱作用，最终目标是推动中国成为全球人才高地，这需要战略和战术相结合。具体来说，降低个人所得税最高边际税率至45%以下是必要的。尽管中国在基础设施等领域有了显著进展，但营商环境仍需改善。在此背景下，降低个人所得税最高税率对于人才吸引至关重要。目前前海、横琴、海南等地已有税收优惠政策，但需要全面调整，从建设人才高地的全局角度出发。

（三）教育发展的财政支持

加快发展新质生产力需依靠人才培养，凸显教育的重要性。多年来，财政性教育经费占GDP比例超过4%，显示出财政对教育支出的重视。然而，仅关注总量不足以满足需求，财政教育支出结构需进一步优化。教育基础设施投资已较完善，资金投向应更加注重人才本身。合理增加教师收入，提升其尊严感，可激发其工作积极性。此外，确定合理的薪酬标准至关重要。

教育是百年大计。发展新质生产力需要多学科人才。高水平大学应引领关键领域的培养需求，如理工科直接参与科技创新，经济管理学科提升创新效率，人文学科引领深层次科技方向。高水平大学应多元化、特色鲜明。教育体制应适应科技创新的需求，这是未来发展的关键。

高水平大学需要一流师资，但评判标准仍需改进。错误的评判可能导致财政投入适得其反。一流师资的选拔应避免第一学历歧视，提升研究生教育质量对科技创新人才的培养至关重要。理工科教育可借鉴国际经验，经济管理教育也有可参考的规律。财政支出应遵循教育规律，培养更多优秀人才。高水平大学应吸引社会资金，推动更多社会力量参与办学。财政资金需有效引导，与社会资金合作提升大学水平。①

① 杨志勇 . 加快发展新质生产力的财政力量 [J]. 中央财经大学学报 ,2024(6):3–9.

二、改善创新财政金融协同方式和效率

推动新质生产力的发展，必须聚焦于科技创新全链条的财政金融需求，探索创新的协同模式，并着力提升支持效率。财政收入的高度集中，无疑会加重企业和居民的负担，进而抑制市场主体的积极性和居民消费水平，对经济的长远发展造成不利影响。近年来，我国持续推行减税降费政策，旨在刺激经济和科技创新。然而，鉴于国家宏观税负已处于较低水平，进一步的减税降费空间已然有限。财政支出的重点是保障基本民生和政府机关运转。尽管财政科技支出保持稳定增长，但增长空间有限。因此，优化财政科技支出结构和方式，提高财政支出效能，是支持科技创新的关键。金融是现代经济的血液，但其本质是跨时空的资金融通。资金融通需谨慎匹配风险与回报，否则可能引发金融危机。科技创新具有不确定性和长期回报的特征，金融机构对高风险创新的资金支持意愿有限。我国银行主导的金融机构更注重安全性，简单降低科技创新信贷利息无益于可持续发展，也难有效识别创新风险。深化金融供给侧结构性改革势在必行，其核心在于增加直接融资的比重，创新金融工具，以实现风险的精准分配，进而提升对科技创新的支持效率。科技创新应以市场需求为指引，借助知识创新将众多参与主体紧密相连，共同推动知识向经济的转化。唯有形成完善的创新链条，方能产生积极的正反馈效应，助推新质生产力的发展。值得注意的是，在创新的不同阶段，资金的需求呈现出显著的差异。因此，金融工具的创新与灵活应用尤为重要，其能够为科技创新提供恰到好处的资金支持，从而加速科技创新的步伐。初期阶段，通常资金需求较小，可靠自有或财政资助；研发阶段，需要大量资金用于试验验证技术；转化阶段，需要大规模投资，政府可以通过采购和税收优惠支持；成熟阶段风险降低，可依靠经营业绩或多渠道融资。在匹配科技创新链中，面对技术和财务不确定性的风险和资金需求，需要创新财政和金融工具，形成协同效应，推动新质生产力的发展。财政资金承担大风险，引导社会和金融资本早期投资科技，但受财政资源限制。金融资本通过有偿资本集中方式补充初创企业资金短缺，需适配风险分配。财政金融协同利用财政资金撬动更大规模的金融资源，克服金融资源

的有限性，满足科技创新链的资金需求。

三、协同推进新质生产力发展的着力点

推进新质生产力发展的财政金融协同，是一项系统工程，需要精心布局创新链条，动态地“补短板”与“锻长板”，以坚实支持我国经济的安全与发展。针对我国促进原始创新的战略需求，逐步增加财政科技支出。我们必须紧紧跟随国家科技发展规划的步伐，进一步提高财政对基础研究的支持比重。基础研究，作为关键核心技术攻关的源头，其重要性不言而喻。然而，基础研究具有强烈的外溢性，往往难以直接产生经济效益，因此需要政府更多的支持。特别是中央政府，应当加大投入比重，发挥引领和带动作用。地方政府则应根据地方实际情况，有针对性地增加投入，形成上下联动、共同推进的良好局面。同时，这些财政基础研究资源也应创新支出方式，积极探索产学研政的多种合作模式，以更加有效地推动科技创新。创新财金工具，促进风险资本集聚，是推进新质生产力发展的又一关键举措。在技术研发阶段，初创企业往往面临着巨大的资金缺口，这时候，风险投资的集聚就尤为重要。风险投资不仅能为初创企业提供必要的资金支持，还能帮助其优化管理、拓展市场，从而实现更快更好的发展。我国作为发展中国家，在提升民间资本厚度和金融市场健全力度方面还有很大的进步空间。因此，我们要不断创新财金工具，鼓励成立由财政出资分担风险的投资基金，引导社会资本和金融资本积极加入，形成多样化的投资基金体系，为科技创新提供强有力的资金支持。发展普惠金融，完善科技型中小企业财金支持政策，也是不可或缺的一环。中小企业作为市场经济的重要组成部分，普遍面临着“融资难、融资贵”的问题。尤其是科技型企业，由于缺乏抵押物、风险较大，往往更难获得融资支持。近年来，我国通过加强信息沟通、减税降费、政府融资担保、政府采购等一系列措施，有效提升了中小企业的融资信用，促进了普惠金融的发展。这些政策的实施，不仅缓解了中小企业的融资困境，还为其提供了更广阔的发展空间。此外，我们还应强化重大科技项目的财政金融支持。我国社会主义制度的优势在于能够集中力量办大事。因此，我们要充分发挥“新型举国体制”的优势，加强对战略性、关

键性科技攻关项目和基础设施建设的财政金融保障。通过促进政府、市场与社会的有机结合，形成强大的合力，共同推动新质生产力的发展，这不仅有助于提升我国的科技实力和国际竞争力，还能为经济社会的持续发展注入新的活力。[①]

四、建立适合国情发展、规范高效的财政体制

（一）优化财政科技投入体系，系统全面激发新质生产力

完善财政科技经费分配体系，是确保新质生产力资金保障的关键所在。在经费的总量供给层面，财政需精准发力，将教育、科技、产业三大领域视为培育新质生产力的沃土。针对基础研究、应用基础研究和前沿研究等关键环节，财政应给予充足的资金支持，以推动科技创新的深入发展。在具体分配环节，深化科技经费分配机制改革势在必行。通过明确各领域资金投入的优先级，我们能够更加高效地支持国家实验室、科研机构、高水平大学和科技企业的科技攻关活动，此举不仅有助于避免资源的浪费，还能确保财政支持新质生产力发展的策略落到实处。建立以人才培养为核心的财政激励机制，是加速推动人才在提升新质生产力中发挥关键作用的重要举措。财政对科技体系的支持，需与“人才强国”战略紧密结合，通过增加人才培养投入，为科技创新提供源源不断的人才。同时，根据不同行业和领域的需求，灵活调整激励政策，以更加精准地促进人才的成长与发展。建立透明的评选和评审机制，能够公正地奖励那些符合社会需求、具有高潜力的科技成果转化项目，从而进一步推动中国式现代化进程中新质生产力的发展。以创新市场为平台，财政在支持科技创新方面同样大有可为。强化市场在创新投入与产出中的决定性作用，是提升财政科技资金管理效能的关键。通过市场选择来加速科技成果的转化应用，不仅有助于优化资源配置，还能更好地满足社会需求。此外，财政还需积极扮演创新市场的“买方”角色，以政府购买服务等方式引导多元主体协同供给。这一举措旨在保护和促进原始创新和关键技术攻关，为新质生产力的快速增长提供有力支撑。

---

① 赵全厚.财政金融协同助力发展新质生产力[J].经济,2024(5):16–19.

（二）以税收政策为抓手，赋能新质生产力发展

一是从创新链、产业链和资金链三重维度切入，可有力夯实企业在创新中的主体地位，进而助推科技进步与产业升级，为新质生产力提供源源不断的动力。在创新链与产业链层面，通过激励企业承担成果转化费用，并实施研发投资税收抵免政策，能有效激发高新技术企业的发展活力。此举不仅加速了科技成果的商业化进程，更为产业升级奠定了坚实基础，助力新质生产力蓬勃发展。在资金链方面，减免新质生产力相关产业的投资收益税，降低小微企业税负，促进资金流动。二是利用税收政策推动数字化和低碳化，优化经济结构，提升生产率。深化增值税改革，激励科技创新企业扩展服务，推动数字经济扩大化和绿色转型，征收消费税促进环保技术发展。三是完善高科技人才税收优惠政策，支持新质生产力长期发展。提高数字技术培训税前扣除比例，为中小科技企业提供特定人才优惠政策，同时通过个人所得税优惠支持科技成果转化。

（三）深化财政体制改革，激发新质生产力发展潜能

一是深化政府间财政事权和支出责任划分改革，明确中央与地方在科技创新和新产业发展中的角色和责任，构建稳定的财政责权配置关系。

二是完善财政转移支付制度，促进新质生产力均衡发展，优化财政资源配置，支持科技创新和产业升级，缩小地区间科技发展差距。

三是深入推进预算绩效管理，建立科学的绩效评价体系，精准配置财政资源到关键领域，支持持续的研发和创新资金投入，提升财政政策的效果和可持续性。①

五、充分发挥财政在新质生产力发展中的积极作用

（一）从新质生产力理论构建中找寻财政工作发展与财政理论创新的结合点

新质生产力以创新为主导，摒弃了传统的经济增长模式，展现出高科技含量、高效能产出、高质量产品的鲜明特点，深度契合新发展理念。通过技术革命的不

① 马海涛 . 财政政策精准发力，助力培育新质生产力 [J]. 财政研究 ,2024(3):3-6.

断推进，生产要素的创新组合，以及产业的深度转型升级，新质生产力极大地提升了全要素生产率。而在这一进程中，质量的持续优化和提升无疑是推动新质生产力发展的关键。这种质量导向的发展模式，不仅代表了产业升级的方向，而且彰显了新时代经济发展的核心要求。财政工作发展和财政理论创新应紧密围绕党中央部署，深入理解新质生产力的概念和发展动力。财政工作需从服务高质量发展到支持新质生产力发展。

（二）从创新战略和发展全局理解财政在新质生产力发展中扮演的角色

科技创新，作为发展新质生产力的核心驱动力，能够催生新产业、塑造新模式、激发新动能。因此，强化原创性和颠覆性的科技创新尤为重要，这是促进高水平科技自立自强的必由之路，更是打赢核心技术攻坚战的关键。科技创新的成果，不应停留在理论或实验阶段，而应及时融入具体产业和产业链中，从而改造并提升传统产业、孕育并壮大新兴产业。财政在支持新质生产力发展中扮演着更重要的角色，特别是在推动科技创新和产业升级方面的资源配置和政策支持。

（三）从新质生产力发展的特色中找到财政治理的作用空间

可持续发展，已然成为新质生产力的鲜明特征。通过加快绿色科技创新与先进技术的广泛推广，大力发展绿色制造业、服务业和能源产业，我们致力于构建一个绿色低碳的循环经济体系。为进一步优化支持这一绿色发展的经济政策工具，绿色金融的引导作用不可或缺。借助绿色金融的力量，我们将倾力打造高效、生态、绿色的产业，在保护环境的同时，推动经济的持续健康发展。完善绿色税制，通过市场价格机制促进节能减排和绿色消费。政府支出和转移支付向生态文明建设常态化倾斜，特别是支持绿色环保领域。财政治理应当以新质生产力为推动力，关注如何在全产业链实现绿色生产和生活方式，为经济增长和就业创造新空间。

（四）从新质生产力形成的体制机制和保障方式中拓展财政发力范围

协调发展与协同创新，其基石在于体制机制的持续更新，以此激发经济社会的崭新活力。为了培育并发展新质生产力，全面深化改革的步伐不可停歇，必须塑造出符合新时代要求的生产关系。此外，扩大高水平的对外开放也是关键一环，其能为新质生产力营造一个优良的国际环境，促进其茁壮成长。在这一进程中，财政工作的角色越发重要，尤其在要素市场改革的领域，其支持作用日益凸显。这其中包括对新要素资源认定规则的制定、使用方式的制度性建设。而在国际税收体系的建设上，中国正积极肩负起大国的责任，为推动全球税收体系的完善贡献力量。优化人才培养、引进和流动机制，确保教育、科技与人才之间的循环畅通无阻，是适应新质生产力发展需求的必由之路。同时，健全要素参与收入分配的机制，能够有效激发各类生产要素的活力，充分发挥其市场价值，并营造出一个既鼓励创新又宽容失败的良好氛围。财政方面，也在积极优化支出结构，以确保与新质生产力相关的资金需求得到满足。通过不断更新旧的制度与方法，财政工作正助力创新发展的巨轮破浪前行。这一系列的综合举措，为新质生产力的蓬勃发展奠定了坚实基础。[①]

六、积极构建适应新质生产力的财政科技投入体制

（一）强化顶层设计，统筹配置创新资源

根据中央科技委员会的国家科技战略，编制科技中长期财政规划，确保科研预算符合国家需求，加强科技中期财政规划的引领作用。明确科技财政事权和支出责任，提高资源配置效率。加强基础研究战略布局，增加基础和前沿研究投入，促进资金链、创新链、产业链、人才链一体化部署，共同推动新质生产力的发展。

（二）注重制度创新，有效激发生产要素活力

深化经济体制与科技体制改革，是解开发展难题、构建创新友好型财政科技投入体系的关键。在这一过程中，财政支持的角色需重新定位，其重点应转向提高创新效率，特别是聚焦于解决实际问题、提高基础研究水平、推动领先技术发展和促进区域或产业的全面进步。同时，长远的发展视野也不容忽视。宏观资源

① 何代欣.充分发挥财政在加快新质生产力形成中的积极作用[J].中国财政,2024(6):42-44.

配置的加强，意味着要在机构与项目资助之间找到平衡点，进一步深化科研机构改革，并优化科技计划的资源配置，从而提升投入效能。此外，推动科技体制改革试验，探索全新的制度创新模式，也是刻不容缓的任务。为激发各类生产要素的活力，必须健全要素市场化流动制度，以此塑造与新质生产力相适应的生产关系。这一系列举措，将共同推动科技创新和产业升级，为国家的长远发展注入强大动力。

（三）聚焦重点领域，加快布局新兴产业和未来产业

集中精力，深耕人工智能、生物技术、量子信息等前沿领域，积极布局并精心培育未来产业与战略新兴产业，是当下的重要任务。通过实施重大技术装备和新材料应用的保险补偿政策，我们能够有效地解决市场化初期应用的难题，从而推动创新成果的不断迭代和产业的持续升级。此外，我们必须大力支持攻克产业的关键技术，以此增强供应链的韧性与安全性，进而提升产业集群的整体效率和竞争力。这一系列举措，不仅有助于我们在全球科技竞争中占据有利地位，还能为国家的长远发展注入源源不断的动力。

（四）推动主体协同，提升新质生产力供给效率

引导金融和社会资本更多地投向科技创新领域，是构建以企业为主体的多元投入体系的关键。通过落实各项企业创新支持政策，我们能够积极培育产业链中的主导企业和“专精特新”企业。在这一过程中，中央企业发挥着举足轻重的作用，其推动各方联合创新，成为新质生产力的重要推动力。为了更有效地促进科技创新，必须明确国家实验室、科研机构、高校和科技企业在创新体系中的角色定位，并建立起紧密的协同创新机制。这种全方位的协同创新，将为国家的科技进步和产业升级注入强大的动力。

（五）贯彻以人为本理念，着力完善科研组织模式

贯彻以人为本的理念，强化组织模式创新和稳定支持。加快高校和科研院所薪酬制度改革，建立以创新价值和贡献为主导的评价体系，优化薪酬制度，特别是对基础研究和市场导向技术创新予以支持。鼓励科研团队持股，分享市场收益，

并提供经费、税收优惠、知识产权保护等支持，以促进成果转化。赋予战略科技人才更大的自主权和资源调度权，建立长效的人才跟踪培养机制。全面加强绩效管理，优化财政科技预算和支出管理制度，探索“需求导向”的科技管理模式，提升政府购买服务的效率。[①]

七、财政金融协调，促进安全发展

（一）筑牢经济“内循环”

随着财政资金投入的持续增加，产业链和供应链得到了有力推动，形成了稳定的现金流，这为实现国内经济的“内循环”发展模式奠定了坚实基础。在此过程中，建立财政与金融结合的风险共担机制尤为重要。通过担保、银行和保险等多元化平台，我们能够有效地实现风险的分散与管理。财政与金融的协调发展，不仅为经济“内循环”提供了一个稳定的融资环境，更推动了企业在资本市场的融资活动。这一系列举措，旨在解决实体经济发展中所面临的资金壁垒问题，为企业提供更加广阔的发展空间，促进国内经济的持续健康发展。

（二）有效防控财政金融风险

财政和金融行业是宏观调控的重要工具，在市场经济中相互影响。金融机构环境不佳或运作效率低下，可能导致经济效益下降或不良资产增加，进而产生金融风险，最终影响财政稳定。财政收支失衡或财政赤字上升，也会导致财政风险，进而影响金融行业。政府领导下的财政和金融机构面临风险时，需要政府协调治理，财政在公共风险防控中扮演着关键角色，必须化解社会经济危机，以保障国家安全和民众利益。当前，我国的财政金融风险问题，主要集中在政府债务层面。其中，地方政府承载的隐性债务问题尤为突出，这对地方经济发展构成了直接影响。为应对此挑战，提升政府财政能力至关重要。通过深化财政体制改革，可以更有效地进行风险防控。重点在于规范政府的融资行为，这不仅需要完善预算机制，还需要

① 韩凤芹.加快构建适应新质生产力的财政科技投入体制[J].中国财政,2024(6):35-38.

提升监管效能，从而确保面对风险时能够有效应对。此外，加强对融资行为的管理和监管力度也是关键，这样才能保障地方债务市场的法治化运行。这一系列措施旨在构建一个更加稳健、透明的财政金融体系，以支持国家经济的持续健康发展。

（三）优化金融政策，拓展发展空间

1. 积极打造外循环经济模式

制定金融政策时，要将金融先导原则放在重要位置。该原则倡导金融服务在更大范围内得到推广，而当这一目标实现后，我国的实体经济能够拥有跨国发展的实力和底蕴，比如国内企业可在充足融资支持下积极“走出去”。当今时代全球一体化成为趋势，这为我国构建外循环模式提供有力支撑，而依托这一模式，我国财政政策可对外来需求进行重点考量，为本国企业依托多元需求实现多元发展注入力量。因此，相关工作必须得到优化，如政策规划设计、风险评估等均是重点所在。金融政策提升了金融支持力度，在实施中应建设更多服务网点，这样既能扩大金融服务影响力，也能为后续进一步拓宽融资渠道提供支持，使金融服务无论是服务效果还是覆盖面都达到新的高度。共建“一带一路”倡议也能与金融行业形成合作。该战略本就是“对外开放”，可引导金融行业秉持“对外”态度去设计和提供金融产品，为我国企业“走出去”获得更有力保障。

2. 强调国内乡村拓展

当前，我国脱贫攻坚战已取得圆满胜利，乡村振兴的新征程已然开启。农村发展的重心，已从解决温饱问题转向实现乡村的全面振兴。财政政策在这一过程中扮演着关键角色，其不仅是调整乡村经济结构的有力工具，更是推动乡村可持续发展的重要引擎。利用财政投资、贴息政策等加强农产品供给；优化产业结构需要银行贷款和规模经济；政府促进金融与财政融合，为乡村经济发展奠定基础。静态调整可通过国债促进财政与金融的融合，支持乡村振兴；利用财政投资平台提供工具，优化经济发展。动态协调需要合理选择金融协调模式，培育龙头企业，提高资金利用率；引入地域优势产业，提升乡村经济造血能力，解决“惜贷”问题。[①]

---

① 胡岳峰 . 新发展格局下财政政策和金融政策的长期协调 [J]. 中外企业文化 ,2023(6):52-54.

第四章　科技金融加快新质生产力创新发展

第一节　科技金融在新质生产力发展中的现实意义

一、科技创新推动新质生产力发展的独特功能

（一）产业变革的功能

科技创新的产业变革功能主要体现在以下几个方面：一是创造新兴产业，如习近平总书记提出的新能源、新材料、先进制造、电子信息等；二是布局未来产业，如人工智能、量子信息等；三是改造提升传统产业，如利用生物技术提高产量；四是淘汰落后产业，如淘汰高排放的炼油装置。科技创新的产业变革功能助力完善现代化产业体系。

（二）模式塑造功能

科技创新推动新模式，主要促进生产力发展，开辟经济增长新区域和经济增长点。科技创新体现了人类的创造性，通过模仿自然规律和改进技术，创造出服务人类生产生活的产品。现代科技不仅借鉴自然界，还创造新一代信息技术、人工智能等新的经济增长引擎，持续推动经济发展。

（三）动能提升功能

科技创新是发展的主要动力，推动新动能的生成，塑造新优势。科技不仅是生产力的基因和动力，还通过催生、牵引和拓宽机制发挥作用。首先，科技引领新发展图景，激发人们的生产力开发热情，扩展生产力规模和强度。其次，科技进步改善了生产和生活质量，满足新需求，推动生产力发展。最后，科技的注入提升了生产能力和势能，推动新产业、新业态、新模式的出现，为经济发展注入动能。

（四）资源整合功能

科技，这一强大的推动力，以其独特的资源整合功能，在多个领域彰显非凡的影响力。在天文学、气象学和地质学等领域，科技为我们提供了海量的关键信息资源，这些宝贵的数据不仅深化了我们对宇宙和自然界的认知，还在无形中推动了生产力的持续增长。此外，科技还在提升资源利用效率方面大放异彩，如采矿与农业技术的革新，显著降低了资源浪费和化学品使用，体现了科技与可持续发展的和谐共生。值得一提的是科技在替代能源开发上的杰出表现，如太阳能、风能和水能等技术的研发与应用，不仅减少了对化石燃料的过度依赖，更为环境保护和能源消耗的降低贡献了巨大力量。

（五）生态优化功能

新质生产力实质上是绿色生产力，即生产活动与生态保护有机结合的可持续生产方式。要处理好经济发展与生态保护的关系，必须理解二者之间的紧密联系，并依靠科技创新解决相应问题。生态破坏是人类无视科技的综合要求造成的，各种污染已成为人类的灾难，主要因人类对自然资源的过度开采造成。发展循环经济是优化生态的重要途径，是走向经济“绿色化”的必然选择。优化生态已成为全球的重大课题，科技创新在其中扮演着关键角色，可以推动绿色发展、循环发展和低碳发展。

（六）风险防护功能

科技创新在微观层面具有风险防护功能，例如，防范有害物质释放、农业灾害和设备损坏等。在金融科技发展中，过度杠杆和套路贷等问题暴露出金融风险。在宏观层面则面临诸如自然灾害等突发性问题，这些都需要应用科技手段来保障安全、测灾和减灾。总的来说，科技创新作为先进生产力的核心，是保护人类生存的重要力量。①

二、科技创新赋能新质生产力发展的重要价值

（一）科技创新有利于夯实新质生产力的要素基础

科技创新是发展新质生产力的核心要素，在数字经济时代尤为关键。一方面，科技创新提升劳动者的素质和能力，符合新质生产力的需求。另一方面，科技创新有助于提供新型劳动对象，包括数据等新生产要素的广泛应用。此外，科技创新推动新一代信息技术的发展，改变了生产模式，提高了劳动效率，促进了新质生产力发展。

（二）科技创新有利于构建现代化产业体系支撑新质生产力发展

新质生产力是由科技创新和产业变革共同塑造的全新生产力体系，正悄然改变着社会的生产格局。其不仅要求要素条件、生产方式、产业理念和产业质态等诸多方面的全面革新与有效衔接，而且以产业为核心载体，与新兴产业赛道紧密相连。科技创新，作为新质生产力的灵魂，正推动着产业创新的步伐，整合着优质新型生产要素，探索出智能化、融合化、高效化、绿色化的全新发展路径。在这一变革中，高水平、高能级的产业结构应运而生，为社会提供更加优质、丰富的产品和服务，昭示着一个新时代的来临。

（三）科技创新有利于厚植新质生产力的绿色底色

绿色发展作为高质量发展的基石，与新质生产力紧密相连，甚至可以说新质

① 张新宁. 科技创新是发展新质生产力的核心要素论析 [J]. 思想理论教育,2024(4):20–26.

生产力本身就是一种绿色生产力。这种深刻的联系不仅揭示了加快绿色转型的核心逻辑，更是对新质生产力本质的精准把握。然而，中国在绿色发展的道路上仍面临着诸多挑战，如空气和水质污染、土壤流失和生物多样性丧失等问题，都亟待解决。要建立与新质生产力相匹配的绿色生产体系，我们还有很长的路要走。这不仅需要科技创新的助力，还需要全社会对绿色发展理念的深刻认识和共同实践。通过深入实施创新驱动发展战略，推动节能环保、清洁生产、清洁能源、生态保护和修复等领域的重大技术创新和应用，提升资源利用效率，增强环境治理能力，促进绿色低碳循环产业发展。①

第二节　科技金融铸造新质生产力发展的理论基础

一、经济学维度

从经济学视角分析，关于科技金融助力新质生产力发展的理论研究主要包括两类，一类是熊彼特提出的创新理论。该理论强调经济发展归根结底要依靠创新，如果创新脚步停滞不前，便意味着经济发展驱动力难以形成。从这一理论出发进行考量，可了解到科技金融的“威力”。在创新上，科技金融能为科技创新输入资金，支撑技术研发和应用切实进行。另一类是索洛提出的增长模型。该模型认为经济增长离不开技术进步，而技术进步必然要走创新之路。科技金融可为技术创新提供支持，引领新技术层出不穷输出和应用，进而为经济增长和生产力质变贡献力量。

二、管理学维度

从管理学视角分析，科技金融助力新质生产力发展的理论研究包括两类，一类是知识管理理论，该理论对知识的作用尤为重要，可有力推动组织发展。科技

① 王政武，杨俏丽，陈春潮．科技创新赋能新质生产力发展：作用机理、现实困境与政策优化 [J]. 企业科技与发展，2024(3):6-12,19.

金融实施之后，知识创造、分享、应用等将获得更大助力，逐步进化为能作用于实体经济的强大力量，同时也会助力新质生产力的形成和发展。另一类是战略管理理论，该理论将科技金融上升到战略层面，尤其关注资源供应。在现实中，一个拥有独特资源的企业更容易在竞争中脱颖而出。科技金融可助力相关企业在资源获取、运用、管理等方面更为优秀，进而达到更高竞争力水平。

三、信息科学维度

从信息科学视角分析，科技金融助力新质生产力发展的理论研究包括两类，一类是信息不对称理论，该理论强调了信息不对称的负面作用，如金融市场中如果服务方和消费方信息获取不对等，则难以有效衡量金融产品价值。科技金融在先进信息技术助力下能弱化信息不对称程度，使金融市场运转更为合理，为实体经济稳步发展提供良好环境。另一类是数字经济理论，该理论认为信息技术能对经济活动产生诸多影响。科技金融是数字经济时代的产物，其发展和优化不仅能推动数字技术进一步普及，还能支撑实体经济在数字化转型道路上更为顺畅。①

第三节　科技金融助力新质生产力发展的现状分析

一、科技金融自身发展的困境

（一）潜在风险

新质生产力的发展是系统工程，科技金融至关重要。科技与金融的正向循环对高水平科技创新有积极效应。科技金融通过公共科技投资、科技信贷和风险投资匹配科技创新，促进供需平衡和结构性改革。科技金融的科学制度和专业工具

① 陆岷峰．科技金融赋能实体经济和新质生产力发展：经典理论、理论框架与应对策略 [J]. 改革与战略，2024(7)：1–13.

促进政策执行、企业研发和市场终端的正反馈，解决信息不对称问题并发掘潜力，但需注意以下潜在风险：首先，科技创新需要全方位服务，过度投资和高风险投资可能抑制科技创新；其次，传统科技金融偏向狭义，需要转向广义，克服传统融资模式和资本依赖；最后，GDP 驱动和地方竞争可能引发盲目投资和过度举债，不利于金融资源配置和科技创新。在科技金融发展中，金融资本的逐利性不会改变。科技创新具有高成长和高风险，需要长期基础研究投入，但产业化转化困难、回报周期长。科技金融面临“相容性难题”“流动性难题”和“收益率波动难题”。发展高质量科技金融需解决三大问题：一是科技企业周期长、风险高，可能导致科技信贷不良率上升；二是非银机构在科技创新服务方面短板明显；三是传统信贷工具难以满足大规模科技型中小企业的融资需求。

（二）薄弱环节

历史上，重大金融和科技创新相互推动产业革命。中国作为后发国家，需在高科技领域攻关。早期资本市场和风险投资贡献有限，政府投资如财政资金和国家基金具有放大效应，支持长期基础研究。中国现代金融体系不断完善，进入金融“由大到强”的新阶段，包括政策性银行、商业银行、投资银行，以及多层次资本市场和风险投资，为发展科技金融奠定坚实基础。研究显示，公共和市场科技金融促进作用显著，但存在替代效应。公共财政科技支出、科技信贷和风险投资各有优势。未来需解决四大问题：第一，科技企业上市融资需要市场考量；第二，中小科技企业投融资方式需多样化；第三，传统科技企业授信政策和风险模型需更新；第四，跨国科技企业投融资服务模式亟待更新。

商业银行在发展科技金融过程中面临三大挑战。第一，新质生产力推动产业变革，对传统资产如房地产和地方债产生冲击，商业银行需调整信贷资产结构，平衡传统和新兴产业需求，这对资产负债表带来压力；第二，中国利率市场化加速，商业银行需在降低融资成本的同时保持利润水平，创新科技金融服务模式，提高资产质量；第三，商业银行与其他科技金融服务的功能定位和服务路径存在差异，需要明确资源配置效率和长期可持续经营策略，同时重视风险合规和信贷资金效率问题。[①]

二、科技金融服务新质生产力发展的挑战

（一）各类评估体系和制度保障尚不完善

新质生产力，以其高科技、高效能、高质量的特征，成为推动社会进步的重要力量。然而，科创企业在发展过程中却面临着诸多挑战。在专利、技术、人才评估方面，缺乏成熟的第三方机构支持，部分评估机构存在低价竞争和独立性不足的问题，这无疑增加了科创企业的运营风险。同时，金融机构由于专业人才不足，难以对科研技术和研发项目进行准确评估，因此在贷款审核时往往持保守态度，这在一定程度上制约了科技金融的发展。此外，知识产权质押业务手续繁杂、评估费用高昂，使知识产权的有效变现变得困难重重。这些问题都亟待解决，以推动新质生产力的持续发展。

（二）企业融资方式比较单一

一方面，在当前的金融环境中，科创企业对于银行信贷资金的依赖程度颇深，科技金融产品也主要由银行体系供应。金融机构针对科技型企业的授信方式，正在经历从传统模式向更具特色化的探索转型。然而，当前多数面向中小微企业的普惠金融授信服务，其信贷产品与企业的实际需求之间仍存在不小的差距，适配性亟待进一步提升。另一方面，由于收益与风险之间的不平衡，银行在针对科创企业开展投贷联动时颇为谨慎，导致直接融资的比例依旧偏低。这种现状，既揭示了科创企业在融资过程中所面临的困境，也反映了金融机构在平衡风险与收益、创新与传统之间的挑战。

（三）信贷风险分担机制仍需完善

金融机构间的合作机制尚显稚嫩，其症结在于信息不对称的困扰、政策执行

---

① 邓宇．发展新质生产力与深化科技金融创新——兼论国际经验与中国实践 [J]. 西南金融 ,2024(4):20–35.

中的梗阻、成本与收益之间的失衡，以及配套体系的不完善。特别是在银行与担保机构的携手中，科技创新领域的信贷风险相对较高，这使担保机构在风险分担方面颇为迟疑，缺乏积极态度。这一现状，无疑为金融机构的深入合作增添了障碍，也制约了科技创新领域金融支持的进一步发展。目前，担保机构主要支持流动资金贷款，对技术开发类贷款的支持不足，反担保要求高，不适合轻资产科技企业。[①]

（四）科技金融政策体系有待完善

在当下的中国，金融对科技发展的扶持虽有所作为，但仍显不足。科技创新所需的资金支持规模相对有限，面对企业不断增长的研发需求，则显得捉襟见肘。资金分配的机制也亟待优化，目前存在的不合理性导致部分具备广阔市场前景的重大创新项目难以汲取足够的金融养分。此外，风险投资市场尚未成熟，其投资门槛过高，在一定程度上遏制了市场的创新脉动。政策层面的执行与监管亦需加大力度，以确保每一分投入都能落到实处，每一个创新项目都能稳健推进。这些方面，都是未来我国在金融扶持科技发展上需要着力加强与完善的重点。

（五）科技金融环境需要优化

中国的知识产权交易市场正处于蓬勃发展的阶段，然而，对众多科技型企业而言，他们手中珍贵的技术研发成果，虽为其核心竞争力，却难以在市场中有效变现。这主要归因于当前评估体系的不完善和交易平台的局限性。这些无形的资产，本应是企业发展的强大动力，却因种种限制而未能充分发挥其价值。科技金融机构面临资金回笼困难，尤其在资金压力或逾期还款时。同时，多数贷款和投资机构发展模式较为单一，在多元化的技术创新活动中难以灵活配置资金，无法充分满足科技创新的需求，为有效支持不同发展阶段的科技企业，金融机构需提供更精准、多样化的资金支持策略。[②]

① 王京辉，李菡．科创金融服务新质生产力的山东实践 [J]. 中国金融，2024(10):56–57.

② 褚海玉．科技金融赋能新质生产力发展的研究 [J]. 老字号品牌营销，2024(10):40–42.

第四节　科技金融协同助力新质生产力发展的对策建议

一、铸造新质生产力：科技金融与科技创新深度融合

（一）科技金融与科技创新深度融合的模式

1. 建立科技金融与科技创新的政策支持体系

为促进科技金融与科技创新的融合发展，需建立科技金融与科技创新的政策支持体系。第一，增加科技创新资金投入，设立科技创新基金，提供风险和股权投资，降低融资成本。例如，设立科技创新专项贷款，支持前瞻性科技项目，如集成电路、新能源技术等。第二，建立健全科技金融监管体系，规范行为，保护投资者的权益。第三，优化税收政策，减轻科技创新企业负担，鼓励研发投入。第四，加强科技金融政策宣传，组织培训和研讨会，提升金融机构和科技企业的政策理解和操作能力。第五，建立科技金融与科技创新的合作平台，促进金融机构与科技企业的合作与交流，推动融合发展。

2. 鼓励金融创新与科技创新的融合

为促进金融创新与科技创新的融合，需鼓励金融机构创新产品和服务，以满足科技企业的融资需求。第一，推动金融机构开发新的融资产品，如风险投资、股权融资、债权融资，以支持科技企业。央行数据显示，高技术制造业贷款增速超 30%，科技型中小企业贷款增速超 25%，全国“专精特新”企业贷款余额超 2.7 万亿元，央行实施 4000 亿元科技创新再贷款。第二，创新资金管理服务，如结算、风险管理工具，提高企业运营效率。第三，提供定制化服务，如创业辅导、市场支持，设立科技金融专营机构，强化对科技企业的金融支持。政府可通过设立科技创新基金、税收优惠等政策支持金融创新。加强金融机构与科技企业的合作与

交流，组织创新创业大赛、科技论坛等活动，促进双方互动。

3. 加强信息共享与合作机制的建立

加强信息共享与合作是推动科技金融与科技创新融合的关键。建立科技金融与科技创新的信息共享平台，促进双方资源优化配置。金融机构可以通过平台了解企业创新项目和商业模式，提供融资和资金管理信息，增强合作效果。推动金融机构与企业的联合研发，提升创新能力和竞争力。建立联合孵化器支持企业创业，金融机构提供资金和管理支持。加强交流与合作，促进双方深入合作，优化金融服务。

4. 建立科技金融与科技创新的风险管理体系

建立科技金融与科技创新的风险管理体系是深度融合的关键。加强科技金融机构对项目的风险评估和管理，降低对金融系统的冲击，提供可持续支持。制定科技创新项目的风险评估指标体系，包括技术可行性、市场前景等，为金融决策提供科学依据。推动风险分散化，通过投资组合方式降低项目风险，与其他金融机构合作共担风险。保险机构创新产品和服务，支持科技创新各环节的风险管理，如产品研发、知识产权保护等。

5. 建立科技创新项目的风险监测和预警机制

金融机构可建立科技创新项目的风险监测和预警机制，及时发现和应对潜在风险。监测关键指标和市场动态，提前预警并采取措施，减少对金融系统的冲击。提供风险管理知识和工具，帮助科技创新企业识别、评估和管理风险。通过培训、咨询和技术支持，提升其风险管理能力，降低项目失败风险。加强与科技创新企业的合作与沟通，建立长期合作关系，深入了解其风险特征和管理需求，提供精准的风险管理服务。

6. 加强人才培养和跨领域合作

加强人才培养和跨领域合作是推动科技金融与科技创新深度融合的关键。第一，设立跨学科的科技金融与科技创新学位，如硕士或博士学位，涵盖相关领域的知识与技能，培养跨领域合作和创新能力。第二，推进高等教育领域的改革，增强相关课程设置和教学方法的创新，培养学生的实践能力和合作意识。第三，建立科技金融与科技创新的人才交流平台，通过学术研讨会和行业峰会促进跨领域交流与合作。第四，鼓励和支持跨领域的科技创新项目，设立专项基金推动合作创新。第五，组建跨领域创新团队，吸引不同专业人才参与项目。第六，建立长期合作机制，促进科技创新成果的商业化和产业化，实现良性互动。

（二）科技金融与科技创新深度融合的具体策略

1. 加强政府角色的发挥

政府在推动科技金融与科技创新深度融合中发挥重要作用，应加大对二者的支持力度，制定更有利于深度融合的政策，并加强监管和引导。第一，政府可以通过提高科技创新基金投入、税收优惠和财政补贴等措施，鼓励金融机构为科技创新项目提供贷款和风险投资。第二，政府需加强对科技金融和科技创新的监管力度，确保其合规运作并有效防范金融风险，同时加强对科技创新企业的监测和评估，及时发现和应对潜在风险。第三，建立科技金融和科技创新的协同机制，促进跨部门合作和协调，建设科技创新孵化器等支持平台，为企业提供全面支持。第四，加大对科技金融和科技创新的宣传力度，通过宣传活动和科技创新展览等方式，提升公众对科技金融和科技创新重要性的认知和理解，推动深度融合。

2. 强化科技金融机构的创新能力

科技金融机构需增强创新能力，推出更适应科技创新企业需求的金融产品和服务，如量身定制的融资方案。首先，通过加强人才培养和技术研发，提升科技创新能力。与科技创新企业建立紧密合作，深入了解企业需求，提供专业的金融服务。其次，创新金融产品，如风险投资基金、科技创新债券等，满足不同阶段的融资需求。开发财务管理工具和风险评估模型，提升企业财务管理和风险控制能力。

3. 加强科技创新企业的金融意识和能力

科技创新企业需提升金融意识和管理能力，积极与科技金融机构合作获取融资和资金管理支持，是促进科技金融与科技创新融合的关键。首先，企业应参与金融知识学习和培训，提高对金融市场和产品的了解。组织内部金融培训和知识分享，加强员工的金融意识和理财能力。其次，积极寻求与风险投资基金、科技创新债券等金融机构的合作，获取融资和资金管理支持。利用金融科技工具和服务，如财务管理软件或在线融资平台，提升企业的金融创新能力和竞争力。

4. 加强科技金融与科技创新的合作平台建设

为了促进科技金融与科技创新的深度融合，建立合作平台至关重要。这样的平台可以增强双方的交流与合作，提升资源共享与互补效果。第一，建立一个开放的交流平台，如线上社交媒体或线下创新会议，促进对双方需求和资源的了解，并寻找合作的机会。第二，建立信息共享平台，帮助双方了解市场需求和创新趋势。第三，建立项目合作平台，共同解决科技创新中的金融问题。第四，建立政策支持平台，通过减税和补贴等政策鼓励科技金融机构参与科技创新的融资和投资。

5. 加强国际合作与交流

加强国际合作与交流对推动科技金融与科技创新的深度融合至关重要。第一，建立国际科技金融与科技创新的合作平台，如国际性会议或在线合作平台，促进不同国家的机构和企业分享经验，寻找合作机会。第二，加强国际科技金融机构间的合作与交流，通过联盟或合作机制共同解决金融问题。第三，推动国际科技创新企业的合作与交流，增强市场竞争力和技术能力。第四，加强国际科技金融与科技创新政策的对接与合作，共同制定有利于深度融合的政策措施。①

二、科技金融与知识产权协同促进新质生产力的发展

科技金融与知识产权是创新驱动的重要支柱。科技金融为科技创新提供资金支持，而知识产权则直接保护创新成果，其在现代经济中协同发展，发挥重要作用。

---

① 张壹帆，孙嘉雯，陆岷峰．铸造新质生产力：科技金融与科技创新深度融合的路径与模式研究 [J]. 农村金融研究，2024(5):70–80.

（一）新质生产力发展下科技金融与知识产权协同的基本逻辑

协同发展是系统内部及其子系统之间的相互作用与有机整合，体现了差异与协同的辩证统一。在发展新质生产力的背景下，科技金融与知识产权的协同是在统一目标引领下的相互融合和影响。这种协同性表现在政策工具特征的一致性、资源配置功能的相关性和资本属性的契合性。

1. 政策工具特征的一致性

科技金融与知识产权都具有政策工具的特征，与我国特定时期采取的经济和科技政策直接相关，共同服务于社会经济发展的现实需求，具有高度一致性。改革开放以来，我国高度重视科学技术发展，明确科技是第一生产力，支持科技发展的配套措施相继落实，如 1984 年提出建立创业投资机制促进高新技术发展。1994 年，中国科技金融促进会首次采纳“科技金融”的概念。社会主义市场经济体制确立后，国家进一步重视科技成果市场化和产业化，金融与科技之间的联系更密切。1996 年施行的《中华人民共和国促进科技成果转化法》规定设立科技成果转化基金和风险基金支持科技成果转化。同时，我国知识产权法律制度逐步建立，满足本土科技创新和经济发展需要，积极履行国际条约。在内外因素的推动下，制定了《中华人民共和国商标法》（1982）、《中华人民共和国专利法》（1984 年）、《中华人民共和国著作权法》（1990）、《中华人民共和国反不正当竞争法》（1993）等法律，初步建立了知识产权法律制度，为科技金融与知识产权融合打下基础。

随着市场经济深入发展和科技创新能力提升，科技金融与知识产权进入新阶段。科技金融模式多元化、发展速度快，产品和服务种类不断增加，如知识产权质押融资、证券化、保险、信托等成为重要资金来源。各级政府更重视科技金融在经济中的作用，加大对科技企业的金融支持力度，推行顶层设计与基层试点并行。在创新驱动战略下，知识产权提升至国家战略，法治建设越来越适应国内需求，解决特色问题，达成本土目标，立法进一步完善。相关政策文件科技金融与知识产权的协同发展做出全面部署。

科技金融政策和知识产权制度受经济社会发展和科技进步的直接影响。其不仅受国家整体政策的影响，也作为具体政策环节影响社会经济，在不同阶段展现不同联系。新质生产力代表生产力跃升，反映社会发展方式变革。在此新政策环境下，科技创新仍占据主导，科技金融与知识产权需要协同提供支持。

2. 资源配置功能的相关性

科技金融通过资源合理配置，促进知识产品的货币化和资本化，引导金融和社会资本向科技企业集聚。一般来说，科技金融分为公共性和市场性两种类型。公共性科技金融依赖国家财政和政策性贷款，减少信息不对称，降低市场风险。市场性科技金融则主要依赖市场和投资机构、金融机构等参与者，直接或间接支持科技创新。二者都致力于实现资本价值最大化，其成功在于创新成果产权的明晰性，直接影响创新成果与知识产权的关系。

知识产权制度结合科技、经济和法律，解决了知识资源归属问题，是一种利益调节机制。资本主义的工业革命推动了专利法、著作权法、商标法的出现，反映了财产权理念的发展。现代知识产权作为一种私权和资源配置工具，保护知识产品避免投入损失，促进创新投入和资源调动。

市场经济的核心是产权，根据科斯定理，产权明晰是资源有效配置的前提。知识产权制度包括授权、确权、保护、限制、使用、流转和管理等。这一体系激励知识产权权利人创新，并为市场化和产业化提供法律依据，使知识产权在金融领域合法化。法律如《中华人民共和国民法典》第440条第5项允许可以转让的注册商标专用权、专利权、著作权等知识产权中的财产权出质，而《中华人民共和国公司法》则将知识产权视为股东出资的一种方式。

3. 资本属性的契合性

科技创新成果要实现产业化，必须涉及资本市场。在市场经济中，知识产权不仅保护静态权利，还强调动态行使。只有与经济市场结合，知识产权才能发挥其价值，因此具有资本属性。知识产权作为生产要素直接投入企业生产活动，提升企业生产水平和收益。权利人通过转让、许可、出质等方式获得经济回报，成为企业现金流和投融资的重要支持。现行法律为知识产权的货币化和资本化奠定了基础，包括知识产权质押、证券化、信托、保险、融资租赁和股权融资等多种模式。

除了传统知识产权，随着社会经济和科技发展，新技术、新领域和新业态的知识产权具备较大的资本潜力，成为科技金融关注的焦点。例如，数据知识产权质押融资是一种新型融资方式，以企业合法拥有的数据为质押物，已在多地如北京、上海、江苏、浙江等地开展试点。区块链和非同质化通证（NFT）技术具有不可篡改性，对知识产权确权、流转和保护具有重要意义。利用知识产权进行融资可以有效保障资产来源和权属合法性，降低融资风险，促进资本的高效流通。

（二）科技金融与知识产权协同促进新质生产力发展的内在机理

科技金融与知识产权的协同发展能有效融合研发与产业、科技与资本，推动新质生产力发展。这种协同发展基于国家经济发展水平、科技创新能力和知识产权保护等多重条件。对我国而言，发展新质生产力是战略定位的核心，标志着经济发展方式从劳动力和资本驱动向创新驱动的转变，进入高质量发展阶段。科技金融整合资本、知识产权助力创新的功能应得到充分发挥，通过二者协同作用，促进新质生产力的发展。

1. 科技金融与知识产权协同支持新质生产力发展

科技金融集聚社会闲置资金，为高新技术企业技术创新提供资金支持，拓宽高新技术企业融资渠道。例如，2022 年全国专利商标质押融资总额达 4868.8 亿元，惠及企业 2.6 万家，其中 70.5% 为中小微企业。版权质押融资项目 350 个，融资金额为 54.5 亿元，同比增长 25.9%。2023 年，全国专利商标质押融资总额达 8539.9 亿元，同比增长 75.4%，惠及企业 3.7 万家。科技创新项目和初创企业可通过知识产权质押、证券化、运营基金等科技金融服务获得资金支持，推动“初始融资—知识产权—产业转化—创新激励”循环模式，提升企业参与度、生产效率和产品质量，促进产业升级。

2. 科技金融与知识产权协同保障创新供给

新质生产力与传统生产力的主要区别在于创新的地位和意义。新质生产力以创新为核心，是先进的生产方式。科技创新是发展新质生产力的关键，产业创新依赖科技创新，促进新质生产力的提升。科技金融提供资金支持，与知识产权的创新激励相结合，支持创新供给。知识产权制度通过法治保障促进科技和产业创新，推动新质生产力的发展。例如，知识产权收益分配、创新企业认定标准和政府支持政策，激发科研人员和企业的创新动力，推动核心技术突破。专利、商标、版权等是新质生产力的重要组成部分。健全的知识产权法律体系和有效的司法保护，有助于营造良好的创新环境。科技金融与知识产权协同机制有助于实现科技创新与产业创新的有效衔接，提升专利申请质量和技术成果转化率，增强研发活动与市场的对接。

3. 科技金融与知识产权协同优化资源配置

在市场经济中，建立完善的协同机制可以有效发挥市场资源配置的决定性作用，支持新质生产力的发展。知识产权确保科技成果的合理权属和利益分配，为投资提供法律保障。金融行业通过评估科技成果的创新性、价值和市场潜力，引导资金向前沿技术领域集聚，提升投资匹配度和资本周转速度，创新融资渠道，最大化知识产权价值。科技金融与知识产权相互协同，不仅促进新质生产力的发展，还实现倍增效应。在科技革命和产业变革中，加强协同机制建设对我国经济发展具有重要战略意义。

（三）科技金融与知识产权协同促进新质生产力发展的政策路径

科技金融结合科技创新和金融资本，有效优化资源配置，支持新质生产力发展。知识产权作为企业无形资产，不仅创造经济利益，还激励持续创新，增强创新能力。为促进新质生产力发展，需加强顶层设计和政策引导，充分发挥二者的协同效应。

1. 建立科技金融与知识产权协同法律体系

知识产权法律是现代社会治理体系的重要组成部分，也是经济、科技社会现代化的基础。科技金融与知识产权协同发展在我国知识产权制度中尤为关键。专利、商标和版权在市场化和资本化过程中面临权属不明、权利不稳定甚至侵权风险，因此法律层面的保障至关重要。现行法律如《中华人民共和国民法典》《中华人民共和国促进科技成果转化法》《中华人民共和国专利法》《中华人民共和国著作权法》《中华人民共和国公司法》等，规定相对简明，由于立法层次和内容规范的限制。国家知识产权局、中国人民银行和国家金融监管总局通过规范性文件调整，灵活性较高，但也存在规范性不足和统一性弱的问题。

在中央政策的引导下，多地出台地方性法规，如《北京市知识产权保护条例》和《江苏省知识产权促进和保护条例》，在实践中发挥作用。随着我国科技金融与知识产权协同产业扩展成熟，制定全国性专门法律的必要性日益凸显，以统一规范知识产权质押融资、证券化、信托、保险、股权融资等，为市场主体提供系统、明确的法律指导。

专门法律的制定不仅规范市场行为，还能明确各部门在促进科技金融与知识产权协同机制中的职责，提升制度运行效率，推动资源合理配置。

2. 创新科技金融与知识产权协同服务体系

（1）完善科技金融资金保障机制

科技型企业常面临技术门槛高、操作周期长等问题，导致融资困难。这在一定程度上与我国缺乏系统的科技金融资金保障机制有关。国际上，科技金融模式主要分为市场主导、银行主导和政府主导三种。建立完善的科技金融资金保障机制需明确主导力量，并增加多元参与主体。我国应构建政府引导和市场参与的融资体系：一方面，创新财政投入方式支持科技小贷企业、科技信贷机构等，发挥示范效应，引导资金向科创企业流动；另一方面，克服科技金融资金来源单一性，增加灵活性，优化科技金融创新机制，吸引更多民间资本如商业银行、证券、保险、担保等，形成资金互通，稳定和持续支持科技创新。

（2）优化科技金融与知识产权服务模式

首先，针对不同类型和不同阶段的科技创新，提供多样化的金融服务。初创型企业和科技创新初期，由于市场前景不明朗，应以风投为主要融资方式；到了发展成熟阶段，可逐步采用质押、证券化等方式。因此，科技金融应建立精准对接机制，针对不同需求提供个性化融资方案，避免“一刀切”增加中小企业的融资难度。其次，除传统的知识产权质押、证券化、入股、保险外，还应探索知识产权许可、招标、拍卖等新型融资模式，扩展融资渠道。再次，推动金融与新兴数字技术融合，利用“金融 + 科技”创新金融服务，优化知识产权评估、企业信用等技术，为金融服务提供必要的基础设施支持。最后，推动建立政府引导、多方参与的统一科技金融与知识产权服务平台，提升服务内容和流程的透明度与可信度。

（3）加强科技金融风险管理

科研活动的高风险性、周期长和回报不确定性是金融机构服务优化的关键。特别是针对许多“专精特新”中小企业，其发展时间短、经验有限，金融机构难以全面评估其风险和市场前景，存在后续风险隐患，需要加强金融风险管理。金融机构应建立全流程的风险应对机制，包括风险评估、监测、分担和处置。同时，政府、金融机构、知识产权服务机构等应加强信息共享，支持金融机构的评估工作。利用人工智能、大数据、算法和区块链等技术，建立金融风险监测和预警平台，提升风险监测能力，确保监测及时、准确和有效。此外，强化政府、保险公司和担保公司等机构的合作，建立多方合作的科技金融风险分担和补偿机制，全面化解金融风险，增强金融机构的投资信心。

3. 完善知识产权价值评估体系

知识产权是企业重要的资产之一，直接影响企业的整体实力和市场竞争力。金融机构在评估企业时，重视知识产权的保护水平、管理能力和商业化潜力，以准确把握企业的技术创新水平和市场前景，预判投资风险和效果，从而制定相应的投融资策略。

然而，现有的资产评估体系以传统要素如房屋、土地和资本为主，对知识产权的重要性和占比认识不足。知识产权的价值评估是科技金融领域的难题，直接影响知识产权融资的可行性。由于社会政策、市场需求和企业经营状况的不断变化，特别是在前沿科技领域，知识产权价值的稳定性受到挑战。此外，知识产权的高价值外溢和低模仿成本等特性，使精确评估变得更加复杂。

目前通用的市场法、成本法和收益法等评估方法，侧重于市场交易价格、创造和保护成本、预期收益等因素，但由于评估标准的不同，结果常常存在较大的差异。

在知识经济时代，知识产权不再是静态资产，而是动态发展的价值链。为此，需要建立全方位、全链条的动态价值评估体系，涵盖法律、技术、市场、地域、时间等因素，并不断优化传统评估模型。我国已出台《中华人民共和国资产评估法》《资产评估执业准则——知识产权》等法律文件，对知识产权资产评估起到指导作用。然而，实践中的难点主要体现在评估的实施层面，需采取以下对策：一是加强政府、知识产权服务机构、金融机构与知识产权主体的合作，推动建立统一的评估机构和信息共享平台；二是利用区块链、大数据、云计算、人工智能等技术，实时收集、整理和分析知识产权运营数据；三是加强复合型人才培养，促进法律和金融交叉学科的发展，建设高度专业化的人才队伍。①

三、推动新发展格局下科技金融高质量发展

为构建以国内大循环为主体、国内国际双循环互促的新发展格局，需要依靠高水平科技自立自强。通过优化创新环境，推动社会要素配置实现结构重组和效率改善，这对科技金融的高质量发展提出了更高的要求。

一是商业银行要创新产品和服务。科技创新在不同阶段如“科研—研发—量产—市场”过程中，对融资有不同需求。商业银行由于资产负债管理和商业模式制约，通常过于依赖抵押品，且投贷联动面临一定制约。商业银行的资本市场服务能力有待提升，难以有效满足科技创新企业的融资需求。科技金融高质量发展需推动商业银行摆脱“大资产、大负债”思维，采用精细化资产管理，创新设

---

①　赵晓东 . 科技金融与知识产权协同促进新质生产力发展研究 [J]. 知识产权 ,2024 (5):114–126.

计更多适应创新企业融资需求的产品。尽管科创板等资本市场在一定程度上有门槛限制，但商业银行仍是大部分科创主体的主要融资渠道。商业银行应聚焦国家科技前沿需求，布局创新链、资产链，改革授信评估模型，加强前瞻性技术评估，积极与科研院所和成果转化机构合作，与创投机构、保险和融资担保公司合作，创新准入和担保措施，丰富科技金融产品，为科技创新企业提供全周期授信服务。

二是发展股权投资市场，特别是私募股权投资和风险投资，是科技金融的关键。我国已成为全球仅次于美国的第二大私募股权投资市场。科技创新的实践表明，在初创期和种子期，创新主体通常难以获得传统金融机构以外的私募股权投资（PE）支持。因此，科技金融要尊重市场规律，优化私募股权投资和风险投资市场的“募、投、管、退”渠道，特别是支持早期、小规模、硬科技行业的投资，有效解决创新主体的融资难题。

美国国会众议院特设委员会在 2024 年 2 月 8 日公开呼吁限制美国风投企业对中国半导体和量子计算等领域企业的投资，显示出国际博弈的复杂性。在推动科技创新和支持科技创新企业发展中，私募股权投资和风险投资机构的积极作用至关重要。政府应在募资和退出等方面为这些机构创造良好环境，提升中资私募股权投资机构的国际影响力，引导基金向市场化方向迈进，从投资决策到风险管理，全面提升专业水平，促进金融要素向创新领域聚集。

三是为优化科技金融发展体制机制，中央金融工作会议提出以科技金融为重点。推动科技金融高质量发展，需要在监管层面建设良好机制。首先，促进社会环境的良好发展，科技企业需完善公司治理，提供透明信息支持金融机构的贷前调查。监管层应创新制度，推动建设高水平信用体系，探索科技型企业贷款风险补偿基金，建设数据交易平台，以支持金融机构与科技创新企业的创新融资担保体系。其次，建立科技金融信息共享机制，推动政府部门间的信息跨部门共享，及时为创新企业提供资源支持。最后，创新监管方式，推动科技金融监管向“数据要素 ×”模式转变，建立科技金融监管大模型，丰富监管手段，覆盖监管盲区，提升监管效率和方式。[①]

四、科技金融助力科技创新，铸造新质生产力

（一）创新金融产品和服务，满足科技企业的资金需求

推动科技创新成果的商业化转化，需要创新金融产品和服务。第一，设计灵活的风险投资产品，延长投资周期，降低投资门槛，吸引更多资金进入科技创新领域。第二，推出定制化的科技创新贷款，包括降低贷款利率，延长贷款期限，灵活设置还款方式，简化审批手续，并设立担保补贴，以满足科技企业不同阶段的资金需求，降低研发风险，促进高质量科技创新项目的开展。第三，提供个性化的金融支持服务，例如，初期种子基金、研发贷款等，根据科技企业的特点量身定制，促进新质生产力的形成。

（二）促进科技成果转化，推动科技创新成果向市场转化

科技金融在科技成果转化中扮演着举足轻重的角色，其通过多种方式有力推动了科技成果向市场转化，进而实现了社会价值的最大化。其中，设立科技成果转化基金便是一项至关重要的举措。此类基金为科技企业注入了宝贵的资金，助力企业将技术成果转化为具有强大市场竞争力的产品或服务，从而催生出崭新的生产力形态。在这一过程中，科技金融的力量得以充分展现，为社会的进步与发展注入了源源不断的动力。基金不仅弥补了企业的资金缺口，还降低了转化风险，并与科技金融机构深度合作，提供优惠融资方式，推动科技项目快速商业化。引入股权激励机制，不失为一种有效策略。通过股权激励，科技企业的创新活力得以充分激发，更多杰出人才因此被吸引到创新的队伍里，共同推动科技成果走向市场。此种机制让员工有机会分享创新的硕果，不仅深化了他们的归属感，更点燃了他们创业的热情。在股权激励的助推下，科技成果的商业化之路将更加顺畅，创新的火花也因此绽放得更加绚烂。

---

① 连俊华 . 发展科技金融培育新质生产力 [J]. 中国金融 ,2024(8):36-37.

（三）支持科技企业上市融资，拓展科技创新的融资渠道

借助股权融资等手段，企业得以筹集更充裕的资金，为研发和规模扩张提供强劲支持，从而加快科技创新的节奏，推动企业不断前行。而企业上市，犹如为企业打开了一扇展示自身的窗户，提升了企业的知名度和声誉。这使得更多的投资者将目光投向企业，资金也随之源源不断地注入，为企业提升创新能力和市场竞争力增添了新的活力。为了优化科技企业上市融资的创新能力，可以采取以下措施：一是简化首次公开募股（IPO）报告要求，如减少报告页数限制并缩短审核周期，降低上市成本和难度；二是鼓励领先风险投资机构参与科技企业的IPO，为其提供全方位支持服务；三是设立科技企业投资者教育基金，提升个人投资者科技行业投资能力；四是完善上市后信息披露规范，保障投资者权益，增强投资者信心，促进资本持续投入科技领域。

（四）构建科技金融创新平台，促进科技金融与科技创新的深度融合

构建科技金融服务平台，旨在整合金融与企业资源，为企业提供一站式金融支持。该平台涵盖风险评估、项目孵化和多轮融资等服务，旨在为企业发展保驾护航。此外，推动金融科技创新亦是关键，例如，借助人工智能技术，可建立个性化风险预警模型，为不同规模的企业提供量身定制服务，从而提升金融服务的精准度与效率。进一步地，建设科技金融对接平台，可促进金融机构与企业之间的深度合作，包括人才交流、联合研发等领域，以此加速科技金融与科技创新的深度融合。这一系列的举措，不仅有助于优化金融服务，还能为企业的发展和创新提供强有力的支持。

（五）加强风险防控，降低科技金融风险，保障科技创新的可持续发展

科技金融稳步发展要依靠更为健全和完善的科技金融风险管理体系。构建该体系时要面面俱到，目的是更好地应对可能出现的任何风险，基于此，科技项目风险评估首当其冲，从项目层面先了解风险所在；科技企业风险定位则是将项目与企业结合起来进行分析，判断科技项目是否适合企业去研发和应用。为了更精

准地识别风险和判断契合度，相关技术必须得到应用，如利用大数据技术构建科技项目虚拟模型，并在虚拟市场中进行试用，而后通过试用效果来甄别风险所在。在判断契合度时，财务指标、管理团队素质等是重要分析内容，在做出契合度判断后，还要基于实际情况研究最佳应对和改良策略。更关键的是，对科技企业长期发展能力的评估不可或缺。这一评估不仅要审视企业当前的运营状况，更要展望其未来的发展潜能。例如，通过深入评估科技企业在研发投入、人才储备、产品线布局等方面的表现，可更加准确地判断其持续创新的能力，从而为投资决策提供更加可靠的依据。此外，推动科技保险和担保体系的构建亦很重要。这一体系能为科技项目提供有效的风险分担渠道，进一步增强科技金融的抗风险能力。与此同时，研发基于科技风险的定量产品，如科技债券等，不仅能为科技企业提供更加多样化的融资选择，还能在一定程度上分担投资风险，促进科技金融市场的健康发展。

（六）完善科技金融人才队伍建设，促进科技金融深入发展

一是高校与科技金融机构携手，共同打造科技金融课程，旨在培育一批既懂科技又懂金融的复合型人才。在此过程中，不仅鼓励金融从业人员深入探索科技管理之道，而且倡导科技工作者夯实金融基础知识。这种跨界的融合学习，将有助于打破行业壁垒，培养出能够应对复杂多变市场环境的新型人才，为科技与金融的深度融合注入源源不断的活力。二是设立专门的培养基金，旨在支持高校与企业之间的深度合作，共同培养博士生及后备精英。这一举措不仅为科技创新人才的培育提供了坚实的资金后盾，更强调了应用能力的提升，确保人才既具备深厚的理论知识，又拥有实战经验。同时，推动金融机构与科技企业人员之间的相互学习，促进双方深度交流与合作，使金融与科技的融合更加紧密，共同推动行业的进步与发展。三是组织高层论坛和各级培训，提升人才专业水平。每年举办高层论坛，深化行业交流；开展针对不同层级的培训，重视实战能力和新技术、法规等内容。四是完善人才评价机制，重视实践能力和创新精神，建立科技金融

人才数据库，实现更高效的人才匹配服务。①

五、构建“科技—产业—金融”良性循环的一流生态

（一）构建多层次、专业化的组织架构

商业银行应建立总行级科技金融事业部或专属的科技金融中心，由高层领导亲自挂帅，构建出一个多层次、专业化的组织架构。此举旨在强化组织内的责任担当和领导协调机制，从而为科技金融的蓬勃发展提供有力支撑。在实施层面，应推行独立核算和差异化的激励考核制度，这不仅能有效地调动员工的积极性，还能确保科技金融业务的独特性和灵活性。同时，加强资金、人才、数字技术等关键资源的保障工作，明确内外部风险管理的具体方法，是夯实科技金融发展基础的重要步骤。为进一步贴近市场，科技创新区内应设立科技金融专营机构或更加专业、独立的科技支行。这些机构将专注于为科技企业提供精准、高效的金融服务，真正将金融资源汇聚到科技创新的前沿。在区域布局上，需因地制宜，紧密配合国家的科技创新规划。特别是在高新区、孵化园等科技创新的热点地区，设立科技金融专营支行，将大大提高服务的专业度和效率，从而更好地助力科技创新的腾飞。

（二）围绕客户生态的客群建设模式

1. 围绕政府生态圈，深耕科技企业发展的土壤

在推动科技金融的深度融合中，建立政银合作机制尤为重要。这一机制的核心在于有效整合科技、经信、人才办等政府部门的丰富资源。通过构建多层次的认定评级体系，诸如“专精特新”企业、高新技术企业的评级，我们得以实施更加精准的名单制获客策略。此外，对知识产权质押、政策补贴等支持性服务进行优化，能够进一步实现资金流的闭环管理，确保金融资源的有效配置。政府已然将数字化改革作为重要政策，这对于金融行业来说显然是一种优势，如果金融机

① 胡刚，陆岷峰．科技金融促进新质生产力形成路径研究——基于新目标策略影响分析 [J]. 区域金融研究 ,2024(2):31–38.

构能积极响应该政策，在科技创新和金融服务领域进行深耕，则能为科技企业提供更为多样的金融支持。参与政府或园区管委会设立的风险补偿信贷产品，也是解决科技金融发展难题的有效途径。通过与政策性担保公司的紧密合作，实施“见保即贷”和“见贷即保”的灵活业务模式，实现了风险共担。而政府通过财政存款招投标、贷款贴息等激励措施，不仅激发了银行提供更优质服务的动力，也为科技金融的稳健发展注入了新的活力。

2. 围绕创新人才链生态，联动公小私服务创新

产学研深度融合，为企业、高校和科研机构搭建了一座桥梁，促成了一个长期互动、多方共赢的动态过程。商业银行携手高校与科研院所，围绕大学和科技创新平台，巧妙推出人才联名卡，集人才补贴、优惠政策和金融服务于一体，为持卡人提供私人银行的全面服务，实现一卡通享的便捷体验。在科技成果转化与产业升级的征途上，此举推动了人力资本与股权收入的有效对接，为创新活动的连贯性提供了有力支撑，使得创新能够从 0 到 1，再从 1 到 N 顺畅演进。如此，产学研的链条更加紧密，共同为科技进步和产业发展注入了源源不断的动力。

3. 围绕资金生态圈，探索投贷联动“投行 + 商行”模式

商业银行在完善投资机构的“募投管退”服务过程中，不仅深化了与政府引导基金的合作，更拓展了与专注于细分领域的创投基金的联系。采用“债权股权”双驱动策略，为科技企业提供更全面的金融服务。此外，银行还充分发挥其信息中介的优势，通过精准的客户互荐，与投资机构开展高效的撮合业务，进一步推动了金融市场的活力。其中，创新推出的“认股选择权”等产品，不仅丰富了金融市场的产品线，还为投资者提供了更多元化的选择。

4. 围绕产业生态圈，延伸“链主”企业上下游链式获客

企业端的科技创新市场化和商业化是必然路径，与产业龙头的合作是市场认可的关键。银行围绕高新技术产业链的“链主”企业如华为、宁德时代、海康威视、国家电网等，将其核心信息、订单、履约凭证等作为授信依据，为上游供应商、下游分销商等生态链合作伙伴提供授信，形成闭环结算存款，实现了产业生态圈的全面支持。

（三）“懂技术、挖数据、看未来”的风险评判新审美

为了更好地服务科技企业，银行必须勇于走出自身的舒适区，致力于成为“更懂科技的银行”，这一转变涉及两个关键层面。在外部资源整合方面，银行应着手建立“行业专家库”，通过与各类研究机构、产业大脑和行业协会的紧密合作，深入追踪各个细分领域的技术发展路径，以及国内外科技创新的最新成果。这种合作模式不仅为银行提供了源源不断的信息，还显著增强了其对科技企业的服务能力，确保银行始终站在科技前沿，为企业提供最贴合的金融支持。在内部机制构建上，银行需积极打造全方位的投研体系，形成内外联动的良好机制。总行层面应聚焦于国家战略新兴产业政策、行业发展趋势、市场需求变化和技术路线等宏观层面的深入研究。而分支行则需结合总行的科技金融战略和行业策略，开展更加具体的微观研究，从而形成一个系统化的支撑体系。此外，在客户筛选和尽职调查环节，银行也需要革新观念和方法。传统的“看资产、看利润、看股东背景”的评估模式应逐渐让位于“看人才团队、看产品创新、看行业赛道”的新视角。这种转变不仅更贴合科技企业的特性，也有助于银行更精准地识别和支持那些真正具有创新能力和市场前景的科技企业。

（四）全生命周期多维度场景化的新产品创新

商业银行紧扣“服务科技创新”这一核心理念，紧密跟随中央战略指引，不断加大对科技创新相关领域的融资支持力度。在这一过程中，银行深入洞察科技企业的实际需求，积极推动新技术、新产品和新兴产业的发展，从而助力科技金融的深度融合与创新。针对科技企业不同成长阶段的特点和需求，商业银行的服务策略也呈现出精细化的趋势，可以细分为三个阶段及多个重点服务场景。在初创期（0 到 1 阶段），科技企业正处于团队构建和技术研发的关键时期，产品尚未成熟。此时，信贷的核定主要以“人力资本”为基石，同时融入政府创新积分等多元评价要素。基于此，银行推出了诸如“人才创业支持贷”“创新积分贷”“知

识产权贷”等创新金融产品，或者与政府设立的金融贷款风险池携手，提供“科技担保贷”,以多元化的融资方式支持企业的初步发展。当科技企业迈入成长期(2到10阶段)，产品的成熟与下游订单的获取成为企业发展的重要转折点。在此阶段，商业银行与私募股权投资机构形成紧密的合作关系，共同对企业的技术领先性和产品实用性进行深入评估。通过“贷款+外部直投”或“贷款+认股选择权”的复合融资模式，实现债权和股权的双重资金支持，为企业的快速成长提供坚实的金融后盾。随着科技企业步入成熟期（11到100阶段），企业往往通过扩大土地占有、增产扩建等方式，迅速拓展市场份额。在融资层面，随着企业股权结构的优化和上市规划的逐步实施，商业银行为企业提供股权并购贷款，以支持员工持股计划、私募股权增资或上市公司并购等多元化资本运作。这不仅有助于企业深化产业链合作，还为其长远发展注入了新的活力。①

六、科技金融赋能实体经济和新质生产力发展的应对策略

（一）为不同规模企业提供差异化的金融服务支持

科技金融推动实体经济发展的关键在于为不同规模企业提供个性化的金融服务。小微企业因资金短缺和缺乏抵押物等问题难以获得传统金融支持,需要减税、贷款担保和风险补偿等激励政策降低服务成本和风险。利用大数据和人工智能技术分析小微企业数据,提供精准的信用评估,定制低成本高效率的支付和融资政策。对大中型企业，则鼓励金融科技与传统金融合作，开发供应链金融和资产管理等复杂金融产品，同时提供定制化服务，满足企业多元化需求。这些举措不仅扩大了金融科技覆盖面,提高了服务效率,还促进了金融科技与实体经济的深度融合,推动了经济高质量发展。

（二）实施行业定制化的数字科技金融解决方案

实体经济想要走向壮大，给予其金融支持极为必要，而所提供内容应该基于

① 闵亮.浅议科技金融支持新质生产力发展的新路径[J].全国流通经济,2024(8):145-148.

实体经济不同情况随机应对。定制能为“随机应对”切实发挥效能提供助力。对于小微企业来说，由于规模小、资产少导致其没有足够抵押物来获得贷款，而不参与贷款业务时，小微企业也难以留下信用记录，因此传统金融机构会以此为理由拒绝向小微企业提供资金支持；对于大中型企业来说，由于内在业务多而繁杂，并会不断拓展新业务，所以，这类企业的金融需求便难以准确了解。无论哪类企业，精准定制数字科技金融解决方案都是极为必要的，只有这样才能为科技金融与实体经济更深入融合提供支持。政府和行业协会可合作建设行业数据平台，支持金融科技公司开发符合行业特性的产品和服务。通过减税、贷款担保和风险补偿基金等政策，降低服务成本和风险，同时鼓励跨行业合作，加速创新解决方案的推广，为企业提供精准高效的金融服务。

（三）完善科技金融监管框架

科技金融发展环境不断优化，其发展速度不断加快。对于实体经济来说，科技金融所发挥的正面作用是巨大且深远的，但同时也带来新的风险和挑战，其中数据安全、隐私保护等极具代表性。面对挑战，加强监管极为必要，并且要构建监管框架和体系，指导监管工作保持适度，既要有效防范和规避风险，又要避免过度监管，使创新之举受到抑制。总而言之，科技金融要将技术创新与风险控制达到平衡作为重要目标，需采取以下措施：一是动态调整监管框架以适应行业发展和新风险，推广监管科技（RegTech）提高效率；二是加强国际合作，制定统一标准；三是建立监管沙盒推动创新；四是提供灵活监管框架以满足不同行业需求；五是强化消费者保护，确保金融科技安全可靠。这些举措将促进金融科技与实体经济融合发展，推动经济高质量增长。

（四）加强科技金融知识普及和人才培养

科技金融迅速发展，对专业人才需求增加，要求从业者掌握金融知识、计算机科学和数据分析等技能。企业和公众对科技金融了解不足，限制了科技金融的广泛应用和发展。提升公众对科技金融的认知程度，加强教育培训至关重要。措施包括：一是高校开设科技金融课程，培养综合人才；二是通过讲座、线上课程普及科技金融知识；三是金融机构和科技企业通过员工培训提升员工专业能力；四是建立合作平台促进科技金融研究和人才培养；五是加强国际交流合作，引入先进经验。这些措施将支持金融科技发展，推动经济健康增长。

（五）优化科技金融发展的政策环境

科技金融具有诸多优势，如服务效率更高、成本更低等，正因如此，小微企业、初创企业等可以将科技金融作为获取发展和起步资金的重要渠道，同时科技金融价值也在这些企业身上得到充分展现。想要延续和保持其优势和价值，营造支持性政策环境极为必要，比如政府可设立科技金融创新基金，在初创企业成长中充当合格的“中间”角色，使得该类型企业无论在创新还是应对风险方面都更为“得心应手”，而不是“捉襟见肘”。除了设立科技金融创新基金，政府还能在税收政策上进行调整，如给予小微和初创企业相应税收优惠，使其负担减轻，能将更多资金运用到创新领域。政府和企业之间也要形成合作关系，共同为科技金融向更完善、更优质方向发展注入力量。

（六）构建科技金融支持实体经济发展的长效体制机制

科技金融提升服务效率、降低成本、创新金融产品与服务，成为支持实体经济发展的重要力量。随着科技进步，科技金融将深化实体经济数字化转型，与传统金融更加紧密结合，构建开放、创新、安全的科技金融生态系统至关重要。措施包括：一是制订长期发展规划，构建实体经济深度融合和监管框架；二是鼓励技术创新与应用，设立创新基金、提供税收优惠；三是加强跨行业数据共享与治理，确保安全和隐私保护；四是促进科技金融企业区域协调发展，制定差异化支持政策；五是增强企业社会责任，解决社会问题；六是建立科技金融风险防控体系，保障系统安全稳定。[①]

① 陆岷峰. 科技金融赋能实体经济和新质生产力发展：经典理论、理论框架与应对策略 [J]. 改革与战略 ,2024(7):1–13.

第五章　数字金融推动新质生产力高质量发展

第一节　数字金融对新质生产力提升的作用机制

一、数字金融成为金融新质生产力核心的逻辑基础

数字金融，这一由互联网和信息通信技术共同孕育的新兴领域，正以其独特的魅力重塑金融行业的格局。从移动支付到在线银行，从数字货币到区块链技术，其涵盖了众多金融活动的现代化形态，成为塑造金融新质生产力的中坚力量。数字金融之所以引人注目，源于其通过技术手段实现的金融服务数字化转型。这一转型不仅提升了金融服务的可接入性，还在便捷性和效率上迈出了重要步伐。其技术创新带来的优势，可从三个维度进行深入剖析。在效率方面，数字金融借助自动化和智能化技术的强大助推，显著提高了服务处理速度和交易效率。曾经需要数日才能完成的流程，如今在几分钟内便可完成，效率的提升幅度超过了50%。这一改变，无疑为金融行业注入了前所未有的活力。在成本方面，数字金融减少对物理空间和人力资源的过度依赖，从而实现了平均成本的显著降低，降幅高达30%。这一变革使得消费者能够以更加低廉的价格，享受到高品质的金融服务，进一步推动了金融服务的普及化和大众化。此外，金融服务的包容性也

在不断增强，而数字技术是重要推力，由此形成的数字金融已然成为潜力巨大的金融模式。数字金融不会受到地理空间限制，即使是偏远山区的用户也能接触和应用，并且他们所获得的金融服务品质不会打折扣。这为数字金融达到更高覆盖率奠定了基础，如果能进一步优化服务流程和降低服务门槛，覆盖率将会继续提升。

二、金融新质生产力是推动金融业高质量发展的关键动力和新航标

新质生产力融入金融领域后演化出金融新质生产力，而其必然成为金融业质量更高、品质更强的核心推力。在金融新质生产力的"号召"下，数字化与智能化成为金融行业发展目标，立足于这两个目标，金融产品和服务需要重新审视和塑造，如何更高效、更安全、更便捷是努力方向。金融业如果切实做到，必然迎来质的提升，当进入市场后，无论是业务深度还是广度都焕然一新。以投资领域为例，借助人工智能和大数据分析的力量，数字化转型正在重塑投资决策的流程。这种转型不仅使得个性化服务的质量大幅跃升，更在风险控制方面展现出显著成效。数据显示，通过精准的数据分析，信贷风险有效降低，不良贷款率平均下降了 5%，而个性化服务的准确率更是提高了超过 50%。金融新质生产力的重要性不再局限于金融领域，更是全社会发展的关键动力。其深远影响渗透到社会的各个角落，改变着生产力水平和发展模式。作为引领金融变革的先锋，金融新质生产力的提升对于经济结构的优化升级和高质量发展具有不可替代的作用。在金融新质生产力的推动下，经济发展呈现出更加广泛和包容的态势。在全球范围内，已有超过 1.7 亿家的中小企业通过数字金融服务获得了宝贵的融资机会，这无疑为经济注入了新的活力和创新能力。①

① 张壹帆，陆岷峰．数字金融对金融新质生产力提升的作用机制研究 [J]. 河南社会科学，2024,32(5):74–84.

第二节 数字金融推动加快新质生产力发展的价值与逻辑

一、数字金融推动加快新质生产力发展的价值

（一）数字金融推动加快新质生产力发展，有助于实现社会主义现代化

随着科技的日新月异，数字金融悄然崭露头角，不仅为金融行业带来翻天覆地的变化，更在无声中引领社会经济结构的重塑。数字金融工具的广泛应用，宛如一股清泉，流淌在社会的每一个角落，使金融服务得以普惠化、高效化、便捷化，让更优质的金融服务进入寻常百姓家。数字金融之力，更在于其推动了创新型产业的蓬勃发展。其为社会主义现代化建设注入了新的生机与活力，犹如一阵春风，唤醒了沉睡的创新种子。在数字金融的沃土中，新一代信息技术如人工智能、大数据、区块链等如雨后春笋般崭露头角，广泛应用于各行各业。这些技术的融入，使企业能够更精准地把握市场需求，生产效率得以大幅提升，资源配置也更加合理。数字金融的推动，犹如一只无形的大手，加速了新质生产力的形成；犹如催化剂，促进了创新与创业的繁荣发展，从而推动经济的持续增长。在数字金融的助力下，我国正迈着坚实的步伐，加快实现社会主义现代化的宏伟目标。

（二）数字金融推动新质生产力形成，助力发展普惠金融

数字金融技术的迅猛进步，正有力推动新质生产力的形成，为我国普惠金融的发展提供了坚实支撑。信息技术的持续创新，已深度渗透到社会各领域，为金融服务的质量和普及性带来了前所未有的提升机遇。首先，数字金融通过手机银行、互联网支付和区块链技术，实现金融服务全面覆盖，特别是传统服务难以到达的地区和群体。其次，利用大数据和人工智能等技术，数字金融提升了服务效率和个性化水平，降低了运营成本。最后，数字金融通过创新产品如小额贷款或

微型保险，支持更多低收入群体和中小微企业享受金融服务，推动其融入经济发展。

（三）数字金融为我国拓展国际市场提供新的机遇

在全球一体化时代，跨境交易成为常态，但由于多种因素影响，跨境交易效率往往不尽如人意，不仅周期较长，还需消耗更多成本。数字金融改变了这一局面，比如区块链技术应用到电子支付系统后，跨境交易周期大幅缩短，相关成本也显著降低。我国企业从中获益匪浅，不仅可更为便捷地享受高质量金融服务，还能让其更顺利地进入国际市场，具备更强竞争力。数字金融的服务空间十分广阔，服务渠道也是多种多样，除了本国企业能从中获益，外国投资者同样能进行应用。此外，数字金融在信用评估和风险管理方面也不断优化，助力其更好地防范风险，让交易各方更为放心地引入和使用。

二、数字金融推动加快新质生产力发展的逻辑

（一）理论逻辑

1. 数字金融使劳动者素质得到进一步提升

数字金融的兴起，为广大劳动者带来了前所未有的便利。移动支付、互联网银行等数字金融工具，如同劳动者的贴身财务助手，帮助他们轻松管理资金，灵活进行投资。这些工具不仅提高了资金管理的效率，更在无形中提升了劳动者的财务素养和金融管理能力。此外，数字金融平台还提供广泛的金融教育资源，劳动者可轻松获取投资和理财知识，提高财务规划能力。从业者需跟紧技术更新，培养创新思维，以适应市场需求变化，推动个人职业发展。数字金融的发展还催生新的职业机会，如数据分析师、区块链工程师等，提升劳动者在新兴产业中的竞争力。

2. 数字金融使劳动资料得到进一步优化配置

在数字金融的浪潮中，企业得以依托数字金融平台更高效、更精准地获取资金，然后按照自身投资规划配置资金，整个过程可在短时间内完成。企业通过数字金融进行融资时，申请信贷是常规方式，而除此之外，众筹等方式也能得到应

用。无论是新兴产业还是传统产业，在数字金融平台上都能“一视同仁”，所获得的融资支持没有差别。值得一提的是，数字金融借助大数据和人工智能技术，能够深度分析企业的生产、供应链和库存情况，帮助企业实现智能化管理。这不仅提高了生产效率，还加强了成本控制，为企业的长远发展奠定了坚实基础。此外，数字金融还能作用于供应链金融，使得供应链管理达到更高效率，比如供应链中的上下游企业能依托数字金融平台拉近合作距离，基于供应情况采取应对举措，使得各生产要素流动和协调效果更为理想。

3. 数字金融促进更加精准和高效地使用劳动对象

数字金融巧妙应用先进的信息技术，对金融交易中的资金、资产和资源进行精细化管理。借助大数据分析的强大功能，金融机构能够深入洞察市场动态，精准捕捉投资机会。例如，通过算法模型对交易数据进行深入分析，可以预测出具有高回报潜力的金融产品，并对相关风险进行科学评估。数字金融实现个性化配置和动态优化劳动对象，智能系统则根据需求和市场变化调整资产策略，提升资金效率，减少错误和时间延误。技术手段如区块链和智能合约可提高交易的透明度和安全性，加速资金流转，确保资产利用高效。数字金融科技赋能精准选择和高效利用劳动对象，优化金融资源配置，促进新质生产力发展。

（二）实践逻辑

1. 数字金融推动技术革命性突破，加快形成新质生产力

数字技术在不断研发中变得更为先进，当应用到数字金融后，数字金融服务不仅更为精准和高效，市场上的个性化需求更可在该平台获得满足。对于整个金融行业来说，数字金融犹如“催化剂”，可促进运行效率提高，而运营成本则维持在较低区间。当下，数字金融仍旧火热发展，不断涌现出新产品和新服务。科技企业从中获取更有力的资金支持，科技研发、科技成果转化等受资金影响显著降低。此外，数字金融还能助力资金配置，尤其是当新产业、新业态涌现后，数字金融平台分析和研究会走在前面，加之效率更高，能基于分析和研究结果迅速开发对应的金融产品和服务。值得一提的是，数字金融还能成为“桥梁”，将金

融机构、科技公司、实体产业融合，促成了跨界合作，加速了科技创新与知识的广泛传播，从而形成了新的生产力格局。

2. 数字金融促进生产要素创新性配置，加速发展新质生产力

数字化手段依托数字技术优势在金融领域大放异彩，比如利用数字化手段配置金融资源时，能实现更精准和高效的目标，具体到现实世界，各类产业可更快获取金融支持，但并不是获取之后便万事大吉，数字平台还会进一步发挥风险管理效能，帮助相关企业有效规避风险，使得资金活力持续下去。比如相关企业引入某个创新项目后，可在数字金融平台上进行评估，进而掌握其潜在风险并对预期收益有所了解。此外，数字金融还能提供定制化服务。对小企业和刚刚起步的企业来说，缺乏发展经验是必然的，此时依托数字金融获取符合本企业情况的金融服务能为这类企业渡过难关提供助力。正因如此，数字金融能够为实体经济提供更加精准的金融服务，推动整个经济体系的持续健康发展。

3. 数字金融助力产业深度转型升级，加强完善新质生产力

利用数字前沿技术，数字金融展现出强大的实力，能够精准评估企业信用，进而降低融资成本，并显著提高资金配置效率。这一变革为实体经济注入了新的活力，推动了产业的持续发展。通过提供定制化的金融产品和服务，数字金融满足了不同产业和企业的多样化需求。例如，为创新型企业提供风险投资支持，助力企业快速成长；同时，也支持传统产业进行技术升级，提升其市场竞争力。值得一提的是，数字金融还在构建开放、共享的金融生态方面发挥了关键作用。这一生态促进了产业链上下游的协同发展，为企业提供了全面的金融服务，进一步优化了企业运营流程，推动了整个经济体系的繁荣与发展。[①]

三、数字金融推动新质生产力形成的长效机制

算力、人工智能（AI）大模型、数据要素、机器人等前沿科技已取得重大成果，这些新质生产力的雏形离不开金融投入与数字金融的支持。未来，数字金

① 李东民，张旭．数字金融推动加快新质生产力发展探析 [J]. 征信，2024(6):67–74.

融的推动将使我国新质生产力在科技自主创新方面占据国际领先地位，为实现中国式现代化贡献力量。目前，我国新质生产力仍处于初级阶段，其发展中面临的机制问题尤为突出，因此，建立政府引导、市场运作、企业深度参与的机制势在必行。

（一）政府的政策引导与基础设施建设

在推进数字金融加快形成新质生产力的过程中，政府通过制定促进科技创新制度、建立健全法律法规体系，打造持续有效的激励政策，为促使新质生产力加快形成提供政策支持。

建立健全制度保障和法律法规体系对于新质生产力的快速发展至关重要。新质生产力在战略性新兴产业和科技领域的发展初期，可能面临市场认可不足和高开发成本等挑战。政府可通过产业政策的实施，为科技产业和新兴产业拓展市场提供支持。同时，制定针对新质生产力发展的专门产业政策，重点支持这些产业的发展，发挥政策的引领作用。通过健全的法律体系和政策引导，政府能够为新质生产力的快速发展提供有力支持。

优化新型基础设施至关重要。加速建设 5G 网络、智能交通系统、智能能源网络和新能源汽车充电桩等关键设施，推动各产业融合发展，培育新业态、新模式，满足人们日益增长的现代化生活需求。以绿色低碳和数字技术为核心，提升城市智能化水平，促进可持续发展和公共服务水平；同时，借助数字金融促进产业间协作共赢，为新质生产力的发展提供可靠的基础设施支持。

（二）市场力量运作

数字金融促进了新质生产力发展的市场机制，引导资源和资金向新兴产业领域投入，为其快速繁荣创造良好的金融环境。中国作为数字经济发展迅速的国家，利用市场力量加速新质生产力的形成是必然选择。数字金融的进步使得跨地区和跨行业资源协同更加便捷，提升了资金使用效率，促进了新质生产力的推广。通过大数据技术提升市场透明度，减少不良行为发生概率；通过投资、担保和保险等服务，支持企业扩展规模，推动新技术和新产品的发展。

（三）企业深度参与

政府的政策引导和市场力量构成了数字金融推动新质生产力快速发展的外部保障。然而，企业积极参与是推动新质生产力持续健康发展的关键。企业应抓住新质生产力和新兴产业的发展机遇，主动进行转型升级，适应数字化经济的市场需求变化。数字金融在数据采集、处理和分析方面具有优势，不仅能更好地满足企业客户需求，提供个性化服务，还催生了新的金融业态和服务模式，为新质生产力的发展注入活力。企业应利用数字转型机会，加速布局数字化，深化供给侧结构性改革，推动新兴产业发展壮大，与数字技术深度融合，促进创新升级，实现新质生产力的迅速发展。①

第三节　数字金融推动新质生产力高质量发展的现实困境

一、数字金融发展的难点和堵点

数字金融发展快速，但仍然面临多个难题。一方面，金融机构在数字化转型中面临转型不平衡的挑战，对此，可通过科技赋能、构建产用对接平台等途径，助推中小金融机构顺利实现数字化转型。而数字金融素养的不足，特别是在老年和青少年群体中尤为突出，因此需要推进创新的数字化工具和监测评估机制，以提升这两类群体的金融素养。另一方面，数据融合应用与数据保护的平衡问题亟待解决，这要求我们加强数据能力建设，并应用隐私计算技术等手段确保数据安全。此外，面对金融黑灰产业的规模化、组织化趋势，政府、产业和学术界须联手应对，共同维护数字金融的健康生态。②

① 周景彤 . 新质生产力发展与金融场景建设双向赋能 [J]. 图书与情报 ,2024(2):15–17.

② 和平 . 数字金融赋能实体经济 [N]. 中国银行保险报 ,2024–05–30(005).

二、数字金融发展的问题与挑战

（一）数据挑战

数据是数字金融发展的关键要素，如何在确保安全的同时最大化效益是核心问题。数据具有非竞争性和部分排他性，表现为边际成本几乎为零，但部分数据由少数平台控制，排斥竞争对手。数据的非竞争性使得普及应用可能增加隐私风险，而数据泄露可能由于缺乏隐私保护和技术成熟度不足。数据的部分排他性也使得产权确权、定价和收益分配成为挑战。

（二）技术挑战

技术发展是一个不断试错的过程，从人工智能到各细分领域，技术仍有不成熟之处。例如，以大模型为代表的新一代人工智能技术，尽管加速了金融智能化的发展，但其在金融场景中仍面临诸多安全和隐私风险。合规是首要任务，必须遵守数据安全法律和规定，尊重用户隐私权益。同时，大模型技术全面应用仍需克服数据和算力等挑战，需要专业人员和资金支持。金融机构在数字化转型初期面临重大投入，如硬件设施、系统开发和科技人员，以及较高的固定成本，但成功转型后可显著提高生产效率，降低边际成本。

（三）监管挑战

2023 年，金融监管机构改革开启，系统性重塑中，特别加强和完善了金融科技的监管和规范发展。中国人民银行保留了科技司，证监会保留了科技监管局，国家金融监督管理总局设立了新的科技监管司，主要负责拟订信息科技发展规划和信息科技风险监管制度，推动网络安全、数据安全和关键信息基础设施的监管工作。数字金融的快速发展带来了新的风险，监管手段相对滞后。传统监管模式难以有效应对数字金融的新特点和风险，例如，大模型技术在金融投资研究中的应用需要更全面的数据支持和相关风险管理。同时，如何统筹数字金融的发展与安全也是一大挑战，需要加强数据安全防护和数字化产品风险防控，完善风险管理体系。

（四）制度挑战

数据在数字金融发展中至关重要，但仍面临信息孤岛、数据壁垒和制度不完善等挑战。首先，数据垄断导致信息孤岛问题，某些技术强势机构的数据质量和创新能力相互促进，但也加剧了数字鸿沟，限制了数据效能的最大化。其次，金融机构内部存在数据壁垒，不同供应商提供的系统独立运行，数据不共享导致部门间协作受阻，影响金融创新和服务质量。最后，尚未建立完善的数据流通机制和相关法律体系，数据产权、共享和利益分配等问题亟待解决，当前的法律和标准规范仍需进一步完善。①

三、数字金融发展出现的不良现象

（一）利用数字金融技术进行欺诈的现象频发

数字金融欺诈主要通过 P2P 网络借贷、网络众筹、供应链金融等平台，以承诺高回报吸引投资者资金，造成严重风险。例如，《叶问 3》票房造假案件中，快鹿集团通过苏宁众筹平台众筹基金，但因票房未达预期而引发兑付危机。可见，应加强数字金融反欺诈监管，保护投资者权益。

（二）监管漏洞大套利现象严重

部分数字金融企业利用监管法律漏洞和监管主体缺失进行金融欺诈。以 P2P 借贷为例，监管对其处于摸索阶段，未能与互联网发展同步，导致无证经营和大量欺诈现象频出，对投资者造成严重影响。另有企业通过创新产品和模式，故意突破持牌限制，如蚂蚁花呗、京东白条等，推广虚拟信用卡服务，绕开信用卡监管，引发监管难题。部分企业凭借互联网技术成功打破了地域限制，将其服务范围扩展至全国，展现了企业的创新与拓展能力。然而，这也给监管机构带来了新的挑战。尽管监管机构尝试通过资本约束来限制企业的资产负债扩张，以维护市场的稳定与公平，但仍有企业通过复杂的操作手法变相突破这些限制，这无疑增加了市场的风险隐患。

① 张伟 . 数字金融的演进、现状与发展建议 [J]. 吉林金融研究 ,2024(1):1–9,22.

（三）数据垄断

企业通过掌控先进技术和庞大数据资源，在市场上取得了支配性地位。这种地位使企业能够深入洞察消费者的交易需求和支付意愿，进而实施差异化定价策略。这种策略旨在实现利润最大化，却往往在无形中削减了消费者的实际利益。例如，某些互联网企业会利用大数据分析，对常客提高价格，形成所谓的“大数据杀熟”现象。还有企业会密切关注竞争对手的定价信息，据此制定更具竞争力的商品和服务价格。更有甚者，通过操控搜索排名和信息阻断来遏制竞争。这些行为虽然可以在短期内为企业带来可观收益，但长远来看，却可能损害市场的公平竞争和消费者的实际利益。

（四）数据滥用

数据滥用，即在未经许可或以令人不悦的方式使用个人信息，已成为当今社会一个不可忽视的问题。尽管法律条文、行业标准、公司规章制度和用户协议等都对数据的使用做出了详尽的规定，但在实际操作中，由于平台与用户之间的权力不平衡，加之用户对个人隐私保护的意识尚显薄弱，这一问题依然屡禁不止。特别是在数字金融领域，一些企业为了追求商业利益，过度地收集并滥用客户的私人信息。他们甚至在未经消费者同意的情况下，就将这些信息在多个平台、支付机构和投资方之间随意传递，这种行为严重侵犯了消费者的信息安全权。①

第四节　数字金融推动新质生产力高质量发展的对策建议

一、产教研一体化发展为数字金融赋能

（一）深化金融科技创新监管试点，增强数字金融服务新质生产力发展的能力

① 韩梅．数字金融发展的现状分析 [J]. 经济研究导刊 ,2022(11):113–115.

发展新质生产力是高质量发展的内在要求和关键着力点。优化金融资源配置，提升全要素生产率，是数字金融服务实体经济的重要路径之一。截至2023年底，中国人民银行开展的金融科技创新监管试点已覆盖15个省级行政区，多个服务重大战略和薄弱环节的数字金融项目已落地，有效优化了区域金融资源配置。然而，服务新质生产力的发展对金融监管和高质量发展提出了新要求。为进一步发挥数字金融的资源配置效应，需要深化金融科技创新监管试点，坚定走中国特色金融发展之路。根据经济发展新需求，以服务实体经济新质生产力为重点，创新审慎的监管工具，在风险可控、依法合规的前提下，逐步扩大试点范围，加强重点行业布局和投资引导，推出更多项目，提升数字金融服务实体经济的效能。鼓励金融机构根据各地产业特点，利用数字技术赋能金融场景，开发适合实体经济新兴产业、未来产业培育和传统产业升级的产品与服务。优化民营和制造业企业的金融服务，加强对科技创新、绿色低碳等重点领域的资金支持。支持持牌金融机构与数字科技企业合作，提供创新金融应用场景，鼓励具有实质创新性的数字科技企业参与试点，为解决金融机构在服务实体经济中遇到的难题提供科技产品和数字化解决方案，提升服务能力，推动高质量发展。

应用数字金融服务实体经济发展新质生产力，必须从实际出发，统筹发展和安全，健全监管与治理体系。中央金融工作会议要求全面加强金融监管，完善金融体制，优化金融服务，防范化解风险，提高监管有效性。因此，在深化金融科技创新监管试点时，应平衡创新与风险防范，完善中国版“监管沙盒”模式。首先，健全数字金融监管的顶层设计，构建中国人民银行与地方金融管理部门密切配合的监管体制，完善政策法规和实施细则，提升试点项目的质量和科学性，优先选择能促进新质生产力发展的实质创新项目。其次，优化“监管沙盒”内部测试流程，进行标准化准入测试，合规项目需设计详细测试和风险预案，并确保金融消费者知情且同意。最后，通过监管部门评估通过的项目，可以常态化服务市场，推广数字金融创新产品服务实体经济发展新质生产力。加强监管科技应用，前瞻性识别、评估、预警和防范数字金融风险，提升监管的专业性和有效性。完善中央与地方金融监管部门的沟通对接机制，根据市场变化及时指导试点机构，确保数字金融守正创新，服务实体经济发展新质生产力。

（二）培育和引进数字金融生态圈企业，扩大数字普惠金融服务覆盖面

数字金融生态圈企业的培育和引进，对于发挥数字金融的普惠金融效应、服务实体经济发展新质生产力至关重要。需完善支持政策体系，明确企业认定标准，引导规范发展和协同创新。加强顶层设计，优化产业布局，特别是通过国有大型金融机构示范引领，扩展数字普惠金融服务覆盖面，支持金融科技创新和数字化转型，推动数字金融服务高质量发展，助力实体经济升级和产业链优化。

（三）加强前沿数字技术协同攻关和应用，构建匹配新质生产力的“金融元宇宙”

人工智能、区块链、大数据等数字技术不仅是数字金融创新的基础，还为构建与新质生产力匹配的“金融元宇宙”提供了数字基础。金融机构、科技企业、高校和科研机构应加强协同攻关，集成生成式人工智能、区块链“闪电网络”、大数据多维引擎和增强分析等前沿技术，突破底层技术障碍，创新金融产品和服务，探索建设数字融合的“金融元宇宙”。这一过程通过技术革新、生产要素创新和产业升级，促进新质生产力的涌现，全面助力实体经济的高质量发展。

首先，金融机构与科技企业合作，利用“元宇宙”的数字孪生和虚实共生优势，实时创建实体企业的“数字分身”，将所有实体经济和金融数据实时可信上链，为新质生产力的发展奠定技术和数据基础。其次，利用“元宇宙”的边云协同和多维实时处理功能，将“场景金融”升级为“场域金融”，发挥数据要素乘数效应，提供满足多样化和个性化需求的实时数字金融产品与服务。再次，在风险管理中，利用“元宇宙”的虚实融合功能，提前感知、模拟和推演现实世界可能发生的金融风险，进行多维度风险仿真和压力测试，制定有效的风险预警和防控方案，提高风险防控的前瞻性。最后，“元宇宙”提供虚实共生和沉浸体验的新空间，使数字金融服务具备更真实的“具身性”，持续创新金融服务模式和应用，为实体经济提供个性化、高智能、

贴心的金融服务，实现数字金融创新与实体经济新质生产力间的良性互动。

（四）加快培养数字金融复合型创新人才，为服务新质生产力发展提供人才保障

人才是新质生产力发展不可或缺的要素，数字金融服务实体经济更是依赖高素质劳动者的支持。特别是在加快复合型创新人才培养方面，建立多方协同、相对完整的数字金融人才培养体系尤为重要。

首先，高质量高等教育是培养复合型创新人才的核心路径。高校应根据科技发展趋势和新质生产力需求，优化学科设置，推动学科交叉融合，开设数字金融、金融科技等专业，并更新创新人才培养方案。同时，加强校企合作，共同设计跨学科课程，培养急需的数字金融复合型创新人才。

其次，金融机构和科技企业应充分发挥主体作用，通过跨部门交流和轮岗培训，积极培养和有效利用金融科技复合型创新人才。建立内部评价和激励机制，强化劳动和知识资本的激励，体现人才的市场价值。同时，联合行业协会、高校和科研机构，共同打造数字金融创新人才联盟，共享人才资源，通过数字化平台促进人才的流动和合理配置，为服务实体经济发展新质生产力提供持续支持。

最后，政府部门应创造良好的政策环境，支持复合型创新人才的培养和引进。制定特别支持政策，鼓励引进和培养数字金融复合型创新人才，并设立激励措施。组织专项培训和评选活动，提升人才的创新能力和专业水平，加速培养数字金融复合型创新人才，促进数字金融创新服务实体经济发展新质生产力。①

二、促进数字金融的创新和转型

新质生产力对于数字金融来说是动力也是机遇，反过来看，数字金融也能为新质生产力的发展提供支持，比如数字金融所输出的服务和产品具有精准特征，能更好满足新质生产力需求。在发展新质生产力视角下，如何推动数字金融更好发展和高质量转型成为重中之重。

---

① 周雷，龚一泓，吴登城．数字金融服务实体经济发展新质生产力：路径、挑战与对策 [J]. 财会月刊，2024,45(13):122–128.

（一）打造数字金融全过程服务机制，破解新质生产力的技术瓶颈

新质生产力的“新”大有深意，创新性是显性表现，除此之外，新的复杂局面、新的不确定等也会如影随形。正因为如此，发展新质生产力既要延续创新优势，也要应对风险和挑战。在这一背景下，数字金融也应该进行强有力的创新，同时，不断审视技术瓶颈而后进行破解，两个方面的实现都离不开机制支持，而该机制应该面面俱到，如技术研发、成果转化、资金供应、信息传达等都要纳入其中。通过明确核心目标、加强合作与协同、优化政策支持，并结合新质生产力的特点，数字金融全过程服务机制能够有效促进技术创新，支持新质生产力发展。

（二）构建数字金融生态链整合机制，推动新质生产力的协同发展

在新质生产力发展过程中，产业间的协同合作至关重要。为实现协同效应，需构建数字金融生态链整合机制，紧密连接不同产业和领域的企业、机构和投资者等，形成高效的生态系统。具体措施包括：一是搭建数字金融生态系统，优化金融资源配置，利用大数据、云计算、区块链等技术整合关键要素，支持企业融资和技术创新；二是推动金融科技协同创新，为产业链提供系统金融解决方案，加速产业升级和转型；三是加强数字金融创新主体的合作与协同，与高校、科研机构、企业建立长期合作关系，推进技术创新和资源共享。这些措施不仅促进了金融与产业的深度融合，还为新质生产力的发展提供了有力支持。

（三）完善数字金融融资增信机制，优化新质生产力的市场环境

数字金融虽然以虚拟数字平台为媒介，可信用机制依然不能缺失分毫。而在构建增信机制时，信用评估是重要环节。在传统融资渠道中，信用评估需花费更多时间，成本投入也会提升，而在数字金融领域，信用评估依托大数据、人工智能等技术能更快获得结果。此外，数字金融融资增信机制还能助力市场信息向更透明化发展，提高了市场的效率和公平性，降低了信息不对称，为新质生产力的发展提供了重要支持。

（四）创新数字金融普惠服务机制，激发新质生产力的主体活力

在数字化的推动下，普惠金融服务日益重要，推动经济发展。数字金融通过创新普惠服务机制，激发市场活力，释放创新潜能，促进新质生产力发展。具体措施包括：一是建立覆盖更广市场主体的数字金融服务体系，利用大数据、云计算等技术，打破地域限制，提供便捷的线上线下服务，尤其在农村和偏远地区设立金融服务站、推广移动支付；二是创新金融产品，满足多样化需求，为不同企业提供定制化解决方案，并优化服务流程降低成本；三是加强数字金融服务与市场需求对接，与政府、企业合作制定支持政策，建立反馈机制优化服务。[①]

三、完善数字金融服务保障体系

（一）加快完善数字金融基础设施建设，积极推动数据资源的有序开放共享

数字金融的发展要依靠数字技术，而数字技术是个宏观概念，想要使其切实发挥作用，需要从完善数据体系基础设施方面入手。数据体系基础设施越完善，数字金融越能稳定运行，相关功能才越能有效发挥。具体来说，基础实施包括多种内容，除了传统硬件设施和软件系统，其他方面如技术标准、法律法规、安全防护等也不可或缺，只有优化建设，才能保障数字金融系统更安全和稳定地运行。想要实现优化建设目标，单靠政府的力量是不够的，相关行业组织、金融机构、科研机构等也要贡献力量，甚至用户也要出一份力。

首先，加强数字金融的技术设施建设，重点发展云计算、大数据、人工智能和区块链等技术，建设高效、稳定、安全的金融云平台，支持海量数据处理和复杂金融模型运算，确保交易安全和隐私保护。其次，建立完善的数字金融法规政策与标准体系，更新相关法律法规，明确数字金融的法律地位和监管框架，推动行业内的数据交换和互联互通。再次，重视数据资源的开发利用，推进政府数据开放共享，建立全面、互通的政务数据开放标准体系，支持数据资源多元化利

① 谭志雄，王伟，穆思颖．数字金融赋能新质生产力发展：理论逻辑与实现路径 [J]．电子科技大学学报（社科版），2024(7):1–9.

用。最后，构建强大的数字金融安全防护体系，提升系统安全防护能力，加强数据安全管理和个人信息保护，建立全天候网络安全监测预警机制，确保金融市场稳定运行。

（二）为各种规模的企业量身定制差异化金融支持力度，实施多元化金融服务策略

为了最大化数字金融在经济社会发展中的核心作用，尤其是在支持中小微企业成长壮大的过程中，金融机构和政策制定者需要深入理解不同规模企业的需求特点，提供有针对性的数字金融服务。差异化服务的关键在于精准满足企业的实际需求，不仅要支持急需资金的企业，还要为发展中企业提供增值服务，通过合理配置金融资源，激发企业活力，促进实体经济的繁荣。金融机构需要不断提升创新能力和服务水平，构建更灵活、更包容的现代金融体系，更好地支持企业发展需求。

首先，金融机构为大型企业提供多样化的高端金融服务，包括大规模项目融资、并购重组、跨境贸易结算和风险管理。通过定制产品设计和综合金融服务方案，优化企业资本结构、提升财务管理效率，拓展国际业务，实现全球化布局。数字金融技术在企业资产管理方面的应用，借助大数据和人工智能，开发智能化工具，实时监控资产质量、优化资产配置，提升资产运营效益和资金使用效率。此外，个性化的金融服务平台为企业提供灵活、定制化的服务方案，涵盖融资、理财、保险和跨境支付、汇率风险管理等深层次的金融服务，持续优化服务体验，精准匹配企业多元化需求，助力企业在竞争激烈的市场中保持竞争优势。

其次，数字金融可以长期支持中型企业实现产业升级，增强核心竞争力。金融机构不仅提供日常信贷支持，还在企业转型升级、技术研发和市场拓展等关键时刻，展现出敏锐洞察力和有力支持。面对资金压力和风险，金融机构需了解并响应企业特定发展阶段的资金需求。通过发行企业债券筹集资金，支持设备更新、生产线改造和新商业模式实施。提供股权融资服务，吸引战略投资者，优化资本结构，增强市场抵御能力。积极参与产业基金，支持科技创新和研发投入，推动

技术成果产业化。定制化金融产品，如贸易融资、保理、融资租赁等，缓解市场拓展中的流动性压力，支持企业成功完成转型升级，增强竞争力，实现可持续发展。

再次，针对小微企业，金融机构应创新金融产品和服务，利用金融科技手段。通过大数据和人工智能算法，快速收集和分析企业的运营数据、财务状况、市场表现等多维度数据，建立精细化、动态化的信用评估模型。该模型精准评估企业信用等级，帮助金融机构降低不良贷款风险，并根据企业不同的信用特征和发展阶段，提供定制的金融解决方案，如灵活的信贷额度、优惠利率、周期适配的产品设计等。这些举措有助于创造更个性化、更贴近实际需求的金融产品与服务，全面提升数字金融服务的适用性和有效性，支持小微企业的健康成长。

最后，针对初创企业和高新技术企业，金融机构不仅提供早期融资支持如种子基金和天使投资，还设立创业投资基金，注入资本助力项目的研发和初步市场化运作。采用投贷联动的模式，结合债权与股权投资，既满足企业的资金需求，又分享企业未来成长收益，降低投资风险，提升回报可能性。通过股权投资，深度参与企业运营管理与市场拓展，提供资金支持和行业经验，帮助企业克服初创阶段的挑战，推动技术成果的市场化和规模化发展，助力企业在竞争中稳步前行。

（三）推进“新质生产力＋数字金融”在更大空间范围的互动融合和更宽领域的深化制度创新

数字化浪潮已然不可阻挡，全球信息化亦是如此，而对于新质生产力，顺势而为成为不可扭转的发展趋势。首先，我国应通过“走出去”战略，深化与全球各国在数字金融领域的合作。我们可以创新境外数字金融模式，引入更高效、更安全、更具竞争力的金融服务方式。例如，构建“两国双轨数字金融系统”，通过政策沟通、技术标准互认和实质性业务对接，充分利用国际和国内资源，建立互惠共赢的合作框架。这种机制不仅促进了我国数字金融产业的升级，还有助于全球金融效率提升和风险防范，推动全球经济健康稳定发展。

其次，新质生产力的发展离不开广阔的国内市场支持。需要推进统一数字金融大市场建设，包括完善法律法规体系，建立健全风险防控机制，加强金融科技基础设施，促进不同地域数字金融的协同发展。关键在于确保与国家和地区发展战略无缝对接，制定符合各地发展情况的数字金融规划，实现“因地制宜发展新质生产力”。要构建覆盖东西南北中各区域的数字金融发展网络，东部地区引领创新，西部挖掘特色资源，北部聚焦科技研发，南部试验跨境金融合作，中部打造服务枢纽。通过跨区域协同联动机制，促进数字金融资源共享和高效流动，实现区域一体化发展，提升整体效能，推动我国数字金融产业迈向新台阶，为经济社会高质量发展提供强大支持。

最后，为推动我国新质生产力跃升及在全球经济竞争中领先，应鼓励和支持国内各数字金融集群紧密互动和高效联动。建立开放共享的生态系统，消除信息壁垒，促进知识、技术、经验和资源的快速流通和深度共享。各地区的金融科技企业在多层次、多维度的合作平台上展示与交流，推动金融科技理论研究、技术创新和应用场景开发。这种生态系统将加速区块链、大数据、云计算、5G等创新技术在全国乃至全球范围内的传播与应用，助力我国数字金融行业内在活力和创新能力的提升，推动我国经济高质量发展。[①]

四、处理好数字金融的供给和需求问题

数字金融服务新质生产力需要从供给和需求两方面探讨。在供给方面，数字金融融合了金融科技的创新，可能带来新的业务、模式和产品，显著提升金融效率，其强调数据和数字化基础设施的价值。在需求方面，数字金融需要有效支持劳动者技能提升和服务效率，优化数据资产，推动新增长模式，优化新生产关系，促进产业数字化转型，支持数字经济发展，并优化微观产业组织边界，助力新质生产力的发展。[②]

---

① 黄丹荔，乔桂明，周雷．数字金融赋能新质生产力发展的内在机制与路径 [J]. 上海商学院学报，2024(7):1–14.

② 胡萍．数字金融助力新质生产力发展 [N]. 金融时报，2024–07–16(005).

第六章　绿色金融促进新质生产力可持续发展

第一节　绿色金融发展的内涵、特点和学理

一、绿色金融发展的内涵

绿色金融，是金融服务的新模式，正积极助力环境改善、生态治理，应对气候变化和资源节约。其深入生态环保领域的各个层面，为经济活动、科技创新研发、市场拓展、项目投资和风险管理注入金融活力，提供多元化的金融产品和解决方案。不仅如此，绿色金融还大力支持实体企业在投融资和风险管理方面的需求，引导企业走绿色发展的道路。值得一提的是，绿色金融倡导并推动消费者培养绿色消费的观念和习惯，从而实现可持续生活方式。

二、绿色金融发展的特点

绿色金融的发展呈现出三个显著特点。其一，以深厚的人民性和社会性为基石，密切关注人类社会的生存环境变迁。金融机制的巧妙引导，促使经济主体在经济发展与自然生态保护之间寻求平衡。其二，绿色金融注重市场机制与政策机制的和谐统一，旨在平衡商业性和公益性，以及短期利益与长远利益之间的关系。其三，以金融为核心，灵活运用多种机制和资源，全面满足产业链、科

技研发、市场拓展和项目建设等多元化需求，从而有力推动金融的创新与服务升级。

三、绿色金融发展的学理

第一，重新认识经济效率。工业革命后，经济发展依赖充分利用资源最大化市场规模满足需求，同时强调企业内部的经济效率。然而，这导致自然资源大规模开采和环境污染问题，如 19 世纪伦敦的“雾都”现象。20 世纪 60 年代以后，西方国家的环境破坏引发公众抗议，推动了绿色环保价值的兴起。中国在改革开放初期开始关注经济发展与环境保护的平衡。

第二，重新认识经济活动的目的。经济学一贯聚焦于投资、生产、供求、交易、分配与消费之间的逻辑链条及其产生的效应，往往忽视了从人与自然和谐共处的视角去审视经济活动的终极目的。随着绿色发展理念的提出，将人类健康与可持续发展的理念融入经济学范畴，绿色金融应运而生。这一新兴领域不仅关注经济利益，更致力于推动绿色经济的发展。当前，学术界正深入研究环境因素对各类经济活动和金融资产风险的影响，同时，金融监管部门也逐渐认识到环境因素对于维护金融体系稳定和推动可持续发展的关键作用。

第三，重新认识先进生产力。新质生产力必然是先进的。习近平总书记曾对新质生产力进行过深刻阐释，从中可了解到新质生产力离不开“绿色”底蕴，这正契合了“绿水青山就是金山银山”的发展理念。基于此，新质生产力必然是经济体系绿色化转型的强大力量。想要切实落地，发展绿色科技是可行之策，当绿色技术在社会中广泛普及和应用后，绿色成果便能水到渠成。此举不仅有助于提升国家整体的可持续发展能力，更是对全球生态环境保护的积极贡献。①

---

① 王国刚，周普．推进绿色金融发展加快金融强国建设 [J]. 发展研究 ,2024,41(4): 1–7.

第二节　绿色金融的发展逻辑、演进路径与中国实践

一、绿色金融的发展逻辑

（一）绿色金融的生存逻辑

1. 绿色金融的产生是实现绿色发展的必要手段

环境污染与资源的过度开采，已对人类生存造成了严峻威胁，使环境保护与可持续发展问题备受全球瞩目。我国近三十年来的快速工业化与城镇化进程，虽然带来了经济的迅猛增长，但也付出了不小的环境代价。在这一背景下，产生了绿色金融，其旨在实现环境与经济之间的和谐共生。通过绿色金融的推动，传统产业得以向低耗能方向转型，企业也被引导走绿色发展的道路。这一金融模式的出现，不仅有助于环境保护，还有助于促进绿色产业规模的经济化，从而实现真正意义上的可持续发展。

2. 绿色金融的践行是金融创新变革的内在要求

金融，凭借庞大的规模和高效的运行机制，正迅速推动着产业系统的优化升级，其促进新旧动能的有机融合，引领经济增长模式实现结构性转变。在这一进程中，绿色金融的实践变得尤为关键，不仅代表着现代金融发展的一个重要方向，更深刻地体现了社会责任投资的精神内核。绿色金融以环境保护为核心评价指标，打破了经济发展与环境保护相互对立的固有观念，与我国可持续发展战略高度契合。其推动着金融业迈向一个全新的阶段，在这个阶段，经济、环境和社会三者之间的协调发展将成为新的秩序，共同构筑一个更加和谐、繁荣的未来。

3. 绿色金融的发展是我国对外经济关系的全新主导因素

环保意识形态正逐渐渗透至全球的每一个角落，而绿色金融的发展无疑成为

我国在全球环境领域占据重要地位的关键。经济规模庞大，市场潜力无限，政策层面的明显优势，为我国在绿色金融领域的实践提供了得天独厚的条件。展望未来，我国有望脱颖而出，成为绿色金融实践的佼佼者。在碳市场和绿色金融产品方面，我国将发挥举足轻重的引领作用，积极分享宝贵的实践经验。通过推动全球绿色外交，我国将进一步增强国际影响力，为全球可持续发展贡献不可或缺的力量。

（二）绿色金融的优化逻辑

绿色金融优化资本配置，支持绿色技术创新，培养专业人才，促进环保商业模式，推动经济向绿色转型。为形成绿色经济模式，我国需提高绿色经济增长率，依据经济学观点，资本、技术和劳动力是培育绿色经济增长的关键要素。

1. 绿色金融通过金融手段，优化绿色资本配置

国家的绿色金融战略有效限制了“两高一资”项目的贷款比例，大力扶持环保新兴产业。金融机构营造了绿色信贷环境，对有良好环境记录的企业提供正向激励，同时惩罚违反环保法律的企业。总之，绿色金融控制资本流向，通过资金规模、定价、授信额度和期限等方式支持低能耗、低污染、低排放的绿色项目，提升其融资便利性，同时对“三高”项目设置更严格的准入条件，引导资本流向绿色产业，促进绿色发展。

2. 绿色金融调动市场资源，支持绿色技术创新

绿色金融正逐渐引领社会聚焦于市场导向的绿色技术创新体系。这一金融体系不仅激发了社会各界对环保技术创新的关注，而且成功吸引了众多技术人才投身于这一创新热潮，从而有效满足绿色产业对高素质人才的需求。金融机构在这一过程中扮演着举足轻重的角色，其高度重视节能减排、碳捕获技术和可再生能源等绿色技术项目，并为这些项目提供了坚实的经济支持。这种支持不仅为技术创新注入了强大的动力，更为企业融入绿色理念、满足技术研发资金需求提供了稳定的后盾。在绿色金融的推动下，绿色技术创新正蓬勃发展，为构建可持续发展的未来奠定了坚实基础。

3. 绿色金融强调专业培养，储备绿色金融人才

绿色金融这一跨学科的领域，虽然融合了金融与环境经济等多学科知识，但过去曾面临复合型人才匮乏的困境，这无疑制约了绿色金融的普及与推广。然而，随着绿色金融的不断发展，这一局面正在得到改善。学术界对此领域的研究日益深入，尤其关注如何构建具有中国特色的绿色金融体系，推动了绿色金融理论研究的蓬勃发展。同时，业界也积极响应，以兴业银行为例，该行成立了专门的环境金融部门，并通过一系列专业化的培训，成功培养了一批具有实践经验的绿色金融人才。这些举措不仅为绿色金融的发展注入了新的活力，更为绿色金融未来的普及与推广奠定了坚实基础。

二、绿色金融的演进路径

（一）发展路径

1. 早期研究阶段

早期研究中，存在一种观念，即金融追求利润的本质与其应承担的绿色社会责任之间存在难以调和的矛盾。绿色项目具有高风险、回报周期长和缺乏显著的经济利益的特征，而金融机构在投资选择上更倾向于那些利润明确、风险可控的项目。面对经济利益的诱惑和业绩考核的压力，金融机构往往难以顾及社会责任，从而使生态环境保护与金融活动在某种程度上被看作相互排斥的领域。然而，随着社会对可持续发展的日益重视，这种传统观念正逐渐受到挑战。

2. 中期试探性结合阶段

20 世纪 70 年代，环境问题日益凸显，高度工业化的发达国家开始审视传统金融部门的运作方式，呼吁不再单纯以利润为导向，而应肩负起更多的社会责任。德国复兴信贷银行积极响应这一号召，率先在投融资活动中贯彻可持续原则，通过提供长期且低息的贷款，大力支持绿色投资项目，以践行金融机构的环保理念。到了 1980 年，美国《超级基金法案》（全称《综合环境反应补偿与责任法》，以下简称法案）的颁布进一步推动了绿色金融的发展，该法案将贷款人纳入“潜在

责任者”的范畴，这一举措极大地激励了金融机构在进行项目投融资时，更加重视对环境影响的评估。这不仅促使金融机构在决策过程中考虑环境因素，更培养了许多重视声誉和环境责任的投资者。尽管当时的绿色金融理论尚未完善，但在日益严峻的环境压力下，实践已经逐步打破了环境与金融之间的壁垒，为绿色金融的后续发展奠定了坚实基础。

3. 后期耦合阶段

21 世纪以来，中国展现了前瞻性的环保理念，率先在经济架构中融入环境效应考量。通过释放绿色价格信号，有力推动了绿色市场机制与商业模式的蓬勃发展。同时，中国还积极探索环境溢出的量化评估路径，不断完善绿色认证体系与信息披露制度，为绿色金融的落地提供了坚实的制度保障。无独有偶，2009 年，韩国也迈出了坚定的绿色步伐，颁布了“绿色增长国家战略”，推动绿色新政的深入改革。2010 年，韩国又颁布了《低碳绿色增长基本法》，从法律层面为低碳绿色产业与绿色金融提供了强有力的支撑。这一阶段，绿色金融的理念在全球范围内形成广泛共识，即使是起步较晚的新兴市场国家，也在积极构建符合自身国情的绿色金融体系，并致力于绿色金融产品的创新与发展。全球绿色金融的蓬勃发展，为地球的可持续未来描绘出一幅充满希望的蓝图。

（二）模式演进

1. 自下而上的绿色金融发展模式

西方发达国家由于环境信息披露机制完备、环保体系成熟，已完成工业化资本与技术积累。绿色产业与绿色金融高度融合，绿色经济由“浅绿”向“深绿”发展，进入成熟阶段。例如，英国通过碳排放交易设定企业信用额度，欧盟采用总量控制碳排放交易模式减少碳排放，金融机构通过股东投票推动企业“绿色改造”。尽管市场化解决了部分环保问题，但信息不对称、期限结构错配等问题限制了绿色发展速度。因此，发达国家认识到单靠市场力量难以提高绿色金融的“绿色因素”，需要政府适度干预以完善绿色金融体系。

2. 自上而下的绿色金融发展模式

中国绿色金融蓬勃发展，日益壮大，其背后的推动力与发达国家有着显著的不同，这主要源于中国政府为推动经济增长方式转型所实施的强制性制度变革。在这一制度变革的指引下，绿色金融得以快速崛起，成为助力可持续发展的重要工具。国务院于 2015 年 9 月发布了《生态文明体制改革总体方案》，明确提出要建立绿色金融体系，这一体系的建立为绿色金融的发展奠定了坚实的基础。随后，在 2017 年 6 月，央行等五部门进一步将绿色金融标准化列为“十三五”时期的重点工程，这无疑为绿色金融的规范化、标准化发展注入了强大的动力。到了 2019 年 6 月，国家发展改革委、生态环境部和商务部又共同提出了《推动重点消费品更新升级，畅通资源循环利用实施方案（2019—2020 年）》，这一方案的实施，不仅促进了资源的循环利用，也为绿色金融提供了新的发展机遇。在发展中国家，特别是在工业化进程逐渐逼近环境负荷极限的背景下，绿色发展往往面临经济增长与环境保护的双重压力。为此，政府亟须加快顶层设计，着力解决法律法规不完善、金融市场体系不健全等一系列问题。当前，绿色金融的发展模式主要采取政府主导的“自上而下”的方式，政策的效应直接影响着金融机构对绿色产业的投资力度。然而，市场效率在这一过程中仍有待充分发挥，这需要我们不断探索与实践，以找到更加高效、可持续的绿色金融发展路径。

三、绿色金融的中国实践

（一）发展历程

1. 意识觉醒时期（1973—1994 年）

1973 年，全国首次环境保护会议的召开，标志着环保理念开始融入我国的国民经济计划。随着时代的发展，1981 年，国务院进一步提出利用“经济杠杆”来平衡环境与经济发展的关系，这一理念的提出，为我国环保与经济的协调发展指明了新的方向。1982 年，《征收排污费暂行方法》正式颁布，更是以实际行动践行了环保与经济的结合。1991 年，我国已有近半数的城市实施了城市环境综合整治定量考核，这一考核涵盖了大气、水、噪声、固体废物和城市绿化五大方面，全面展现了我国对环境治理的细致入微与坚定决心。1993年，吴福明对过去20年的环境经济学理论与实践进行了深刻总结，包括三种再生产理论、环境资源价值论和经济手段在环保领域的巧妙应用。这一时期，学者们对环保与经济发展之间的紧密关系表现出前所未有的关注，我国绿色金融的初步形态也在这股思潮中悄然萌生。

2. 理论探索时期（1995—2010年）

1995年，央行发布重要通知，明确要求金融部门贯彻信贷政策并加强环境保护工作，这一举措开启了我国绿色信贷的新篇章。随着时间的推进，相关政策逐步深化。2006年，央行再次发布通知，旨在严格控制高耗能、高污染项目，体现了对环保的坚定决心。到了2007年，又一重要意见发布，标志着绿色信贷政策在我国环保与污染减排领域得到了更深入的贯彻。1995年，胥刚发表了《论绿色金融——环境保护与金融导向新论》，一石激起千层浪，引发了学界对绿色金融的广泛研究。这篇论文不仅开了绿色金融研究的先河，更为21世纪初绿色金融理论框架的形成奠定了基础。在理论与实践的共同推动下，绿色金融在我国逐步生根发芽，茁壮成长。

3. 实践探索时期（2011—2015年）

2011年，国家发展改革委颁布通知，决定在北京、上海、广州、深圳、重庆、湖北和天津等地开展碳排放权交易试点工作，这一举措标志着我国在应对气候变化、推动低碳发展方面迈出了重要一步。随后，在2013年，深圳、上海、北京等地相继启动了碳交易市场，为碳排放权交易提供了实践平台。到了2015年，中共中央、国务院进一步发布《生态文明体制改革总体方案》，强调加强碳排放权交易试点建设，并逐步构建全国性的碳排放权交易市场，这不仅有助于我国实现“十三五”规划中的碳减排目标，更彰显了我国在环境保护与可持续发展方面的坚定决心与行动。

4. 体系完善时期（2016年至今）

2016年8月，央行携手财政部等七部门，共同颁布了《关于构建绿色金融体系的指导意见》，这一文件不仅为我国绿色金融的发展指明了方向，更成为该领域的重要指导纲领。时隔三年，生态环境部又会同多部委，发布了《绿色产业指导目录》，其中详细阐明了绿色产业的核心发展领域，为绿色金融相关标准的落实提供了不可或缺的支持。同年 7 月，央行发布了《关于开展银行业存款类金融机构绿色信贷业绩评价的通知》，旨在激励金融机构在绿色信贷方面取得更好的业绩，为绿色金融领域注入新的活力。尽管我国的绿色金融尚处在起步阶段，但近年来，国家对这一领域的重视程度日益加深，绿色金融的体系也正在逐步完善中。这一系列政策的出台，无疑为我国绿色金融的蓬勃发展奠定了坚实的基础。

（二）发展成就

1. 金融机构绿色金融产品创新成果显著

2019 年第一季度末，中国绿色贷款余额高达 9.23 万亿元，较年初激增 4.3%，显示出强劲的年增长率，约为 14%。绿色债券市场亦呈现出新的增长态势，创新产品如地方政府绿色市政专项债应运而生。仅在 2019 年上半年，国内便发行了 84 期绿色债券，总规模达到惊人的 1316 亿元，与 2018 年同期相比，增长显著。在绿色保险领域，我国的环境污染责任保险试点已广泛覆盖重金属、危险化学品等高污染风险行业，同时，产品范围也进一步拓宽，延伸到农业巨灾险等多个重要领域。这一系列动态不仅彰显了我国在绿色金融领域的深厚实力，更预示着其广阔的发展前景。

2. 金融机构积极引入国际绿色金融业务合作

近年来，我国多家商业银行积极与世界银行、亚洲开发银行等权威国际组织展开深度合作。以兴业银行为例，2005 年起便与国际金融公司（IFC）携手并进，如今双方的合作已进入第三阶段。兴业银行凭借 IFC 精准的项目评估，为符合标准的项目提供贷款，这一模式不仅提高了贷款发放的精准度，也降低了信贷风险。在国际合作层面，中国人民银行更是展现了大国金融的担当。2017 年，中国人民银行联合英格兰银行和德国央行，共同创建了央行与监管机构绿色金融网络（NGFS）并在该网络下设立了气候风险监管、宏观分析和绿色金融发展等多个工作组，旨在共同应对全球气候变化带来的金融风险，推动绿色金融的国际化发展。2018 年，中英两国金融机构在环境信息披露方面取得了显著成果，比如在披露相关信息时要以绿色投资为原则。这一机构在研究环境状况时，探讨环境与社会风险之间的关联是重要内容，并基于此研究可行性更高的应对策略。很多金融机构依托该机构所提供策略进行产品研发和服务创新，比如中国工商银行伦敦分行加入了依据绿色贷款原则筹集绿色融资的银行序列中，这不仅体现了中国工商银行在国际绿色金融领域的领先地位，也为我国绿色金融的国际化发展树立了典范。①

第三节　绿色金融促进新质生产力发展的内在机理

一、金融创新推动绿色新质生产力发展的核心机制

（一）技术革命性突破的金融支持

金融创新以多元化的金融产品和服务，为绿色技术研发与应用注入强大的资金动力。《银行业金融机构绿色金融评价方案》于 2021 年 7 月 1 日正式施行，该方案为绿色信贷与债券业务构筑了全方位的评估体系，不仅推动了金融机构在策略规划、风险管理、产品创新和绩效评估等环节深度结合“碳达峰、碳中和”的宏伟目标，更促使投融资活动迅速向低碳模式转变，从而与绿色环保理念紧密契合。此外，金融创新在提升市场流动性与风险管理效率方面亦展现了独特魅力。通过专门构建的绿色技术交易平台及不断推进的评估认证系统，绿色市场的透明度得以大幅提升。投资者因此能够更加清晰地洞察和评估各类绿色技术项目，信息不对称带来的风险也随之降低。值得一提的是，大数据、人工智能等尖端技术的引入，使得风险评估与预测更加精准高效，风险管理的质量与之前相比

① 李朋林，叶静童．绿色金融：发展逻辑、演进路径与中国实践 [J]. 西南金融，2019 (10):81-89.

有了质的飞跃。金融创新不仅为绿色技术提供了资金上的有力支撑，更在提升市场透明度和风险管理方面发挥了举足轻重的作用。金融创新像一股清新的风，吹散了绿色技术投资领域的迷雾，使更多资本能够放心、大胆地流入这一领域，共同推动绿色技术的蓬勃发展。而这一切，都离不开金融创新的强大推动力和深远影响。

（二）生产要素创新性配置的金融引导

第一，金融创新正以独特的方式，推动着绿色技术领域的人才培养和科研进步。金融创新通过设立专门的绿色技术人才投资基金等手段，不仅提升了劳动者的专业素养，还在优化人才结构方面发挥了关键作用。这种创新性的金融手段，巧妙地调节了资本流动，使更多资金得以流向教育和培训领域。由此，绿色技术领域的技能水平和创新能力得到了显著提升，战略和应用型人才也如雨后春笋般涌现，为绿色新质生产力的发展打下了坚实的人才基础。此外，金融创新还大幅增加了对高层次科研机构的投入，支持了一系列高水平的科研项目、先进设备的购置和优秀人才的培养。这使得科研机构能够紧密接触最新的绿色技术发展动态，并培养出具有前瞻性视野的绿色人才。

第二，金融创新通过资本市场和绿色债券市场等手段，优化高技术含量的劳动资料，提升技术水平。金融创新精准地引导资本流向绿色产业与项目，为高效、环保且安全的绿色工具生产与研发提供了坚实的资金后盾。这一创新举措确保了各类产业能够更好地满足瞬息万变的市场需求，推动产业朝着高端、智能、绿色的方向持续进化，不仅为绿色新质生产力的发展注入了强大的技术支持，更为整个产业的转型升级描绘了一幅崭新的蓝图。此外，金融创新还对绿色技术科研设备的更新与迭代表现出极大的支持。通过提供必要的资金支持，帮助购置尖端的实验设备与科研工具，从而加快绿色科技创新的步伐。

第三，金融创新以独特的力量，通过提供多元化的融资工具与创新金融服务，极大地拓宽了劳动对象的范畴，为战略性新兴产业与未来产业的发展注入了新的活力。借助精巧的金融产品设计与市场机制，金融创新实现了资源的有效配置，将宝贵的资源引导至环保项目和可持续发展领域，这不仅覆盖了传统的可再生能源与节能环保产业，更触及了新兴的绿色领域，如农业可持续发展、生态旅游和绿色建筑等。金融创新的这一举措，无疑为绿色产业的发展开辟了新的道路，推动了经济与环境的和谐共生。

（三）产业深度转型升级的金融创新

金融创新在推动传统产业绿色化改造方面发挥了举足轻重的作用。通过提供资金支持，有效地解决了转型过程中的资金瓶颈问题，为产业结构的优化和绿色化升级铺平了道路。这一创新举措不仅促进了传统产业向更环保和更可持续的方向发展，还通过推广绿色技术、产品和生产方式，致力于降低资源获取、加工生产和废弃物处理等环节对环境的影响，从而确保产业的长期可持续性。金融创新还通过创业投资基金和绿色产业发展计划等手段，为新兴绿色产业进入市场提供有力支持。这不仅降低了市场准入难度，更促进了绿色制造业、服务业、能源产业、低碳产业和绿色供应链等多个领域的蓬勃发展。这些举措壮大了绿色低碳循环经济体系，为新兴绿色产业的迅速崛起奠定了坚实基础。①

二、绿色金融为新质生产力发展赋能的可行性

绿色发展，作为高质量发展的基石，深刻体现了可持续发展的核心理念，其不仅着眼于经济的增长，还强调对生态环境的尊重与保护，以及对社会责任的积极担当。这一理念和全球范围内对环保和应对气候变化的普遍共识高度契合，已然成为新时代先进生产力的鲜明标志。绿色金融的兴起与发展，正是在这一背景下应运而生。其不仅为新质生产力的形成提供了有力的金融支撑，更通过满足绿色产业的资金需求，推动了技术创新的步伐。在绿色金融的助力下，经济结构正逐步向绿色、低碳、循环经济的方向转型，实现了经济、社会、环境的和谐与协调发展。②

① 薛熠，徐梦瑶 . 金融创新推动绿色新质生产力的发展 [J]. 智慧中国 ,2024(4):30–33.

② 鲍曼君 . 绿色金融赋能新质生产力 [N]. 中国银行保险报 ,2024–05–14(006).

第四节　绿色金融促进新质生产力快速发展的挑战与对策

一、促进绿色产业的转型升级

（一）绿色金融助力打造绿色产业集群

为了推动绿色产业的蓬勃发展，加强绿色金融的政策支持与引导尤为重要。我们必须为绿色产业集群提供坚实的政策后盾，确保其在发展过程中得到充分的助力。为此，建立与绿色生态产业发展相契合的法律法规和规范制度至关重要。这些制度应明确绿色发展的技术规范，为产业界定清晰的约束框架，并对违法行为施以严厉的惩处，从而确保不偏离绿色发展的道路。金融机构在这一进程中扮演着举足轻重的角色，应遵循《银行业保险业绿色金融指引》，积极制定绿色金融的目标和执行机制。设立负责绿色金融的专业部门，以确保绿色金融战略得到有效实施。同时，金融机构在绩效考核中应充分考虑绿色金融的重要性，以此作为国家绿色低碳发展规划的基石，进一步完善投资政策。随着绿色金融的深入推进，我们需要持续丰富其产品的种类和内涵。中国金融市场应积极构建多层次、多渠道的绿色金融产品与服务体系，这不仅包括扩展传统绿色信贷、绿色债券等金融产品的应用场景，还意味着要大力推进绿色保险、绿色基金等金融产品的创新。通过调整金融投融资的布局，绿色金融可以更有力地支持清洁能源、绿色交通、节能环保等关键领域的发展，从而推动整个社会的绿色转型。此外，深入贯彻 ESG 投资理念也是推动绿色金融发展的关键一环。ESG，即环境、社会和治理，是评价企业可持续发展的重要指标。为了推进 ESG 体系的建设与信息披露，应引导资本市场更多地关注绿色与可持续发展领域，促使资金更有效地流入实体经济，还应充分发挥 ESG 的乘数效应，以推动全产业链的绿色低碳发展，这包括加强 ESG 与供应链管理的政策引导，扩展环境友好和绿色认证等激励机制，以及加强对供应链 ESG 数据的获取与分析工具的开发，从而支持企业更好地实施绿色发展策略。

（二）转型金融推动传统产业“新”升级

在推动绿色转型的进程中，持续构建转型金融标准尤为重要。这一标准不仅要强化节能降碳的协同作用，更应形成可行性更强的框架体系。在这一体系中，法律内容应重新规划，尤其是要从法律上明确划分市场中各参与主体的权利与义务，进而保障金融业有序推进。金融业“新”转型是传统观念产业“新”升级的基础，在转型过程中，信息披露至关重要，比如转型战略、技术路径、温室气体排放等关键指标都要得到有效披露，指导相关产业制定发展策略时更有针对性，更能为获得“新”成果提供助力，如碳排放达标等。创新多样化转型金融工具，对于拓宽资金来源、壮大转型金融市场具有重要意义。私募股权、风险投资、并购基金等金融工具的灵活应用，能够有效引导投资者支持传统产业的转型升级。推出“市场首单”等创新产品，不仅有助于激发市场活力，还能为转型金融市场的繁荣发展注入新的动力。在金融支持公正转型方面，我们应充分考虑地区和行业差异，制定差异化定制的转型指标和融资模式，这不仅能够确保转型过程的公平性，更能实现低碳转型的全面推进。

（三）绿色金融与科技“双向奔赴”

绿色金融在推动绿色科技与产业发展方面扮演着举足轻重的角色。鉴于绿色产业及相关科技研发项目所固有的高投入、长周期、慢回报和强专业性等特点，金融机构应积极利用绿色金融的工具，对资源进行优化配置，这就意味着要不断开发绿色信贷、债券、基金和创新风投等产品，并针对技术研发项目提供灵活的短期与长期金融工具，从而确保绿色科技与产业能够获得持续且稳定的资金支持。在促进绿色金融与科技金融的深度融合方面，我们更应积极探索与实践。利用大数据、区块链、人工智能等前沿科技手段，不仅可以优化绿色金融服务的流程与效率，还能够显著增强 ESG 风险管理的能力。通过这些技术的引入，我们可以实现全流程的管理模式，进而提升信息的透明度，确保绿色金融的每一笔资金都能精准投放。此外，加强绿色金融科技基础设施的建设也是关键一环。我们应鼓励金融机构在创新绿色金融科技产品方面做出更多尝试，结合大数据与云计算技术，实现精准营销与定制化产品设计。这些创新产品与服务将广泛应用于技术研发、绿色发展等新兴领域，为产业的高质量发展提供强有力的资金支持。[①]

二、持续健全转型金融生态圈

在气候变化的背景下，高碳行业向低碳转型需要时间且面临挑战。商业银行应加速创新，增强对高碳经济转型至低碳经济的金融支持，持续完善转型金融生态。

第一，当前国内银行已具有较为完善的绿色金融体系，但转型金融仍在探索阶段，部分银行仍在观望。考虑到国家政策支持和监管方向，商业银行应积极拥抱转型金融，将其与绿色金融同等重视起来，可以通过调整绿色金融委员会或领导小组，设立绿色金融和转型金融委员会或领导小组，从治理、战略、政策制度和风险管理等方面推动转型金融发展。

第二，强化科技创新，制定低碳转型路线图至关重要。推进绿色低碳转型，核心是选择合适的技术路线，联合攻关核心技术，研发适合大规模工业应用的低碳转型技术。例如，钢铁行业采用氢气炼钢可以实现零排放，但目前制氢成本远高于传统高炉冶炼。未来需要通过技术创新降低制氢成本。政府部门定期更新绿色低碳转型技术路线和目录，商业银行应加大对重点领域如绿色低碳技术和示范工程的金融支持，深化行业研究，全面理解国家政策的支持重点。

第三，加强产品服务创新，积极推广应用。目前，转型金融主要依赖信贷和债券，市场规模和产品结构仍需进一步发展。面对可持续发展挂钩融资等产品的挑战，需要合理设定不同行业的 KPI 和 SPT 指标。未来应加强银行、企业、第三方认证机构和行业协会等多方合作，将碳排放和转型计划纳入 KPI，设立有约束力的转型目标，并引入奖惩机制，激励实现减排目标。同时，应积极创新股权

① 王遥 . 绿色金融为新质生产力加速赋能 [J]. 经济 ,2024(4):24–26.

融资工具和风险缓释产品。

第四，准确披露信息，接受外部监督。当前，高碳行业和商业银行在碳排放和高碳行业风险敞口的信息披露存在不足，主要由于企业担心影响与银行的合作。未来需加强国际交流，依据监管要求，充分透明地披露碳排放、风险敞口和压力测试等信息，减少信息不对称，积极接受外部监督，将外部压力转化为提升信息披露质量的动力。[①]

三、绿色金融与技术创新耦合协调

优化绿色金融与技术创新协调发展，助力低碳经济。

（一）注重“绿色”和“蓝色”资源优势，实施差异化低碳经济发展战略

根据低碳经济综合指标分析，存在区域发展不均衡问题。应实施差异化低碳经济发展战略，充分利用中西部绿色生态资源，支持绿色金融与技术创新协调发展，培育该地区绿色资源优势产业。东部沿海地区则应发展“蓝色”经济，利用海洋资源优势，推动产业转型，支持设立海洋经济创新示范区，促进“蓝色”经济发展。

（二）以“空间治理”为抓手，促进区域绿色金融和技术创新协同发展

目前加强了不同省份之间的耦合协调，并呈逐年增长趋势，但从地域分布来看，沿海地区省份在这一方面要强于内陆。“空间治理”策略旨在消除地域差异，促进绿色金融在全国范围内广泛铺开，而当整体环境得到提升后，技术创新也会如鱼得水，基于此，绿色金融与技术创新将能够齐头并进。想要贯彻落实该策略，构建区域性绿色科技金融支持平台必不可少，相关部门如银行等金融机构要依托该平台完成信息资源整合，确保用户通过该平台获取信息时减少投入成本。地方政府也能从中受益，还能够出台一系列优惠政策予以支持，比如存款扶持、利率补助等。

（三）完善协同政策，有效提升新质生产力

低碳经济发展道路归根结底指向高质量和高品质，而政府以及相关部门作为

① 张明哲.新质生产力视角下的转型金融发展[J].现代商业银行,2024(9):30-34.

低碳经济的有力推动者，应当从政策层面给予大力支持，并且相互之间达成更优的政策协同，这样能为后续构建持续合理的协同机制打下基础，使各项政策更顺畅、更高效地进行衔接。法律法规和行政制度也要得到完善，目的是构建更为坚实的制度体系，确保绿色金融与技术创新在制度保障下稳步推进，进而为生产效率和创新能力达到更高层次铺设道路。此外，政府还应该做好政策监管工作，对政策实施过程、效果等进行评估和分析，找出其中存在的问题和不足，尽可能避免失衡现象发生，确保绿色金融切切实实地发挥其应有价值。

（四）加强区域空间重塑，充分发挥耦合协调的空间溢出效应

地方政府要积极转变对待低碳经济的态度，并且在实际发展中走出地方保护主义狭小圈子，能够积极与其他地方进行合作，共同谋求更为优质的发展成果。不同省份之间会因为行政壁垒而影响合作效果，为了打破行政壁垒，建立和推广更多合作网络至关重要，因为在网络平台上，信息传播效率更高，沟通效率也能达到新的层次。这样一来，绿色金融与技术创新在不同省份的合作之下可以更有效推进，与此同时低碳经济发展也从中获取源源不断的力量。仅仅是突破行政壁垒实现高效沟通尚且不够，地方政府还要在区域空间重塑方面下大功夫，比如资源要素应该重新配置、区域功能应该积极调整、空间布局应该大力优化等。中西部地区地方政府更应该积极汲取诸多优秀经验，在推动低碳经济发展方面勇于赶超。[①]

四、推动形成与绿色生产力发展相适应的新型生产关系

（一）发挥社会主义制度优势对绿色生产力的保障作用

新质生产力不是自然而然产生的，而是中国共产党人在科学把握当代生产力发展趋势和规律的基础上，自觉创新生产力理论和实践的结果。在形成与绿色生产力相适应的新型生产关系时，我们首先应发挥社会主义制度的优势，引导和规范新型生产关系的建构和完善。绿色生产力不仅提供经济产品，还注重产品的生态品质

① 周兵，李艺．绿色金融与技术创新耦合协调对低碳经济发展的影响 [J]. 经济与管理研究 ,2024,45(3):3–22.

和人与自然的和谐共生。良好的生态环境是最普惠的民生福祉和最公平的公共产品。因此，社会主义制度优势与绿色生产力的发展具有天然契合点和内在统一性。

1. 坚持党的全面领导是发展绿色生产力的根本政治保证

党的十八大以来，在中国共产党的领导下，我国生态环境保护和生态文明建设发生了历史性、转折性、全局性的变化。中国已成为全球生态文明建设的重要参与者、贡献者和引领者。2018 年 5 月，党中央召开全国生态环境保护大会，正式提出习近平生态文明思想。这一思想是习近平新时代中国特色社会主义思想的重要组成部分，将马克思主义基本原理与中国生态文明建设实践和中华优秀传统生态文化相结合，为建设人与自然和谐共生的现代化提供了根本遵循和行动指南。坚持党的集中统一领导是我国国家制度和国家治理体系的显著优势，发展绿色生产力必须坚持党的领导。

绿色生产力不仅指导我们对其科学认知，还冲破了传统理论的陈旧观念。传统观念认为生产力是人类改造和征服自然的能力，容易导致环境破坏。而马克思认为，劳动是人与自然物质变换的过程，生产力是实现这一变换的能力，而非征服自然的能力。通过“生态学革命”，我们将生产力范式推向“生态学革命”，使新质生产力成为绿色生产力的体现。在党的全面领导下，我们要根据绿色生产力的发展实际，不断提升执政能力和领导水平，推动马克思主义生产力理论的创新，以习近平生态文明思想和习近平经济思想，特别是新的生产力理论，引领绿色生产力的发展。同时，强化“党政同责、一岗双责”，推动党政部门和干部成为发展绿色生产力的政治先锋。此外，应将发展绿色生产力纳入政绩考核和中央环保督察中，提升党委、政府领导推动绿色生产力发展的执行力。

2. 满足人民日益增长的优美生态环境需要是发展绿色生产力的目的

尽管生产力发展的目的不是生产关系领域，但其直接决定了生产力的社会性质和未来发展。“在现代世界，人的目的表现为生产，财富则为生产的目的”，这指的是资本主义。资本主义以实现剩余价值为目标，推动了生产力的发展，却带来了人与自然的异化。今天，若晚期资本主义追求剩余价值，数字技术可能导致生态危机，阻碍新质生产力；绿色技术面临生态挑战，难以推动绿色生产力。

我国发展社会主义生产力的目标是满足人民需求。我国社会主要矛盾已经转化为人民日益增长的美好生活需要和不平衡不充分的发展之间的矛盾，生态环境需求成为人们生活需求的体现，是发展绿色生产力的动力。人们保护自然，将自然视为“无机身体”。“人类需求影响自然环境，需视为生态作用的一部分。”人民群众对优美生态环境的需求成为发展绿色生产力和实现中国式现代化的驱动力，对供给侧结构性改革提出了新要求。这能推动深化改革，提升产品供给质量和生态环境品质，使生产力成为新质生产力，新质生产力成为绿色生产力。供给侧结构性改革的核心是满足需求，关键在于提高供给质量，途径是深化改革。我们要深入研究市场变化，理解优美生态环境需求对市场走向的影响，以更好地满足人民群众需求。同时，要提高供给质量，减少无效供给，扩大有效供给，特别是提升生态环境质量，生产和提供符合生态标准的产品，以适应需求结构。

3. 新型举国体制是发展绿色生产力的制度支撑保障

新型举国体制是中国特色社会主义的重要制度优势，与计划经济时代的举国体制不同，其在社会主义市场经济体制下形成，强调有为政府与有效市场的有机结合，服务于国民经济和科技创新主战场。面对“逆全球化”，我们应发挥新型举国体制的优势，推动新质生产力发展。首先，在科技和产业变革中，绿色、智能、泛在成为科技进步的显著特征，国家应推动数智科技和绿色科技深度融合，打造绿色智能科技和现代产业体系，支持绿色生产力发展。其次，在体制机制方面，结合有为政府和有效市场，凝聚各方力量，推动现代环境治理，引领全球绿色生产力发展，同时推进高水平开放，学习借鉴西方绿色科技成果，促进我国绿色生产力跃升。再次，弘扬“两弹一星”精神和科学家精神，鼓励科技工作者积极投身于绿色科技，推动绿色经济创新，激励绿色生产力发展。最后，在组织实施上，应采用“总体设计”理念，统一顶层设计与基层实践，结合人、机、网，推动社会系统工程，促进绿色科技研发和生产力发展，确保决策生态化，符合人与自然和谐共生的规律。

（二）加强生产关系系统对绿色生产力的支撑作用

发展绿色生产力必须建立符合其要求的“绿色化”新型生产关系，包括所有制、人际关系和分配关系，同时涵盖生产、分配、交换和消费四个环节。因此，建立和完善“绿色化”新型生产关系就是推动生产、分配、交换、消费等环节向绿色转型和革命。

1. 推动生产环节的绿色转型和革命

发展绿色生产力需推动生产环节的绿色转型和革命，实现“生态学”范式下的生产力发展。传统“机械论”范式片面地将生产力视为人类改造自然的能力，导致生态危机。新质生产力应建立在“生态学”范式基础上，追求人与自然和谐共生，将生产力视为实现物质变换的能力，推动其成为绿色生产力。按“生态学”范式发展生产力，首先，要实现产业生态化和生态产业化的统一，构筑生态经济体系，夯实绿色生产力的物质基础和经济基础。产业生态化改造传统产业，减少资源能源投入和环境污染，提升可持续发展水平；生态产业化有效转化自然资本为经济资本，提升经济效益。利用数智科技新技术手段，统一产业生态化和生态产业化，建设数智化的生态经济体系。其次，要发展生态农业、生态工业、生态旅游等生态经济产业，利用数智科技和数字经济提升其综合效益，建立和完善绿色智慧农业、工业和旅游业，推动形成数智化的生态经济产业体系。最后，以新型工业化为核心，科学指导数字化、网络化、智能化、绿色化的发展方向，统筹推进新型工业化、城镇化、信息化、农业现代化和绿色化。应用数智技术和绿色技术推动传统产业转型升级，培育生物制造、商业航天、低空经济等战略性新兴产业，提前布局量子技术、生命科学等未来产业。培育具有国际竞争力的大企业和具有产业链控制能力的生态主导型企业，构建绿色智慧的现代化产业体系，最终建立健全绿色生产力体系。

在推动生产力绿色转型的同时，调整和完善所有制结构至关重要。马克思曾指出，只有当人“把自然界当作属于他的东西来处置，他的劳动才成为使用价值的源泉，因而也成为财富的源泉”。所有制是人与自然之间物质交换的中介，没有正确的所有制，生产力无法发展。当前，我国确立了以公有制为主体、多种所有制共同发展的所有制结构。巩固和发展公有制经济，同时鼓励、支持、引导非公有制经济发展，是我国的制度优势之一。在发展绿色生产力方面，我们必须毫不动摇地坚持。

发展新质生产力，包括绿色生产力，需区分非竞争性和竞争性领域。非竞争性领域应实行公有制，保障自然资源资产的公有性质，创新产权制度，明确所有权和管理责任，确保全民分享自然资源收益。国有企业是主力军，在发展绿色生产力时保障经济基础。竞争性领域可采用多种所有制形式，利用市场机制生产优质绿色和生态产品，满足人民对优美生态环境的需求。生产决定分配、交换、消费，因此，绿色生产力的转型将推动这些环节的变革，形成良性循环。

2. 推动分配环节的绿色转型和革命

分配由生产决定，影响生产方向。传统生产力和资本主义采用“按资分配”，导致社会和生态不公。社会主义采用“各尽所能、按劳分配”，未来的共产主义社会将实行“各尽所能、按需分配”。我国以按劳分配为主体、多种分配方式并存的制度优势，能调动积极性。分配不仅涉及经济财富，还扩展到生态财富，发展绿色生产力需要相应的分配制度支持，以适应其特点。

建立和完善生态补偿制度是为了补偿人类经济活动对自然资源和生态系统造成的损失。自然资源分为可再生资源和不可再生资源两种类型，可再生自然资源可通过自然恢复来补偿其价值，而不可再生自然资源则需要人为干预来补偿其价值。传统经济活动未对自然资本进行价值补偿，加剧了生态环境问题。建立生态补偿机制，加强对可再生自然资源的投资和广义资源的补偿，是提升自然资源实力、推动绿色生产力发展的关键。

建立和完善生态共享制度是为了让全体人民共享绿色生产力提供的生态产品和绿色产品，切实保障其在环境保护中的权益。生态产品具有公共属性和公共资源性质，是绿色生产力的核心功能之一。按照共享发展的科学理念，实现生态共享，意味着全面共享国家经济、政治、文化、社会和生态建设成果，充分保障人民的合法权益。要实现生态共享，首先，必须坚持自然生态的共有原则，避免私有化对生态系统的排他性侵害。其次，必须促进生态共建和生态共治，确保每个人都参与生态环境的建设和治理，承担起保护生态环境的责任。最后，要实现生态共富，让全体人民共享生态文明建设的成果，例如，通过生态补偿和扶贫开发的协同机制来实现这一目标。建立和完善以生态补偿和生态共享为主要内容的绿色分配制度，能够有效支持和保障绿色生产力的发展需求。

3. 推动交换环节的绿色转型和革命

交换作为生产关系要素之一，是联系分配与消费的中介。推动交换环节的绿色转型和革命是建立和完善适应绿色生产力的新型生产关系的重要方面。

坚持交换价值和使用价值并重。分工存在时，自然会发生交换。交换应遵循价值规律，即实行等价交换。然而，在资本主义商品生产中，交换价值往往成为唯一目的，以致生产的主要目标转向价值积累，使用价值被削弱，生态关系被破坏。这种以交换价值为中心的生产方式将自然当作商品，损害了其内在价值，从而引发生态危机。为了未来社会的可持续发展，交换应以实现使用价值为目的，重视发现自然的内在价值（系统价值）。内在价值不是自然本身的价值，而是强调自然不能仅仅作为商品或资本的对象。实现使用价值和发现自然的内在价值，是满足人类合理需求的关键。因此，“生态化生产”不仅是发展绿色生产力的过程，而且是建立完整生态体系的必要条件。在社会主义初级阶段，虽然不能完全消除价值规律，但应兼顾交换价值和使用价值（内在价值）。在竞争性领域，仍需坚持价值规律，以实现交换价值为目的，同时必须对生产中消耗的自然资本进行生态补偿。在非竞争性领域，应以实现使用价值（内在价值）为目的进行交换。在这个过程中，可以适度采用市场机制，例如，征收污染税，但收益应用于生态补偿，以推动“黑色生产力”向绿色生产力的转变。

实现绿色的流通方式。从生产关系系统角度看，流通不仅是交换的要素，而且受交换总体的影响。流通方式对人与自然的关系至关重要。例如，商品过度包装导致资源浪费和环境污染，使得传统流通方式成为“黑色流通”，亟须转向“绿色流通”。绿色流通贯穿生态文明理念，推动“新商品—二手商品—废弃商品”的循环利用，扩展绿色低碳商品的供应、采购、销售和消费。绿色流通不仅实现了商品的经济价值，还有效减少环境负荷，推动绿色生产力发展。鼓励企业推广绿色设计和制造，将生态环境属性融入产品设计，全面考虑产品生命周期。推广商品简易包装以减少材料消耗和环境影响，采用可降解、可再生材料。发展智能化绿色物流，推动仓储、配送的绿色化和信息化。提升绿色销售比例，改善商品生态环境品质，反对虚假广告。发展可拆卸、可回收、可维护的绿色回收系统，实现资源再利用。交换的深度、广度和方式取决于生产的发展和结构，如城乡间、乡村内、城市内的交换不同。推动交换环节的绿色转型和革命，将促进整体生产关系的绿色改革，为发展绿色生产力创造有利的环境和条件。

4. 推动消费环节的绿色转型和革命

生产的终极目的是消费。消费不仅受生产决定，也直接驱动生产。消费及消费方式是影响人与自然关系的重要社会变量。因此，建立和完善与绿色生产力相适应的“绿色化”新型生产关系，需要推动消费环节的绿色转型和革命。

树立勤俭节约的消费观是推动绿色转型和革命的内在动力。消费始终依赖自然资源。在资本主义发展中，消费异化问题显著。早期出现消费不足，导致工人阶级生活环境恶化；晚期则出现消费过度，造成大量资源浪费和环境污染。马克思指出，奢侈和贫困同样不利于生产力可持续发展。因此，我们要树立社会主义消费观念，将勤俭节约作为重要原则。我们需要认识自然资源有限的现实。如唐代诗人白居易所言：“天育物有时，地生财有限，而人之欲无极。”我们必须反对无限消费，主张理性消费。同时，科学审视个体需求，区分需要和贪欲。需要反映生命机体的基本需求，而贪欲则是社会和文化影响的结果。合理消费观念的确立需要反对虚假消费，关注身心健康发展，避免被社会病理动机左右。

大力推进国家绿色消费政策。在微观层面，需采取以下措施：一是加强绿色消费教育，普及生态文明理念，纳入教育体系，促进社会主义生态文明观的普及和绿色消费的形成。二是引导绿色消费，发布绿色产品目录，鼓励民众选择无公害的农副产品并参与“光盘行动”。三是推动绿色信贷发展，支持企业向绿色生产转型。四是加强消费者的权益保护，确保消费者的生态环境权益不受侵犯。

在宏观层面，需采取以下措施：一是完善绿色财税政策，整合各项财政支出，支持高质量发展和环境保护。二是优化绿色货币政策，促进绿色金融与转型金融有效衔接，丰富产品和市场。三是建立健全绿色价格政策，反映市场供求和资源稀缺程度，纳入生态环境成本，促进绿色发展。

消费即生产，推动绿色消费必将促进绿色生产力发展。我们要在生产关系的各环节推动经济社会全面绿色转型，形成与绿色生产力相适应的新型“绿色化”生产关系。

（三）加强社会经济体制改革对绿色生产力的推动作用

改革开放是我国的基本国策，为发展中国特色社会主义注入强大动力。我们要坚定不移地坚持改革开放，进一步完善社会主义市场经济体制，建立支持和保障绿色生产力发展的新型体制机制。

1. 坚持以深层次改革推动绿色生产力的发展

在坚持和完善社会主义市场经济体制的基础上，我们应深化生产关系的供给侧结构性改革，为推动绿色生产力发展注入强大动力。在以公有制经济为主体、多种所有制经济共同发展的格局下，我们需要科学界定公共领域与竞争领域、公共产品与公共资源的边界，以促进所有制结构的优化，这不仅符合社会主义初级阶段的实际需求，还体现了共享发展和社会主义共同富裕的核心理念，从而推动包括绿色生产力在内的新质生产力的发展。

这一问题涉及生态学规律能否有效转化为制度、国家监管和人民主体责任是否到位，以及国有自然资产及其收益是否全民共享。一些观点片面地认为，只有民营经济代表新质生产力，国有企业在此方面表现不佳。更有甚者将民营经济发展视为私有化实现的必然条件，认为私有化是发展新质生产力的唯一途径。虽然资本主义私有制促进了生产力的发展，但也造成了不均衡。因此，不能简单套用新自由主义的改革“药方”。如果自然资源私有化，将无法实现社会与生态公平。

多种所有制形式的并存和民营经济的发展是社会主义经济的补充和完善，不应理解为私有化。我们要在公有制为主体的前提下，推动竞争性领域农地、林地、草地的“三权分置”，实现公有制形式上的创新。必须坚持“两个毫不动摇”，调动各方积极性和创造性，促进绿色生产力发展。无论所有制形式和经营方式如何，目标都是建设自然资本强国。

在坚持按劳分配为主体、多种分配方式并存的前提下，我们必须推动生态共享和共富，促进绿色生产力的发展。强调公有制的主体地位是确保生态共享和共富的制度基础和保障。自然财富是公共资源和产品，不完全适合市场化。生态学提供了理解自然资源与经济、社会和文化互动的背景知识。基于生态学，我们应强化可持续管理和经营自然资源资产，采用多种方式实现生态共享和共富，让全体人民分享自然财富。例如，推广立体多样的生态补偿机制，补偿经济活动对自然资源和生态系统的损害，以及因生态环境保护而失去发展机会的群众。生态补偿要严格执行，确保保护者得到回报，破坏者承担代价。这一政策旨在促进生态共享和共富，应采用多样化的政策工具和市场化手段，防止资本对生态补偿领域的侵蚀。综上所述，只有深化社会主义改革，构建与发展绿色生产力相适应的新型生产关系，才能推动绿色生产力的持续发展。

2. 坚持以高水平对外开放推进绿色生产力的发展

对外开放是我国的基本国策，要继续扩大高水平对外开放，促进新质生产力发展，并确保绿色生产力同样在此框架内持续发展。

积极引导全球化的健康发展。随着西方现代化的发展，人类历史实现了从“民族历史”和“地域历史”向“世界历史”的转变。在全球化时代，金融资本的全球影响力日益显现。然而，全球化既为经济文化落后国家跨越式发展提供了机遇，也为其带来了社会经济和生态环境等方面的挑战，甚至对国家主权、民族尊严和人民幸福构成威胁。当前，以美国为代表的西方国家试图通过“逆全球化”方式压制中国的关键技术，阻碍中华民族伟大复兴的进程。面对复杂的国际形势，我们应建立以国内大循环为主、国内国际双循环相互促进的新发展格局，推动绿色生产力发展，引领全球化健康发展，促进全球化向更加开放、包容、普惠、平衡、共赢的方向发展。

积极引导全球化的绿色发展。面对西方通过“公害出口”和“绿色贸易壁垒”等方式限制我国对外开放，我们要坚持构建人类命运共同体，促进全球生态文明建设，引导全球化向绿色发展转型，推动绿色生产力发展。一方面，虚心学习和借鉴西方在发展绿色科技和经济方面的先进经验；另一方面，大胆且自信地推广电动汽车、锂电池、光伏产品等“新三样”，促进全球经济向绿色低碳方向转变。这种推广必须真实反映产品的生态和经济价值，保护我们的自然资本。同时，加强国际合作，共同解决全球性挑战，包括未来发展、粮食安全、能源安全、人类健康和气候变化等问题。总之，面对“逆全球化”的挑战，我们要稳步扩大制度型开放，强化开放的绿色基调和标准，为发展绿色生产力创造良好的国际环境和市场。

3. 坚持以高水平的政府管理推动绿色生产力的发展

在社会主义市场经济条件下，应实现市场问题市场化解决，社会问题社会化解决。政府职能应侧重于经济调节、市场监管、社会管理、公共服务和生态环境保护。通过进一步推进政府体制改革，促进绿色生产力的发展。

充分运用规划引导绿色生产力发展。在完善国家发展战略和长期规划的基础上，建立健全以国家发展规划为导向的宏观调控体系。研究绿色发展、生态文明建设，明确我国发展绿色生产力的战略目标、任务和措施，以生态优先、绿色发展为导向推动高质量发展。

充分运用法律手段引导绿色生产力发展。政府在推进国家治理现代化的过程中，应增强法治思维和手段。完善社会主义市场经济法律体系，推进生态环境法典编纂，借鉴《中华人民共和国循环经济促进法》的经验，研究制定“绿色生产力促进法”，为其提供法律保障。应将绿色发展、生态文明等先进理念融入法律框架，统合提升相关法规内容。

充分运用投资手段引导绿色生产力发展。在社会主义市场经济条件下，政府应将公共领域投资重点放在自然资本增强上。加强资源替代、环境保护、节能减排等基础工程建设投入；提升交通、网络、供电等基础设施建设投入；加强绿色智能科技、环保技术研发投入；推动绿色农业、工业、服务业发展。政府还需提升政务管理智能化水平，运用数智科技促进绿色生产力发展。[①]

五、加速发展绿色金融，打通绿色量化与绿色定价两大堵点

（一）精准评估绿色金融成效，需要强化绿色量化支撑

1. 绿色量化的含义和意义

绿色量化是一种科学的评估手段，运用定量方法来精准衡量企业和项目在多个环保维度的表现。其不仅涵盖了能源消耗控制和低碳转型的推动力度，还涉及污染减少、气候变化应对策略和生物多样性保护等关键领域。在绿色金融的实践中，绿色量化技术发挥着举足轻重的作用，它能够客观评估绿色企业和项目的实际环境效益，为绿色信贷、债券等金融产品的合理定价和风险管理提供坚实的数据支撑。同时，实时监测与评估机制的引入，使绿色金融政策的执行效果变得透明且可衡量。当前，绿色量化的重点聚焦于碳排放的精细核算和可持续发展信息的全面披露，这两方面的发展将共同推动绿色金融走向更加成熟与完善的阶段。

2. 碳核算工作的进展及挑战

绿色量化，这一科学的评估体系，通过精确的定量方法来全面衡量企业和项目在环保领域的多维表现。其深入评估了能源消耗的控制、低碳转型的推进力度、污染的减少情况、对气候变化的应对策略和生物多样性的保护措施。这种量化方法不仅有助于揭示企业和项目在环保方面的真实状况，而且为绿色金融的决策提供了坚实的数据基础。在企业层面，绿色量化的实施涉及对项目、设施、供应链和产品等温室气体排放量进行精细核算。目前，主流的碳核算方法包括排放因子法、质量平衡法和实测法。然而，这些方法在实际应用中面临诸多挑战，如数据收集的困难程度、核算周期过长、准确度的难以保证和高昂的成本等。这些问题不仅增加了绿色量化的难度，也在一定程度上制约了绿色金融的发展。可持

① 张云飞 . 推动形成与绿色生产力发展相适应的新型生产关系 [J]. 人民论坛·学术前沿 ,2024(9):43–54.

续发展信息披露的重要性日益凸显。这一披露体系是在企业社会责任报告、环境信息披露、气候风险相关财务信息披露和ESG信息披露等基础上逐步发展起来的，已成为完善绿色量化和发展绿色金融的重要支柱。近年来，我国相关部门也陆续发布了一系列指南和规定，以推动可持续发展信息披露的规范化。例如，中国人民银行在2021年7月发布了《金融机构环境信息披露指南》，为金融机构在披露环境信息时提供了明确的指导和原则。同年12月，生态环境部基于增强环境信息披露价值，专项发布《企业环境信息依法披露管理办法》，要求相关企业在规定时间内更准确、更完整、更真实地披露环境信息。在2023年7月，国务院国资委针对央企控股上市公司提出更为严格的ESG信息披露规范，其中着重强调信息的透明度和可信度。可以看出，国内相关部门对环境信息披露高度重视，不断出台文件予以指导和规范。金融机构在相关文件精神的指导下，会更有方向性地构建绿色评价体系，也会对绿色金融业务进行精细化管理。然而，当前的信息披露体系仍存在诸多亟待改进之处。例如，强制性不足导致部分企业缺乏信息披露动力，规范性不高影响信息的可比性和可信度，数据更新不及时和内容不全则削弱了信息的时效性和完整性。这些问题都在一定程度上影响了绿色评价的有效性，也制约了绿色金融的进一步发展。因此，我们需要健全绿色量化和可持续发展信息披露体系，以推动绿色金融的健康发展，这需要我们不断加强制度建设、提升信息披露的规范性和透明度、优化数据收集和处理方法、加强监管和执法力度等。只有这样，才能充分发挥绿色量化和可持续发展信息披露在推动绿色金融发展中的重要作用。

（二）引导绿色金融资源配置，需要完善绿色定价体系

绿色定价是绿色金融发展的关键问题之一，涉及如何有效地为具备绿色属性的资产进行合理定价，以引导资金向绿色低碳领域流动，支持经济社会的高质量发展。绿色资产包括具备绿色属性的资产和绿色属性的资产化。

1. 具备绿色属性的资产

具备绿色属性的资产涵盖诸多领域，比如绿色企业和项目、绿色技术创新，

以及新兴的绿氢产业。这些元素共同推动着实体经济的低碳演变。探寻实现绿色价值的路径，成为降低绿色溢价的关键。而绿色金融的差异化定价策略，不仅为这一进程提供了资金支持，还有效减轻了融资成本。绿色技术创新的转移转化是推动绿色低碳发展的关键，建立绿色技术交易市场可提高科技成果的转化效率，优化金融资源配置。绿氢产业作为清洁低碳能源和战略性新兴产业，在全球范围内推动绿氢交易平台建设，争取绿氢的定价权，支持其全产业链的快速发展。

2. 绿色属性的资产化

绿色属性的资产化是绿色资产的一种表现形态，涉及碳资产和绿证两大类环境权益。碳资产包括碳排放权和碳减排量，分别适用于强制和自愿减排机制。全国碳排放权和自愿减排交易市场的启动形成了全国碳市场体系。绿证则是推动能源结构调整和能源革命的市场化政策工具，随着需求改革和核发全覆盖，其市场地位逐步确立。环境权益交易规模的扩大将进一步引导绿色金融资源的配置。

六、多点发力，强化绿色金融服务经济社会高质量发展

（一）绿色金融标准体系建设

北京绿色交易所在绿色金融标准体系的建立中，展现出积极的姿态。该机构深度参与了由央行等金融监管部门主导的一系列标准制定工作，诸如《环境权益融资工具》和《金融机构环境信息披露指南》等行业标准的起草与实施，为绿色金融的规范化发展贡献了力量。此外，在地方层面，北京绿色交易所也参与了《北京市绿色企业（项目）评价认定标准（试行）》的制定，推动地方绿色金融实践的标准化。在团体标准领域，北京绿色交易所参与了《企业 ESG 披露指南》的发布，还协助市场监管总局研究发展中心制定了《企业 ESG 评价通则》和《企业 ESG 信息披露通则》，提升了企业在环境、社会和治理方面的信息披露水平。值得一提的是，北京绿色交易所还参与了国务院国资委发布的《央企控股上市公司 ESG 专项报告》编制，进一步推动了央企在 ESG 方面的规范与发展。通过这一系列行动，北京绿色交易所在绿色金融标准体系的建设中发挥了不可或缺的作用。

（二）绿色金融基础设施建设

北京绿色交易所在解决绿色量化问题上致力于构建更加科学合理的管理平台，尤其是双碳管理公共平台，而除了管理平台，绿色金融基础设施构建同样不能放松，只有双管齐下，才能更好解决绿色量化问题，绿色低碳发展才能真正成形。在双碳管理公共平台上，北京绿色交易所建立了企业碳账户与绿色项目库系统，目的是完成更为精准和全面的碳核算工作，而这背后得益于智能监测系统的大力支持。当政府发布新的绿色管理要求时，管理平台能基于具体要求生成新的绿色评价体系，相关评价指标迅速得到调整。更重要的是，此系统还涉及金融业务，能帮助相关企业有效对接金融机构最新绿色融资服务。目前，北京绿色交易所已经正式运行。该机构还高度重视绿色金融工具的开发工作，并取得了一系列成果，比如构建了金融机构碳核算系统和客户 ESG 信息管理与披露系统，旨在为金融机构提供更加全面且高效的技术支撑。这些系统的研发与应用，不仅提升了绿色金融的透明度和效率，还为推动绿色金融市场的健康发展注入了强大的动力。通过这些努力，北京绿色交易所正逐步成为推动绿色金融发展的重要力量。

（三）绿色金融产品创新

北京绿色交易所依托其在绿色量化和评价领域的深厚积累，与金融机构携手，共同推出了多项富有创意的绿色金融产品。借助先进的企业碳账户和绿色项目库系统，该机构与北京银行紧密合作，孕育出“碳 e 贷”这一绿色贷款产品，为绿色产业的发展注入新的活力。此外，北京绿色交易所还推出了与再贷款相衔接的“碳惠融”服务，这一创新服务旨在通过金融手段，促进低碳环保项目的融资与发展。这些创新的金融产品不仅展现了北京绿色交易所在绿色金融领域的领先地位，也为推动绿色经济的持续发展贡献了重要力量。①

① 王乃祥 . 做好绿色金融大文章　扎实推进高质量发展 [J]. 当代金融家 ,2024(6): 19-22,18.

第七章　金融强国与金融新质生产力

第一节　加快建设金融强国的重要意义

一、党中央作出的重大战略部署

近年来，我党对金融发展严格管控，旨在最大限度规避金融风险，从实际效果来看，我国在席卷世界的金融风险面前将损失降到了最低。但是当今时代已然是风起云涌，内外多重因素交织影响成为常态，而这必然会冲击我国金融体系，带来更多未知挑战。宏观杠杆率不断攀升、系统性金融风险挥之不去，加之房地产、地方债务、中小银行等在运行过程中不断积压风险，金融体系势必压力巨大，如果不能提前预防和规避，一旦全面爆发，将会产生极大危害。可从目前来看，所采取的相关举措存在着治标不治本、路径不明确等问题，金融体系内部矛盾难以有效疏导，呈愈演愈烈之势。这要求我党进一步审时度势，对金融强国战略进行更深层次规划和设计，为我国金融未来发展指明方向。

二、构建新发展格局的必由之路

构建以国内大循环为主体、国内国际双循环相互促进的新发展格局，已成为我国经济中长期发展的关键战略。这一战略在金融领域的体现，便是积极构建金融资源内外循环的新机制。通过高水平的开放，特别是制度型的开放，推动内部改革与结构优化成为实现这一机制的重要手段。金融循环，作为国内外两大循环的重要一环，承载着推动经济高效、有序运行的关键任务，其不仅是双循环体系的基础机制之一，更是国际循环中不可或缺的一部分。国际循环主要由贸易渠道和金融渠道两部分构成。贸易渠道通过商品和服务的交流实现，其影响主要体现在经常项目上；而金融渠道则涵盖了直接投资、证券投资等多个方面，其影响主要体现在资本和金融项目上，此外还包括资产估值效应。从存量的视角来看，一个国家的金融实力与竞争力，很大程度上体现在其对外的资产、负债和净头寸上。这些数据不仅反映了一个国家的经济实力，更体现了其在国际金融体系中的地位和影响力，而金融循环的质量与效率，无疑是一个金融强国所必备的核心特征，其关系到国内经济的稳定发展，影响国际贸易的顺利进行，更关乎国际金融的有序运行。因此，提升金融循环的质效，对于增强国家的综合国力具有至关重要意义。

三、促进中国式现代化的内在要求

中国式现代化，不仅汲取了各国现代化的普遍精髓，更在其中注入了中国特色，其深刻地触及了生产力、生产关系、上层建筑和意识形态等诸多领域的现代化进程。在这一宏伟的现代化征程中，高质量发展无疑被赋予了至关重要的地位，其不仅承载了全面建设社会主义现代化国家的首要任务，也体现了世界经济进步的普遍特征。而金融作为现代经济的血脉，其功能的充分发挥对于推动高质量发展和实现中国式现代化具有不可或缺的作用。从功能的视角来看，一个金融强国的金融系统，其竞争力主要体现在以下几个方面：一是金融深度。其衡量的是金融机构和市场的规模、能力，尤其是能否精准地满足多样化的需求，以及能否提供高效的跨境金融服务。二是金融服务的可得性。这体现在居民与企业能否便捷、低成本地获取金融服务，包括满足境外的金融服务需求。三是金融效率。其关注的是金融机构在资源配置与交易中的高效性，核心在于能否实现供给与需求的无缝对接。四是金融系统的稳定性。这涉及金融机构与市场的稳健运营，以及金融服务的持续稳定，其直接关系到金融的稳定与系统的安全。这几个方面共同构成了金融强国金融系统竞争力的核心要素，各核心要素相互关联、相互促进，共同推动着金融功能的全面发挥，为中国式现代化和高质量发展提供有力的金融支撑。①

第二节　金融强国与金融新质生产力的内在联系

一、金融高质量发展新生态的要素和内涵

金融强国、金融业发展、数智化和金融新质生产力，是构筑金融高质量发展新生态的四大基石。金融强国的崛起，彰显了一个国家在金融领域的雄厚实力和深远影响力，为经济的稳健增长提供了坚实的金融后盾。而金融业的蓬勃发展，不仅注重质的提升与效益的最大化，更着眼于服务实体经济的深根固基，以及在风险防控与监管效能上的精益求精。数智化的浪潮，为金融服务注入了智能与高效的基因。借助数字技术与智能工具，金融服务得以跨越时空的限制，实现智能化水平的飞跃。而金融新质生产力，更是以科技创新为引擎，通过数智化技术的深度融合，不断提升服务品质与效率，引领金融创新与发展的新浪潮。这四者之间，既相互独立，又紧密相连，共同催生出一个充满活力与创造力的金融新生态。

二、金融高质量发展新生态要素的比较分析

在研究金融强国、金融业发展、数智化和金融新质生产力之间的内在联系时，运用综合分析法能深入剖析各要素之间的相互影响。通过细致比较各要素的概念特质、共同之处、功能定位和实现途径，可清晰描绘出这一生态系统中各要素的递进关系：数智化技术革新引领金融新质生产力的形成，进而推动金融业整体向前发展，最终助力国家走向金融强国。这一过程展示了科技与金融的深度融合，共同塑造了现代金融的新格局。具体关系见表 7-1。

① 郑联盛. 加快建设金融强国：现实价值、短板约束与重要举措 [J]. 改革，2023(12): 28-40.

表 7-1　金融高质量发展新生态要素的比较分析

要素	共同点	功能定位	实现方法	生态顺序
金融强国	促进金融业的发展与创新，提升金融服务的质量与效率，强调金融业对国民经济发展和国家安全的重要性，体现金融业作为国家发展战略核心组成部分的关键角色	强调国家金融实力和国际竞争力	加强金融体系建设，提升监管水平，推动国际化发展	其是最终目标，是前序工作的最终体现
金融业发展		提升金融服务的质量和效率	改革金融体制，优化服务结构，提升服务水平和效率	其是金融强国的最重要路径、前提，受数智化、新质生产力水平影响
数智化		提升金融业务的智能化水平	推动数字技术广泛应用，培养数字人才，构建智能系统	其是生态基础、初始动力
金融新质生产力		推动金融业的创新和升级	加强金融科技创新，推动产品和服务的创新，促进升级	其与数智化程度密切相关，强调数字技术创新及应用

综合分析来看，构建以数智化为核心的金融高质量发展新生态，对于推动金融业的整体进步具有举足轻重的意义。金融强国、金融业发展、数智化以及金融新质生产力，这四者虽然各有侧重，却聚焦于金融业的健康发展，其均强调创新的重要性，追求服务效率的提升，不仅关乎国民经济的稳健增长，更与国家安全紧密相连，是国家战略不可或缺的组成部分。从功能定位角度分析，金融强国战略主要立足于国际视角来发展和增强我国的金融实力。在这一宏伟战略布局之下，还需要更为精细和具体举措予以支持。谈到金融业时，其发展质量和评价结果会受到日常服务质量和效率水平的直接影响，如果只从宏观上强调大局，而忽视细节调整和革新，久而久之会对金融体系运转产生负面冲击。数智化是优化金融日常服务的重要理念，其强调日常服务要在数字技术和人工智能支持下运转和发挥作用，因为这些技术能提升日常服务的智能化水平，无论是质量还是效率都能得到保障。金融新质生产力也能在数智化发展中得到提升，而当金融新质生产力稳

步提升，科技创新也会水到渠成，金融业务升级换代便能获得巨大助力。以上憧憬是长远的、可持续的，想要实现需要不断引入和研究新方法。金融强国，立意高远，未来远大。促进金融业优化发展是重要举措，而在发展过程中，构建稳固的金融体系应该成为重点，因为这是基础，只有把基础打牢，才能抵抗各种风险，确保金融业稳步推进，与此同时监管工作也要大力加强。从目前来看，我国现有金融体制需要尽快改革，支撑服务机构不断优化调整，推动整体效率更上一层楼。数智化发展理念的实现，离不开专业人才的大力支持，因此培养相关人才应该成为重点所在，除此之外，全面建设智能化系统也要切实落实。以上工作和策略贯彻到底后，能够打造新的金融生态环境，进而为金融强国战略实施奠定坚实基础。

三、金融高质量发展新生态各要素间存在正相关关系

数智化、金融新质生产力、金融业发展和金融强国之间存在着较高的正相关关系，四者是相互影响和促进的。具体关系见表 7–2。

表 7–2　金融高质量发展新生态要素间的正相关关系

要素	数智化	金融新质生产力	金融业发展	金融强国
数智化	高	高	高	高
金融新质生产力	高	高	高	高
金融业发展	高	高	高	高
金融强国	高	高	高	高

数智化水平高，彰显了数字技术与人工智能在金融领域的深度融合。这种融合极大地提升了金融的智能化水平，促进了金融新质生产力的蓬勃发展，推动了金融高质量增长的步伐，为实现金融强国的宏伟目标奠定了坚实基础。

金融新质生产力的高水平发展，得益于持续不断的金融创新。这些创新为金融业务升级提供了强大动力，显著提升了金融业的发展层次，为实现金融强国的梦想注入了源源不断的活力。

金融业发展水平高，不仅体现在服务质量和效率的显著提升上，更表现在金融体系的健康与稳定上。这为数智化和金融新质生产力的发展提供了肥沃的土壤，

是实现金融强国目标不可或缺的重要前提。

金融强国的高水平，得益于数智化、金融新质生产力和金融业发展的共同支撑。这三者相互交织，共同构筑了具有强大国际竞争力和影响力的金融体系，推动金融高质量发展不断迈上新台阶，最终实现金融强国的辉煌目标。[①]

第三节　建设金融强国、加快形成新质生产力的路径

一、以数字金融推进金融强国建设

数字金融是建设金融强国的重要组成部分，既要深化数字技术赋能金融业高质量发展，又要推动其他领域的进步，提升经济社会发展质效。重点是提升服务质量、防控风险，推进技术创新、深化数据应用，强化治理体系和人才培养，实现从数字金融大国到强国的跨越，促进新质生产力的发展。

（一）推进数字金融领域的技术创新突破

我国数字金融的领先地位主要体现在商业模式和场景应用的创新上，未来竞争将更加侧重于数字技术创新能力。在隐私计算、区块链、生成式人工智能等关键技术领域，我国仍需进一步突破。为此，应充分利用我国的新型举国体制优势，加速推进数字金融底层关键技术和前沿应用的研发，确立原创性技术成果，提升技术实力基础。同时，加快完善数字技术标准和知识产权保护制度，建立多方主体参与的数字金融技术创新平台，支持金融机构在技术创新和应用上的投入。利用我国庞大的金融数据和丰富的应用场景，紧密结合数字技术解决方案与金融业务需求，推动数字技术在各类金融业务场景中的落地应用，持续增强数字技术对金融创新发展的支持作用。同时，引导金融机构利用数字技术提升风险防控能力，优化风险模型，有效应对金融风险。构建开放创新的产业生态，发挥大型金融机

① 陆岷峰 . 金融强国与金融新质生产力：构建以数智化驱动的金融高质量发展新生态 [J]. 中国流通经济 ,2024,38(5):18–27.

构的引领作用，积极参与国际数字金融技术创新交流与合作。

（二）深化金融大数据赋能

数据是数字经济时代的新型生产要素，也是推动数字金融高质量发展的关键动力。金融行业作为数据密集型行业，要求具备较好的数据综合利用和价值释放能力。一方面，要通过数据提升金融服务水平，包括推动金融信用、公共信用和商业信用数据的共享流通，建立数字化信用体系，补充传统征信渠道，减少信息不对称；同时支持金融机构依法合规地融合多渠道、多维度数据，精准构建用户画像，提供个性化、定制化的金融产品和服务。随着数据交易市场的成熟，数据交易将由价值交换向价值创造演变。2024 年是中国数据资产入表元年，应鼓励符合条件的金融机构积极探索基于数据资产的金融产品和服务创新，进一步发挥数据驱动的金融属性。另一方面，要利用数据增强金融风控能力，包括引导金融机构加强对重点领域和高频交易数据的监控，提高风险识别和处置准确性；建立统一的金融风控类数据识别、归集和使用标准，打破内部“数据孤岛”，支持金融机构间共享风控数据，促进与科技公司、平台企业的合作，提升风险预警和防范水平。

（三）夯实数字金融创新发展的基础设施底座

金融数据中心是金融机构的核心，也是数字金融发展的重要基础设施。随着金融机构对大型模型应用的探索，对算力需求迅速增长。未来，随着隐私计算、生成式人工智能等技术在金融领域的深入应用，我国对算力基础设施的需求将进一步扩大。应加快新一轮数字金融算力基础设施建设，推进通用算力、智能算力与超级算力的整合布局，促进区域数据中心的集约化建设，实现跨地区算力互联互通。同时，重视国家支付清算系统、央行法定数字货币等基础设施的建设，为数字金融提供必要的基础保障。在推动数字金融基础设施建设的过程中，必须坚持自主可控原则，加大技术研发投入，推动核心技术的自主创新，确保数字金融基础设施的安全稳定。

（四）建立健全数字金融治理体系

数字技术与数据是推动数字金融创新的关键驱动力，必须围绕着金融科技伦理规范和数据治理框架开展工作。针对数字金融发展迅速、业务模式新颖、结构复杂等特点，需要建立平衡发展与安全治理的新框架，加强技术探索与应用，促进社会各界参与数字金融治理。具体措施包括：尽快制定金融科技伦理监管规则，深入研究数字技术在金融中的潜在风险和传播途径，强化对平台型金融科技机构的监管，防范数据隐私泄露、数据垄断和跨境数据安全等风险。

（五）加快数字金融复合型人才的培养

我国急需培养数字金融复合型人才，尤其是中小金融机构在偏远地区面临无人可用的困境。主要原因是传统金融学科培养模式无法满足业务与技术的交叉需求，且教育内容更新速度慢于数字金融发展。解决办法包括：推动高校教育改革，增设“数字＋金融”交叉学科，加快编写跨学科教材并深化产教融合，为金融机构提供实践教学基地。此外，金融机构要加强人才培训，引进国际顶尖人才并建立专业化数字金融认证标准。①

二、加快建设金融强国的政策导向

（一）坚持党中央对金融工作的集中统一领导，确保金融改革发展方向正确

党中央对金融工作的集中统一领导，是我国金融改革发展总结和政治优势转化、确保金融事业正确前行的重要保证。坚持党的领导有助于跨越部门和地方限制，确保金融工作方向、政策和改革部署的协调一致。要坚定党的领导，强化中央金融委员会的协调推进作用，指导金融系统党建工作，优化中央与地方职责划分，强化金融监管效能，确保地方党委金融委员会和金融工委责任落实。此外，要注重培养政治过硬、专业过硬和能力过硬的金融人才，完善扶持政策，建立多维培养机制，特别要加强高端、紧缺和国际化金融人才队伍建设，加强金融法治建设，推进金融新领域立法，完善修法机制，强化金融监管与法治联动，推动金融监管现代化。

① 潘越，沈坤荣，王擎，等．“建设金融强国与加快形成新质生产力”笔谈 [J]. 中国经济问题，2024(2):1–23.

（二）坚持把金融服务实体经济作为根本宗旨，促进金融与经济的良性循环

要始终把服务实体经济作为金融业的核心任务，贯彻“三个着力”原则。首先，建设良好的货币金融环境，通过政策协调，跨周期调节，形成推动高质量发展的合力。推动金融生态系统建立，央行的资金激励与金融机构的定向信贷直接挂钩，精准服务科技创新、绿色发展和中小微企业，优化资金供给结构，提高资源配置效率。其次，构建现代金融机构和市场体系，加速多层次资本市场建设，完善相关制度，推进债券市场和风险投资市场，为实体经济提供多元融资渠道。再次，优化多层次金融服务体系，大型金融机构集聚资源到重点领域，中小机构专注于服务本地区，支持农村和小微金融机构需求，利用大数据、云计算等技术提升服务效率和风险管理能力。最后，推动金融高水平开放，扩大金融制度型开放，吸引外资进入，同时支持国内金融机构“走出去”，增设海外分支机构，提供跨境金融服务，增强国际竞争力。利用数字产业优势，开展金融创新试点，吸引境外投资者，打造科技金融、数字金融、绿色金融等新兴金融服务区，引领新时代金融发展。

（三）坚持创新发展理念，做好“科技金融大文章”

科技创新是发展的主引擎，金融发展需要科技金融支持。科技金融的核心在于科技与金融创新，服务产业智能化和高端化发展，通过金融科技赋能，支持科技企业的研发、应用和市场推广。当前，科技金融市场面临支持力度不足、产品服务不匹配等问题。解决办法包括：强化政府引导和市场主导，优化早期项目投资环境，推动知识产权资产化，拓展多元融资渠道，助力科技企业创新发展。

（四）坚持绿色发展理念，做好“绿色金融大文章”

绿色发展是永续发展的必要条件，是推进“人与自然和谐共生”的现代化路径。金融业应创新发展绿色金融体系，支持环境友好、可持续发展，需完善绿色金融标准和信息披露机制，促进服务的标准化和透明化，包括上市公司可持续发展信息披露指引、碳排放和环境信息披露制度，制定统一绿色金融标准。建立政策支持和激励机制，如提供低成本资金和优惠利率融资，强化宏观审慎政策框架，

评估金融机构的气候变化风险。推广多元绿色金融产品，包括绿色信贷、绿色债券、绿色保险和绿色基金，支持低碳、循环、生态融资需求，提升服务效能。

（五）坚持共享发展理念，做好“普惠金融大文章”

习近平总书记在中央金融工作会议上指出“坚持以人民为中心的价值取向”，强调金融工作的政治性和人民性。社会经济活动基于人民的劳动创造，劳动是价值的源泉，金融活动的基础也来自人类的劳动。在社会化生产中，借贷资本、生息资本及国民储蓄是生产劳动的新增价值，这是金融的本源。金融服务要深刻理解和贯彻人民性，始终坚持“金融为民”的初心和使命，推动覆盖更多地区和人群的金融服务，确保各阶层和群体享有平等包容的金融服务机会。一是提升金融服务的可得性。加强新型信息基础设施建设，推动金融机构建设“人工网点 + 自主网点 + 互联网线上渠道 + 流动服务”网络，扩大金融服务覆盖面，特别是覆盖传统金融服务难以到达的地区和人群，促进“三农”、城镇低收入人群和小微企业共享经济发展成果。二是强化金融服务的公平性。全面实施公平竞争的金融市场秩序，依法治金融，支持大中小金融机构的公平竞争，通过设立资本治理“红绿灯”提升治理效率，保证各类资本公平准入、有序竞争，使人民更平等地享受金融服务，助力缩小城乡、区域和收入差距。三是扩大金融服务包容性。以乡村振兴和区域协同发展为重点，强化财政、货币、产业和金融监管政策的协同配合，建立普惠金融支持政策体系；鼓励金融机构创新普惠金融服务模式，推广小微企业在线供应链金融和“惠农 e 贷”等产品，支持有潜力的新兴企业发行专项债务融资工具，加快消弭县域、小微企业和新型农业主体的金融服务短板，促进普惠金融稳定增长，造福民生。

（六）积极应对人口老龄化挑战，做好“养老金融大文章”

人口老龄化是全球普遍趋势，也是我国长期基本国情，既带来挑战又蕴含机遇。养老金融的目标是确保养老保险制度安全运行，支持养老服务业和产业协同发展，促进金融高质量发展与人民美好生活相适应，推动银发经济高质量发展。

做好“养老金融大文章”，一是健全多层次养老金体系。加大对基本养老保险的财政补助，推进全国统筹；完善税收优惠，动态提高个人养老金缴纳上限，扩大第二、第三支柱产业覆盖面；健全资金转移和一体化监管框架，促进第二、第三支柱产业互联互通，实现老有所依。二是深化养老金融产品供给侧结构改革。利用数字技术为养老客户精准画像，推出安全稳健的养老金融产品；引入专业化、市场化投资管理和风险防控方法，在严控风险的前提下增强收益，满足养老资产长期保值增值需求，提升金融适老化服务效能。三是打造“养老 + 金融”深度融合格局。运用政府和社会资本合作模式、政策性金融工具，引导社会资本进入养老领域；鼓励金融机构与养老相关领域开展跨界合作，拓宽融资渠道，促进适老设备、智慧养老等新兴产业发展，实现资金、信息、服务的有效整合，将老龄化转化为金融创新机遇。

（七）以数字化赋能金融高质量发展，做好“数字金融大文章”

科技革命和产业变革席卷全球，推动大数据、区块链、5G 等新一代信息技术兴起，使人类步入数字经济时代。我国数字经济规模已超过 50 万亿元，成为高质量发展的新引擎。数字经济改变商业模式、生活方式和用户习惯，要求金融业全面数字化转型。数字技术与金融服务深度融合，提升服务效率，支持数字经济发展。当前，数字金融发展面临数据开放利用能力弱、金融机构数字化参差不齐等挑战。应加速金融服务数字化转型，建设数字基础设施，推广新技术如生成式人工智能、隐私计算，跨场景数字化渗透，优化风险监测和流动性管理，强化数字安全防护。提高数据要素价值开发能力，打通跨区域、跨行业数据共享机制，优化数据获取和应用路径，探索新模式、新业务，改进金融产品设计、渠道营销和风险管控，增强数据应用能力，促进数字金融市场效益提升。

（八）稳慎扎实推进人民币国际化，夯实建设金融强国的强大货币基础

在迈向金融强国的道路上，人民币国际化是构建强大货币体系的关键步骤。中央金融工作会议提出稳慎扎实推进人民币国际化，旨在理性处理利益和风险，

从现实出发，采取务实措施。稳慎扎实推进人民币国际化，一是结合产业链重构和价值链升级，深化人民币的国际应用。加快发展新能源汽车、5G 等领域，同时布局高端芯片、智能机器人和量子信息科学等新兴领域，提升我国在全球产业链中的地位，推动贸易发展；便利与东盟和“一带一路”共建国家的本币结算，深化与金砖国家、上海合作组织成员国及资源型国家的合作，优化离岸人民币流动性。二是提升人民币的货币职能，增强其市场需求。加强人民币跨境支付系统建设，推进数字人民币跨境结算试点，扩展人民币国际结算网络，重视人民币支付功能；促进人民币在大宗商品交易中的使用，完善以人民币计价的商品期货市场，扩展人民币计价功能；支持多边开发机构发行人民币债券，鼓励金融机构开展人民币跨境贸易融资和境外贷款业务，促进人民币在投融资中的应用。三是提升开放条件下的金融监管能力和风险防范水平，确保金融开放稳定。建立分工清晰、职责明确的开放金融监管体系，健全本外币一体化的跨境资金流动宏观管理框架，完善跨境资金流动监测预警机制；积极参与全球金融治理与合作，加强与境外金融监管机构的信息共享和监管合作，持续优化 CIPS 和数字人民币相关制度，推动国际货币格局的进一步发展。

（九）坚持把防控风险作为金融工作的永恒主题，着力维护国家金融安全

建设金融强国是重大挑战，只有确保金融安全，才能提供高质量服务。随着金融科技迅速发展、监管环境变化和风险增加，需要创新监管模式，构建全面包容的监管体系。一是加强制度建设，建立灵活的综合性监管体系，提升前瞻性监管力度。二是推进金融科技与监管融合，利用数字技术创新，完善监管数据平台，优化监管工具，支持监管沙盒机制，平衡创新和风险防范。三是强化国际金融风险防范，处理好大国关系，加强国际对话，保障海外资产安全，研发加密数字货币和分布式账本技术，提升金融市场韧性，防范外部冲击，维护国家金融安全。[①]

① 石建勋，贾宏伟 . 加快建设金融强国的重大战略意蕴及实践路径 [J]. 新疆师范大学学报 (哲学社会科学版),2024(7):1–9.

三、构建具有中国特色的金融体系

（一）新质生产力驱动下中国特色金融体系的创新要求

1. 新质生产力与金融体系创新

（1）新质生产力对金融产品与服务创新的影响

大数据、云计算、人工智能和区块链技术的广泛应用，正深刻引领金融行业发生历史性蜕变。这些前沿技术不仅拓宽了金融服务的疆界，更通过大数据分析赋予金融服务精细化和个性化的新特质。例如，以用户行为数据为基础的信用评分系统，通过科学算法，极大增强了贷款条件的公正与客观，彰显了技术革新在金融领域的无限潜能与价值。同时，区块链和人工智能技术的应用，提升了交易的透明度和安全性，加速了金融服务智能化和效率提升。

（2）新质生产力对金融模式创新的促进作用

新质生产力正成为金融模式创新的强大引擎，科技的迅猛发展激励着金融机构寻求更加灵活与开放的服务路径。金融科技公司凭借技术创新，成功催生了移动支付、在线借贷等全新服务模式，不仅显著提升了金融服务的效率与便捷性，更在无形中拓宽了金融服务的覆盖面，使更多人享受到金融服务的便利，从而有力推动了金融服务的普惠性。这一变革,正是新质生产力与科技发展相结合的典范。

2. 金融科技的应用与创新

信息技术已然成为金融服务领域的核心力量。互联网与移动通信技术的突飞猛进，使金融交易变得前所未有的便捷与高效，例如，在线银行和移动支付等新型服务模式的涌现正是这一变革的生动体现。而人工智能与大数据技术的融合应用，正在对金融服务进行深刻的重塑。通过对海量数据的深入剖析，金融机构能够更加精准地评估潜在风险、制定科学的投资策略，并为每位客户提供量身定制的服务。此外，云计算技术的引入，不仅为金融服务注入新的动力，更以其强大的数据处理能力和出色的成本效益，显著提升了服务的灵活性与安全性。这无疑为金融机构提供了更加广阔的发展空间，使其能够更好地适应瞬息万变的市场需求，从而在激烈的市场竞争中脱颖而出。

3. 金融市场的深化与开放

新质生产力推动金融市场深化发展，促进对外开放，提升我国金融市场的国际竞争力。新技术如大数据、云计算、人工智能的广泛应用，显著提升了金融服务的效率和质量，降低了成本，拓展了金融产品创新空间，促进了金融市场多元化发展。加强国际合作，引入国际资本和管理经验，通过互联网等技术手段跨境合作，进一步开放金融市场。完善金融法治环境、加强监管体系和风险防控，培养国际化金融人才，提升我国金融市场的国际竞争力。

4. 金融监管与风险管理的创新

在当下金融市场日新月异的背景下，构建一个既适应市场变化又具备前瞻性的金融监管体系尤为重要。现代金融市场的错综复杂，使传统监管体系在应对挑战时显得捉襟见肘，难以满足市场发展的需求。因此，我们必须寻求一种新型的监管框架，这一框架不仅能够迅速响应市场的风云变幻，更能准确预测未来的发展趋势。要想实现这一目标，关键在于提升监管体系对金融创新的理解与适应能力。唯有如此，才能确保监管措施既能有效应对各种挑战，又不会成为创新发展的绊脚石。在这一过程中，大数据、人工智能和区块链等前沿技术发挥了举足轻重的作用。大数据分析技术的应用，使我们能够精准预测市场的波动情况，从而为监管决策提供了有力支撑。而人工智能技术的引入，则极大增强了我们对复杂金融交易的监控能力，让任何异常交易都无处遁形。此外，区块链技术的广泛应用，不仅提高了交易的透明度，还在一定程度上减少了金融欺诈的风险。面对全球金融环境的复杂多变，我们不能有丝毫懈怠。持续创新与完善监管体系，已成为摆在我们面前的一项紧迫任务。监管机构必须时刻保持对市场动态的敏锐洞察，不断调整和优化监管策略，以确保金融市场的稳健运行。同时，加强国际监管合作也很重要。只有通过跨国界的深入交流与合作，才能防范跨境金融风险，为全球金融市场的繁荣发展贡献力量。

5. 国际经验与本土实践的结合

国际经验与本土实践的有机融合，在构建具有中国特色的金融体系中占据着举足轻重的地位。通过汲取全球范围内的成功实践，特别是在金融监管的精准与市场开放的有序方面，能够显著降低金融市场的波动性，有效规避系统性风险，进而夯实市场的稳定性。这种跨文化的智慧碰撞与本土实际的深度融合，不仅展现了中国特色金融体系的独特魅力，更为其稳健发展注入了源源不断的动力。同时，本土金融实践的创新，如移动支付、大数据金融等，推动了金融服务的普及化和体系完善，体现了中国特有的发展路径和战略定位。为了构建既符合国际规范又有中国特色的金融体系，我们要不断强化金融监管体系建设，提升市场透明度和效率，同时促进金融科技发展，确保金融服务覆盖面广泛，为经济高质量发展提供坚实支撑。

（二）新质生产力背景下中国特色金融体系的原则要求

新质生产力对金融体系提出了更高的要求，推动金融行业的创新与变革。在这一背景下，金融体系必须进行创新，尤其是技术创新，如大数据、云计算、人工智能等尖端技术应该积极引入，并立足于金融业务寻求创新使用之道。这些技术各具优势，当应用金融服务后，可向用户输出个性化服务产品，而且类型上多种多样，除此之外，金融服务还能向更灵活、更开放的方向发展。目前一些金融服务模式已经上线，如移动支付、在线借贷等，虽然用户评价褒贬不一，但确实提升了金融服务效率和普惠性。金融科技不能停步不前，在应用中进行创新应成为基本态度，只有如此才能为构建中国特色金融体系提供有力支持。金融机构要在金融科技创新领域付出努力，同时政府部门也要大力支持，如增加金融科技研发投入总量。金融科技创新并不意味着传统金融要被完全摒弃，实际上传统金融具有的某些优势难以被新金融所取代，因此如何将金融科技创新与传统金融深度融合成为重点思考内容。在金融市场中，新质生产力发挥着推动和优化作用，同时也是金融市场与国际化接轨的重要力量。我国需要通过不断地技术创新和信息化提升来加强与国际金融市场的联系与合作。借助国际资本的力量，我们可以进一步提高金融市场的效率和竞争力，从而更好地服务于实体经济。当然，在这一过程中，金融法治环境必须得到优化和完善。在有法可依的视野下，金融市场的深化和进一步开放不会“越界”，实际实行也会有章有法，不会陷入混乱无序状态中。“法”是制度，可规范金融市场中的具体行为，“法”还是监管工具，对金融市场运行过程监督审视，当针对金融市场的“法”愈加完善，金融市场的创新与发展将更为顺畅，同时金融监管体系也能得到高效构建。风险管理作为金融监管的重要一环，离不开新技术的加持，因此相关机构应积极引入新技术并在风险管理中合理运用，只有这样金融市场才能持续稳定，金融创新也能够保持健康发展状态。我国在构建金融监管体系时，不能因循守旧、照搬以往经验，而是要勇于创新，不断调整和优化监管框架，推动监管效率和有效性达到更高层次，为金融市场健康运行打下坚实基础。国际优秀经验值得借鉴，但在借鉴时，盲目照搬不可取，必须结合本土实际灵活运用，使创新实践更加贴合实际需求。

（三）构建中国特色金融体系的具体路径

1. 加强金融科技的研发与应用

金融科技需要走不断研发和应用之路，才能始终处于前沿，更好地为金融业作出贡献，并且在构建中国特色金融体系中发挥重要作用。目前，提升金融服务质量和效率成为金融业重要目标，金融科技是实现这些目标的重要抓手，因此应该得到足够重视，确保研发与应用更顺畅，并维持在更高层面。金融科技研发还是普及金融服务的重要助力，比如移动支付、在线借贷等模式能在新型金融科技支持下进一步革新，让用户更为便捷地获取金融服务。因此，应加大对金融科技创新的投入，优化监管环境，推动科技在农村和偏远地区的应用，以及加强人才培养和引进。

2. 深化金融市场改革，推动对外开放

深化金融市场改革，利用新质生产力推动市场深化和对外开放，优化金融资源配置，提高服务效率，推动金融国际化进程，增强全球影响力。加强国际合作，引进先进管理经验和技术；吸引外资，增加资金供给和市场活跃度；完善法律法规，保障金融交易安全和效率；促进金融资本自由流动，提升市场吸引力和全球竞争力。

3. 创新金融监管与风险管理机制

一是构建前瞻性强的监管体系，优化框架以适应市场；二是利用新技术识别

风险，提升监控效率；三是推进监管方法创新，如沙盒测试，确保有效监管；四是提升金融风险意识，增强风险管理能力，以提高监管效率和市场稳定。

4. 借鉴国际经验，结合本土实践

国际金融发展领先于我国，我们应该秉持虚心态度，积极汲取国际金融监管的先进经验，然后立足于本土实际，采取更适合的用人之法，进而为金融监管有效推进贡献力量。国际上也有很多经过时间考验的金融产品，我国金融机构可以进行借鉴，只是在借鉴时要考虑到国际市场和国内市场在需求层面的差异，确保借鉴后开发出的金融产品能有所分类，分别满足国内市场和国际市场需求。国际金融机构也是我国重点合作对象，其管理方式、运作模式等均值得深入分析和借鉴。

5. 推动金融教育的普及

通过提升公众金融素养，可以有效支持中国特色金融体系的建设，促进经济发展。实现这一目标的措施包括：整合资源，通过多渠道宣传教育；将金融教育纳入学校教育体系；举办金融知识讲座和工作坊；利用科技手段提供个性化金融教育服务。[①]

四、发挥金融市场强国战略的作用

（一）推动完善资本市场功能，树立金融市场强国战略

在推进资本市场改革进程中，必须恪守法治化与市场化两大原则，针对资本市场的审批制度、信息披露机制、退市规定和内幕交易等核心问题，进行彻底的梳理与优化。资本市场的决策性作用在资源配置中不容忽视，其高效、公平的运作对经济发展至关重要。为加强顶层设计与统筹协调，中央金融委员会应充分发挥其引领作用，成立国务院资本市场强国战略领导小组，集结各职能部门之力，下设专职办公室，深入研究并规划资本市场的发展蓝图、战略方向和实施细节。这一系列的举措，旨在确保各项政策的有效落地与工作的有力执行，从而构建虚拟经济与实体经济相互促进、共同繁荣的发展新格局。

---

①　陆岷峰，徐玉锋．新质生产力驱动下的金融强国战略——构建具有中国特色的金融体系 [J]. 大庆师范学院学报，2024,44(3):44–53.

（二）推动中长期资金入市计划，培育资本市场长期发展生态

为加速职业年金计划的推进，需巧妙融合个人账户和延迟纳税策略，以此引领资金稳定且长期地流入资本市场。此举不仅有助于促进资本市场的良性互动，更能构建起一个“长钱长投”的生态体系。为确保该体系的稳固与高效，建议设立由金融领域高层领导主导的部际联席会议机制，汇聚社保、国家发展改革委、证监会、央行和银保监会等多方力量。通过制度层面的精心设计，积极推动职业年金、住房公积金等机构投资者深入参与市场运作，从而为资本市场的稳定发展注入强劲动力。此举不仅能夯实市场的长期投资基础，更能让广大民众切实感受到改革开放带来的丰硕成果。

（三）推动夯实资本市场环境，发挥市场配置资源的决定性作用

实施差异化的证券交易税收制度，对于建立和完善符合中国股市发展需求的税收管理体系至关重要。此举旨在鼓励长期投资与价值投资，为市场营造良好环境。针对上市公司分红税收问题，应推行减免政策，以避免重复征税，从而确保投资者的实际收益。同时，建立优胜劣汰机制和严格的退市制度，有助于促进市场的健康发展，提高市场整体质量。利用大数据平台加强内幕交易的监控，是净化市场环境、保障市场公平性的重要举措。此外，依托大数据和人工智能技术来加大市场监管力度，可确保市场法治环境的有效运行，为资本市场的长期稳定发展奠定坚实基础。①

五、处理好“道”与“术”的关系

（一）走好中国特色的金融发展之路

金融历史表明，金融扩张脱离实体经济会导致周期性金融危机，影响国家稳定。为加强金融强国建设，需回归本源，优化金融服务实体经济，深化供给侧结

---

① 李恩付，徐进才．建议加快实施金融市场强国战略推动新质生产力加速发展 [J]．财富时代，2024(5):17–18.

构性改革，推动经济高质量发展。金融治理需应对复杂经济金融环境，特别是金融创新带来的复杂性和影子银行风险。党中央强调集中统一领导和系统观念，通过政策、监管、央地协同应对跨部门风险，确保金融稳定与安全。过去的四十年，我国成功避免了重大金融危机，这得益于坚持防控风险，推进金融创新，统筹开放和安全、稳中求进的方针。

（二）建设中国特色现代金融体系

第一，宏观审慎监管与微观审慎监管是金融监管的两个重要方面。宏观审慎监管旨在维护整体金融系统的完整性，防止系统性风险；微观审慎监管则关注单个金融机构的财务稳健，保护金融消费者的利益。二者既相互补充又相互配合，确保资源优先用于关键领域，强化系统性风险预防。

第二，长期以来，国内银行主导的金融体系满足了重要产业和关键领域的融资需求，但需要改变直接融资与间接融资的不平衡格局。随着经济结构的深度调整与转型升级，以及高质量发展需求的日益增长，优化融资结构越发重要。特别是，加强资本市场建设和推动直接融资的发展，已成为构建市场化、国际化和多元化金融体系的必由之路。然而，鉴于目前居民对于金融风险相对保守的态度，资金仍大量流向银行体系。因此，在现阶段，继续支持以银行为主导的金融体系仍不可或缺。与此同时，应着力创新银行融资工具，以更好地扶持初创企业和科技型企业。此外，还需积极发展并完善资本市场，以期逐步实现金融体系的均衡与全面发展。

第三，金融市场基础设施作为金融活动的核心通道，其重要性不言而喻，直接关系到金融服务的连续性和整个金融体系的稳定。历史的镜头一次次捕捉到金融危机的瞬间，而这些危机无不提醒我们：提升金融系统的整体韧性，不仅要求金融机构和市场的坚如磐石，更要着眼于金融基础设施的弹性与稳固。为了筑牢这道防线，防止服务中断的风险，我们必须在基础设施的建设过程中精心管理各类安全风险，尤其是那些关键技术背后的隐患。①

① 刘伟，刘志清，王擎，等．加快建设金融强国　助推新质生产力发展（上）[J]．金融监管研究，2024(6):1–21.

六、做好金融高质量发展整体布局

（一）建设金融强国必须走中国特色金融发展之路

1. 中国金融的三个关键问题

（1）中国金融发展归根结底要为中国式现代化提供服务

中国式现代化具有广阔视野，一方面会积极以各国现代化相关特征进行发展和构建；另一方面又深植于中国特色社会主义，展现出显著的中国特色。中国金融作为中国建设的重要一环，应该将服务于中国式现代化作为重要使命。首先，金融发展过程中不能只着眼于助力经济增长，还要从促进社会进步、打造文化强国、深化环境保护等方面深入考量。其次，金融发展是实体经济发展的重要助力，也是科技进步、产业升级不可或缺的力量，同时金融系统十分注重风险防控，有利于塑造更稳定的金融市场。最后，金融发展要强调党中央在金融工作中的指导作用，确保金融活动符合国家法律法规和发展战略，为全面建成社会主义现代化强国提供有效服务。

（2）走中国特色金融发展之路

中国特色金融发展在“八个坚持”的原则指导下稳步前行。这些原则不仅为新时代的金融工作指明了方向，更体现了我国在金融领域的基本立场和核心观点。党中央对金融工作的集中统一领导，是确保金融政策与国家整体发展战略紧密契合的关键。这种领导模式有助于及时预防和有效应对可能出现的金融风险，从而维护国家金融安全。坚持以人民为中心，是金融服务普惠化和公平化的重要保障。这意味着金融服务不仅要面向大型企业和高净值人群，更要关注中小微企业和普通民众，确保金融资源的合理分配。服务实体经济是金融的根本宗旨。金融与实体经济的深度融合，能够促进产业升级和经济发展，实现金融与实体经济的双赢。防控风险作为金融工作的长期主题，要求建立完善的监管和风险处置机制，确保金融市场的稳定和持续发展。市场化、法治化推进金融创新，是维护金融市场秩序和保护投资者权益的必要手段。在创新的同时，也要注重市场秩序和投资者利益的保护。深化金融供给侧结构性改革，有助于优化资源配置，提高金融服务效率，从而更好地满足多样化的金融需求。统筹金融开放和安全，是稳妥推进金融市场对外开放的重要前提。在对外开放的同时，要确保国家金融安全不受威胁。稳中求进的工作总基调，则是确保金融行业持续健康发展的核心理念。在保持稳定的基础上不断地求新求变，才能推动金融行业的长远发展。

（3）建设金融强国是目标

金融强国的核心要素包括六个关键点：一是强大的货币，即具有国际广泛接受度和信任度的货币，可降低交易成本、提升经济效率，并体现国家经济和金融实力；二是强大的中央银行，负责制定和执行货币政策、维护金融稳定，有效应对金融危机；三是强大的金融机构，提供全面高效的金融服务，支持实体经济发展；四是强大的国际金融中心，吸引全球资本和人才，促进国际金融交流；五是强大的金融监管，确保金融市场稳定和投资者权益保护；六是强大的金融人才队伍，为金融创新和服务质量提升提供支持。

2. 建设金融强国的三个重大问题

（1）深入推进金融监管工作的几个核心维度

金融监管部门需清晰界定其责权范围，这是确保监管措施得以有效执行的基础。只有明确界限，才能使执行力度与决策力度相匹配，从而更好地维护金融市场的健康与稳定。这种权责的明晰，不仅有助于提升监管效率，而且能够增强市场的信心。监管部门在执行市场准入、审慎监管和行为监管等关键环节时，必须严格依照法规行事。这种对法规的严格遵守，是保障金融活动合法、有序进行的前提。任何对法规的轻视或违背，都可能给金融市场带来不可预测的风险。地方金融监管部门的角色亦不容忽视。他们不仅需要关注地方金融市场的具体情况，还需考虑国家整体的金融稳定。在及时发现并处置本地区的金融风险方面，地方金融监管部门扮演着重要角色，这对于维护整个金融市场的秩序至关重要。对于金融领域的任何腐败行为，监管部门都应展现出坚定的执法决心，确保金融监管的公正与有效。这种对腐败行为的零容忍态度，不仅是对金融消费者权益的有力保护，更是对金融市场公平、透明原则的坚守。多部门之间的协同合作也是做好金融监管的关键一环。通过建立权责一致的风险处置机制，各部门能够形成合力，共同推动金融市场的稳定发展。这种跨部门的协同作战，不仅能够提升监管的整体效能，还能够在应对复杂金融风险时展现出更大的灵活性与应对能力。

（2）关于如何做好金融开放

稳慎把握开放节奏和开放力度。在全球化背景下，金融开放是提升我国金融市场竞争力和国际影响力的关键路径。需稳慎操作，确保金融安全和稳定。推动制度型开放。实施“准入前国民待遇 + 负面清单管理制度”，引导全球金融治理，提高市场吸引力和政策透明度，支持共建“一带一路”金融合作，促进国际金融市场多元化发展。统筹开放与安全。在扩大开放的同时，确保金融安全底线，加强风险防控和监管体系建设，保障金融市场稳定发展。

（3）关于中国特色金融文化的内涵

习近平总书记深刻阐释了中国特色金融文化的内涵，为现代金融活动注入了传统文化精神的灵魂。他所强调的诚实守信原则，揭示了诚信在金融交易中的不可或缺，是维护市场公正与透明的根本。以义取利，则是对道德经营和社会责任的呼唤，提醒我们在金融活动中应超越对利润的单纯追求，更多地考虑社会的整体福祉。稳健审慎的态度，要求我们在金融风险管理和长远规划上下足功夫，确保金融体系的稳定和可持续发展。在创新中守正，是对空泛和投机行为的警示，鼓励我们在金融创新中坚守正道，不偏离实际。而依法合规的行事准则，更是对法治精神和规范运作的坚定捍卫，任何金融活动都应在法律的框架内进行，不得胡作非为。这些原则共同构成了中国特色金融文化的核心，为金融行业的健康发展提供了有力的文化支撑。

（二）做好金融“五篇大文章”是建设金融强国的关键发力点

1. 科技金融：推动新质生产力发展重“长效”

从学术的视角出发，科技金融不仅是一套金融工具的组合，更是推动科技开发、促进成果转化和助力高新技术产业蓬勃发展的重要力量。其涵盖了政府、企业、市场和社会中介机构在科技创新金融领域的多元行为活动，深深嵌入国家科技与金融体系，对科技发展和金融运作产生深远影响。科技金融的核心使命，在于为新质生产力的发展提供精准服务。在追求高质量发展的当下，新质生产力以科技创新为基石，以加速经济变革为目标。新质生产力不仅是对现有生产力的突破与提升，更是通过科技的深刻进步，引领全面生产力的大幅跃升，从而推动经济社会发展跨入一个崭新的阶段。在这一过程中，科技金融扮演着不可或缺的角色，为科技创新提供源源不断的资金支持和金融服务，成为推动经济社会持续健康发展的强大引擎。实现新质生产力发展的关键在于：首先，强化科技创新在战略性新兴产业和未来产业的应用，推动现代化产业体系建设，促进传统产业升级和新兴产业发展，提升经济在全球价值链的地位；其次，加强高水平科技自主创新，优化创新资源配置，提升国家创新体系的整体效能；最后，通过科技创新和产业升级，为经济社会发展提供新动能，增强国际竞争力，推进绿色可持续发展。

2. 绿色金融：提升可持续发展动能看“质效”

绿色金融，这一支持环保、节能减排和绿色技术创新的金融服务模式，正逐渐成为推动可持续发展的重要力量。其涵盖了信贷、投资、保险和咨询等多元化产品和服务，不仅体现了金融行业的创新与发展，更彰显了人类对环境友好的追求。绿色金融的特征在于其环境友好性、机制创新性、风险管理精细性，以及政策驱动和国际合作的广泛性。这些特征共同构成了绿色金融的独特魅力，使其成为实现环境和经济双赢的有力工具。当前，我国正致力于构建一个统一、与国际接轨且清晰可执行的绿色金融标准体系。这一目标的实现，不仅要求金融机构在信息披露上做到透明、公开，还需要第三方机构的核实验证，以确保数据的真实性和准确性。随着地方绿色金融立法的不断推进，对金融机构环境信息披露的要求也日益明确和严格。为激励金融机构有序增加绿色资产配置，中国人民银行自2018年起便全面评价银行业绿色信贷业绩，并于2021年将绿色债券纳入评价范围。这一举措无疑为绿色金融的发展注入了新的动力。通过鼓励金融产品创新、完善证券发行制度和规范交易流程等，我国已初步形成多层级绿色金融产品和市场体系。这不仅丰富了金融市场的产品线，也为投资者提供了更大的选择空间，进一步推动了绿色金融市场的繁荣发展。

3. 普惠金融：服务小微企业突出“增效”

普惠金融强调以合适的价格及时提供高质量的金融服务，保证便捷安全，同时促进服务提供者的商业可持续性。目前，我国普惠金融重点关注解决小微企业融资难问题。在探讨小微企业融资的诸多难题时，我们不得不面对市场信息不对称、企业发展不确定和抵押资产不足这三大核心困境。这三大困境如同三座大山，常常使小微企业在寻求融资的道路上步履维艰。然而，困境并非无解，关键在于如何巧妙利用现有资源和工具进行突围，要充分利用政策工具，为小微企业融资铺平道路。政策如同指南针，为小微企业指明方向；也如甘霖，为企业提供必要的滋养。政府财政支持和优惠政策是降低融资成本、提升融资可获得性的重要途径。诸如中央财政的专项资金支持，或是中国人民银行的科技创新再贷款等政策，都是对高新技术企业和“专精特新”企业的大力扶持。这些政策的巧妙运用，不仅能够缓解企业的资金压力，更能在一定程度上稳定市场预期，增强投资者的信心。政府服务也是小微企业不可或缺的资源，市场对接、融资服务和产业培育等政府服务项目，如同一支支催化剂，帮助小微企业提升管理水平，增强市场竞争力。例如，“千帆百舸”和“一月一链”等投融资路演活动，不仅为企业提供了展示自身的舞台，更是搭建了一个信息交流、资源共享的平台。通过这些活动，企业能够更敏锐地捕捉市场和行业动态，与其他企业建立更紧密的合作与交流关系，从而在激烈的市场竞争中脱颖而出。金融科技的迅猛发展也为小微企业融资带来了新的契机。大数据、人工智能、物联网等技术的应用，如同为企业装上了一对智慧的翅膀，使其能够在业务和资金流数字化的大潮中乘风破浪。金融机构提供的电子支付系统、线上融资平台、供应链金融服务等金融科技产品和服务，不仅降低了企业的运营成本，更大大提高了资金的使用效率。这些金融科技的加持，让小微企业在融资过程中更加游刃有余，更好地把握市场机遇。

4. 养老金融：满足老年人需求要出“实效”

养老金融与老年人直接相关，为了让老年人更高质量养老，养老商业类保险得到推出，并且基于实际需求不断调整和创新。国家金融监督管理总局（以下简称总局）成立之后，对养老商业保险给予高度重视，在 2023 年 8 月，该机构发布了关于个税递延型养老保险试点与个人养老金衔接的通知，主要目的是引领相关试点公司进一步优化服务流程，使客户充分受益，并且相关权益得到充分保障。这一政策的出台，不仅为养老保险市场注入了新的活力，更为广大民众提供了更加多样化的养老保障选择。随后，在 2023 年 10 月，总局又进一步规范了专属商业养老保险的发展，意在通过满足不同人群的养老需求，来推动第三支柱养老保险的健康成长。这一政策的实施，无疑为养老保险市场带来更广阔的发展空间和更丰富的产品供给。紧接着，在 2023 年 11 月，总局针对养老保险公司的经营特性，明确了一系列管理规定，包括资本管理、考核机制、业务范围和风险控制等方面。这些规定的出台，不仅为养老保险公司的稳健运营提供了有力的制度保障，更为整个养老保险行业的健康发展奠定了坚实的基础。

5. 数字金融：数字金融提升服务效率和质量要显“成效”

金融科技在当今社会中，已经如同空气般无处不在，特别是在支付、保险等日常服务中，其无缝融合的特性使得城市治理数字化的步伐越发坚定。随着企业数字化、产业互联网和数字城市治理的深入推进，数据的积累如同滚雪球般迅速膨胀，这无疑为金融科技在提升服务质量和风险管理方面奠定了更加坚实的基础。数字金融的创新浪潮，正推动着金融机构朝着更开放、数智化、绿色化的方向发展。新技术，如人工智能、区块链、云计算、大数据等，与各类场景紧密结合，为金融服务注入了前所未有的便捷性和多元性。金融机构在开放的道路上积极寻求合作，将自身的产品与服务巧妙地嵌入各类平台中，从而为用户提供更加个性化的专业金融服务。特别是人工智能与数字金融的融合，其深度与广度都在不断扩展。智能化监管已成为行业发展的新常态。利用人工智能和大数据等先进技术，欺诈活动得以迅速识别；区块链技术为交易透明度和安全性加上了双重保险；智能合规系统的研发，使得监管报告自动化成为可能；而在金融数据保护和隐私智能监测方面，也取得了令人瞩目的进展。更值得一提的是，地方金融监管系统的上线，为行业发展和风险防范提供了有力保障。智能化数据治理同样取得了长足进步。金融数据治理无论是框架建设还是平台打造都呈现欣欣向荣局面，这为数据质量控制机制向标准化进发打下了坚实基础，比如针对数字时代出现的数据安全和隐私保护问题，该机制形成了一系列应对举措，极大增强了数据安全性和隐私保护力度。智能化金融服务已经不再新鲜，更多用户对其有了充分了解和认识，并且能较为熟练地应用，比如用户在接受智能化金融服务产品的过程中，懂得通过智能客服、信用评价系统等来获取更优质的投顾策略，同时也能充分认识到存在的风险。这种深度融合不仅提升了金融服务的效率和质量，更为用户带来了前所未有的便捷体验。

七、推动金融高水平对外开放是建设金融强国的关键环节

（一）更好地发展跨境金融

跨境金融，这一涉及不同国家或地区资本流动与配置的金融活动，已然成为全球经济体系中不可或缺的一环。其不仅将金融交易的边界推向更广阔的地理空间，还在某种程度上彰显了金融市场功能与效率的高低。在这一过程中，资本的自由流动、商品与服务的全球交换，都被跨境金融紧密地串联起来，展现了一幅全球互联互通的宏伟画卷。当我们深入剖析跨境金融业务时，会发现其呈现出多元而复杂的特点。多币种的涉及使外汇风险的管理变得尤为关键，而各国不同的法律法规与监管政策，又为跨境金融蒙上了一层复杂的监管面纱。市场参与者的广泛性，从银行到跨国公司，从政府机构到投资基金，都体现了跨境金融的包容性与多元性。然而，这种广泛性也带来了风险的多样性，汇率风险、信用风险和国家风险等都考验着跨境金融机构的风险管理能力。而这所有的高效运作，都离不开先进信息技术和通信技术的支撑。跨境金融的发展之路并非坦途，而是多重挑战并存。监管的差异性是首要的难题，各国在金融监管、货币政策和外汇制度

上的不同，为跨境金融活动设置了不少障碍。金融犯罪，尤其是洗钱和恐怖融资等活动，更是对跨境金融的安全构成了严重威胁。市场信息的不对称，可能导致市场参与者的决策失误，进而影响市场的整体效率。而汇率和利率的波动，不仅影响跨境资金的流动，也对金融机构的风险管理和对冲策略提出了更高的要求。此外，国家政治经济的不稳定性，也可能对跨境资金造成不可预测的损失。面对这些挑战，跨境金融的发展需要寻找新的路径，在这一背景下，国际合作的加强变得尤为关键，通过统一金融监管标准，我们可以更有效地打击金融犯罪，保障跨境金融的安全。同时，跨境基础设施的建设也刻不容缓，这将有助于金融机构之间的互联互通，提升跨境金融的效率。而新技术的应用，如区块链、大数据、云计算等，不仅可以提升跨境金融的效率和安全性，还能为跨境金融带来新的可能性。例如，广西联合征信与东盟国家利用区块链技术来防范数据的非法流动，便是一个生动的实践案例。

（二）借助 RCEP 契机深化自贸试验区金融创新

在特定区域，如金融创新试点区内，探索更为开放的金融合作模式正成为推动金融发展的新动力。以中马钦州产业园区为例，该园区开展金融创新试点工作伊始，便以服务实体经济为基石，锐意进取，推出了一系列跨境人民币金融创新政策。诸如“跨境人民币同业融资”和“跨境人民币双向流动便利化”等措施，不仅为广西企业与东盟国家之间的产业链、供应链及经贸合作提供了坚实的金融支持，还在实践中积累了宝贵的成功经验，为日后的推广奠定了坚实基础。积极推广人民币的跨境使用，特别是与 RCEP 成员的交易和投资，是推动人民币国际化进程的重要一环。此举不仅有助于提升人民币的国际地位，更能为区域经济的稳定与发展注入新的活力。此外，充分利用政策优势，先行先试，支持 RCEP 成员金融机构设立分支机构，也是深化金融合作的关键步骤。这将进一步增强金融市场的开放性与多元性，为跨境金融提供更加广阔的服务平台。同时，打造面向 RCEP 的金融服务关键平台，如中国—东盟金融城、中国—东盟金融城基金大厦等，对于促进各类金融服务如贸易金融、物流金融、绿色金融和供应链金融的整体发展具有深远意义。这些平台的建立，不仅能提升区域性金融集聚水平，更能完善金融服务功能体系，为推动跨境金融的全面发展奠定坚实基础。

（三）以金融高水平安全夯实建设金融强国的安全基础

1. 统筹金融开放与安全，要坚持“底线思维”

金融市场开放的有序推进，是提高跨境贸易投资便利化的关键一环。通过深化人民币汇率机制改革，我们可以进一步增加汇率的灵活性，从而更有效地管理跨境资金流动，确保外汇市场的稳健。与此同时，加强国际金融合作，积极参与国际治理，是宏观经济政策协调的重要途径，有助于进一步巩固全球金融安全网。在金融开放的过程中，金融数据安全管理亦不可忽视。我们需要完善相关制度，以保障数据跨境流动的安全与便利，并确保规则的透明与清晰。金融开放与安全并非水火不容，而是相辅相成。坚守底线思维，及时响应金融风险，方能稳妥推进金融开放进程。

2. 统筹金融发展与安全，要坚持“系统观念”

金融发展与安全，如同经济体系的两大支柱，相辅相成，不可或缺。片面追求其中一方，恐怕会导致金融体系的倾斜，甚至可能触发深层的系统性风险。因此，我们必须从系统的视角来观察金融发展与安全之间的内在联系，确保二者在经济高质量发展的道路上并驾齐驱，产生协同增效的效应。对于金融风险的管理，绝不可掉以轻心，需要深入金融体系的每一个细节，从公司治理的微观层面，到宏观审慎监管的大局观，再到行为监管的细致入微，每一环节都要严密把控。构建坚实的金融安全网，完善早期风险纠正机制，是提升风险预警和处置能力的关键。而这一切，都离不开法治的坚实保障。通过法治的强化，我们可以为金融稳定筑起一道坚实的防线，从而确保我国金融高质量发展之路走得更稳、更远。①

① 周道许. 关于加快建设金融强国、推动金融高质量发展的思考 [J]. 区域金融研究，2024(4):1–11.

第八章 新质生产力与现代化产业体系建设

第一节 现代化产业体系的内涵特征与演进规律

一、现代化产业体系的内涵特征

科技创新，乃国家发展之第一动力，亦是构建现代化产业体系的战略基石。科技创新在现代化产业体系中居核心地位，科技创新如同体系中的心脏，为整个体系输送着源源不断的动力。实体经济、科技创新、现代金融、人力资源相互交织、相互促进，共同构筑了一个创新引领、协同发展的产业生态系统。科技创新在这一生态系统中，不仅推动着质量、效率、动力的深度变革，而且在潜移默化中提升着全要素生产率，助力实现经济的高质量发展。在科技创新的驱动下，掌握产业先进与核心技术尤为重要。这不仅关乎工、农、服务业的现代化进程，更是推动产业基础、结构、链条和经济融合走向现代化的关键所在。唯有如此，我国方能在新科技与产业变革的浪潮中稳固自身的领导地位，引领全球产业的发展方向。现代化产业体系的另一显著特征是融合发展。随着新技术的广泛应用，产业之间的边界逐渐模糊，融合发展的趋势越发明显。工业化与信息化的深度融合、制造业与服务业的相互渗透，互联网、大数据、人工智能与实体经济的紧密结合，都展现了融合发展的无限可能。这种融合如同化学反应，不仅释放了传统产业的增长潜力，而且为新产业的培育和发展注入了强大的动力。在融合发展的过程中，结构优化成为现代化产业体系的内在要求。产业结构的合理化和高度化是衡量其优化程度的重要维度。根据科技水平、需求结构、人口素质和资源禀赋来调整产业结构，实现生产要素的优化配置和高效利用，这是产业结构合理化的核心要义。而产业结构的高度化则表现为从第一产业向第二、第三产业的逐步演进，从劳动密集型向资本密集型、技术密集型、知识密集型产业的转变。这种转变不仅提升了整个产业链的现代化水平，更推动着经济社会的持续进步和发展。绿色智能作为现代化产业体系的发展方向，彰显了我国对生态环境和未来发展的深刻关切。绿色发展已然成为共识，现代化产业发展必须走绿色发展道路。在发展过程中，末端治理、绿色基础设施建设是贯彻绿色发展的两大重点，只有落实到位，才能支撑经济与生态环境协调共进，造福当下，更造福子孙后代。数字技术发展速度不断加快，产业数字化、数字产业化等概念被提出和研究，并在实际发展中进行实践探索，成为新时代为经济发展注入活力的重要引擎。数字经济与实体经济并非泾渭分明，两者能够融合共进、相互扶持，比如数字技术应用到实体经济后，既能有效提升实体经济生产力水平，也能有力提升生产质量。当下，绿色智能发展成为趋势，这离不开数字技术的支持，而赋予“绿色”印记之后，实体经济不仅要依靠数字技术提高生产质量和效率，还要提升安全可控能力。达到这一目标需要从长计议，因为“安全可控”涉及范围更广，除了具体生产环节，还要上升到产业链供应链层面，甚至要从经济安全层面做出考量。因此，数字技术的应用将进一步深化，仅靠外来引入远远不够，内部研发和转化更为关键。在这一要求下，现代化产业体系应该将提升韧性和应变能力作为重要目标，具体来说，相关产业遭遇技术瓶颈时，夯实核心技术并积极研发是有效的应对策略，在这之后，技术研发成果还要在产业链供应链中得到检验，确保其能够为提升产业链供应链韧性和安全水平作出贡献。全球化是不可阻挡的趋势，现代产业体系建设过程中，需要置身于全球分工合作网络中构建建设策略，使国际市场和国内市场既要分别分析和对待，又要有所结合来实现更优互补，为更深入地全面开放打下基础。这些要素共同构成了现代化产业体系强大的竞争力，使我们在激烈的国际竞争中立于不败之地。效益良好是现代化产业体系可持续发展的重要保障。投入产出比高是衡量产业体系效益的重要标准之一，要求我们以最小的投入获得最大的产出，实现资源的优化配置和高效利用。增值率、资本回报率和利润率等关键指标更是直接反映了产业体系的盈利能力和发展潜力。为了确保良好效益，我们必须充分发挥市场在资源配置中的决定性作用，同时要优化政府作用，提高资源配置效率。各产业各环节应获得合理的效益分配，从而促进各产业的协调发展和顺畅运行，为现代化产业体系的可持续发展提供有力支撑。

二、现代化产业体系的演进规律

随着工业化进程的推进、经济的蓬勃发展和居民收入水平的提升，一个国家的产业结构演变展现出一幅波澜壮阔的画卷。在这幅画卷中，我们可以清晰地看到产业结构的变迁与升级。在工业化进程的初期，第一产业无疑是这幅画卷的主角，其总产值和劳动力就业占据着主导地位。这一时期，农产品和矿产初加工、工业品装配等劳动密集型产业是国家经济发展的主要动力。丰富的劳动力资源得以充分利用，为国家积累了初步的资本和技术。此时的产业结构相对简单，但正是这份简单，孕育了未来产业升级的无限可能。随着时间的推移，第一产业的份额逐渐下降，第二、第三产业开始崭露头角。在工业化进程的中期，随着劳动力成本的上升和技能水平的提升，资本密集型产业如原材料和重工业逐渐崭露头角，成为新的主导产业。这一时期，国家的经济实力和技术水平都得到了显著提升，产业结构也变得更加复杂和多元化。到了工业化进程的后期，第三产业终于迎来了辉煌时刻，占据了主导地位。技术进步加速、人力资本增强和资本深化投资共同推动了产业结构的高级化。此时，资本密集型、技术密集型、知识密集型产业成为新的主导产业，精密材料、核心零部件、高端设备和产品等高技术、高附加值产业蓬勃发展。这些产业的崛起，不仅提升了国家的经济实力，还推动了科技的创新和社会的进步。在这幅产业结构演变的画卷中，我们还可以看到一个国家在全球价值链中的地位变迁。在工业化初级阶段，国家主要集中在低端加工组装环节，位于价值链的底端和微笑曲线的低端。然而，随着工业化的深入推进，国家逐渐涉足研发设计、高端制造、供应链管理和品牌建设等价值链的高端环节。这一转变意味着国家从简单的制造者转变为创造者，从追求产量转变为追求质量，从单一的产品提供者转变为品牌的建设者。这种全面的提升使得国家在全球供应链中占据了中高端地位，展现了强大的竞争力和影响力。产业结构的演变并非一蹴而就，而是需要经历一个漫长而复杂的过程。在这个过程中，科技创新、人才培养、政策支持等多种因素共同发挥作用。科技创新是推动产业结构升级的核心动力，其不仅能够提升产业的技术水平和附加值，还能孕育新的产业和业态。人才培养则为产业升级提供了源源不断的人才支撑，是国家竞争力的重要保障。而政策支持则在宏观层面为产业升级提供了有力的引导和保障，确保了产业升级的顺利进行。①

第二节　新质生产力对现代化产业体系建设的影响

一、新质生产力为现代化产业体系建设提供动力

（一）发展新质生产力不是放弃传统产业

新质生产力的发展与提升离不开科技创新，而当新质生产力提升后，产业升级将获得巨大助力，发展路径也能得到进一步优化。产业升级过程中，传统产业并非只有走向灭亡一条路，而是还有其他选择，比如通过寻找新技术与传统产业的契合点，支撑传统产业在新时代焕发新生机，逐步转化为具备高端化、智能化、绿色化特征的产业。在我国，制造业是名副其实的支柱产业，而其中的传统

① 黄汉权，盛朝迅．现代化产业体系的内涵特征、演进规律和构建途径 [J]. 中国软科学 ,2023(10):1–8.

产业占比很高，如果简单一刀切，产业空心化便是必然结果，国民经济发展也会受到巨大冲击。新质生产力具有科学内涵，其提升不仅是硬件层面的强化，还包括软件层面的深入转变。只有充分理解这一点，才能对技术更迭和产业创新之间的关系进行深入梳理，找到更科学、更长远的发展路径。传统产业并不意味着落后，只要为其注入新技术的新鲜血液，便能焕发新生，为高质量发展提供坚实支撑。

（二）发展新质生产力要瞄准新兴产业蓄势发力

新兴产业，作为现代化产业体系的璀璨明星，是由新技术与创新成果共同孕育的。其以知识密集、迅猛成长和高效益为显著特征，对经济社会的发展起着举足轻重的引领作用。在我国，战略性新兴产业已占据 GDP 的约 13%，其中，以新一代信息技术、新材料和新能源等“新三样”为代表的产业，其出口呈现快速增长态势，成为助推我国经济高质量发展不可或缺的力量。这些新兴产业，不仅为我国经济增长注入了新的活力，还在国际市场上展现了我国强大的创新能力和产业实力。

（三）发展新质生产力要强化未来产业前瞻布局

未来产业离不开创新驱动，技术创新首当其冲，并且是颠覆式创新。从新质生产力发展层面分析，未来产业将会是新质生产力大步向前的先锋力量。目前来看，未来产业“尚在襁褓”，但是其优势却极为突出。我国应该提前布局，如技术层面应积极引入和应用前沿技术，如量子信息、脑机接口、AI 大模型等，还要主动研发，探索更多新技术。我国也有他国不具有的优势，那就是工业门类齐全，并且有着健全的制造业体系。基于这一优势，我国能在制造生产方面为未来产业布局做好规划设计。此刻，我们正站在时代的风口，怀揣着对未来的无限憧憬，准备迎接这场颠覆性的创新革命。①

① 王沛霖 . 着力构建现代化产业体系培育塑造新质生产力 [J]. 机器人产业 ,2024(2): 5-9.

二、新质生产力为现代化产业体系建设提供保障

在当前的经济形势下，加速培育新质生产力是实现高质量发展的关键路径，也是摆脱传统增长方式的重要路径，更是建设以创新为主导的现代化产业体系、稳固新发展格局的根本保障。新质生产力以科技创新为核心驱动力，是一种以科技创新为主导、符合高质量发展要求的生产力新形态，通过优化新技术、新工具和生产要素的组合，新质生产力显著提升了全要素生产率，体现了数字时代更深度融合、更富新内涵的生产力特质。

全球科技创新进入密集活跃期，颠覆性技术不断涌现和成熟，重塑全球经济结构。发展新质生产力是我国应对科技革命和产业变革的关键选择。要点燃科技创新的火种，推动产业转型升级，深度融合科技与产业创新，促进新质生产力成长；通过科技创新提升传统产业，加速绿色转型；培育新兴产业，布局未来产业，夯实发展基础；优化产业链，提升供应链韧性和安全水平；推动能源体系变革，实现工业绿色发展；强化企业创新主体地位，构建市场导向的技术创新体系；深化经济体制改革，建设开放统一市场；畅通人才流动，优化人才培养机制，发挥国家体制优势。[①]

第三节　新质生产力赋能现代化产业体系建设的逻辑和着力点

一、新质生产力赋能现代化产业体系建设的逻辑

（一）内在逻辑

现代化产业体系承载新质生产力，新质生产力成就现代化产业体系，二者相辅相成、相互促进。

① 加快培育新质生产力，建设现代化产业体系 [J]. 经济导刊 ,2023(12):38.

1. 现代化产业体系：新质生产力的根本依托

现代化产业体系通过产业升级和结构调整，以先进技术和新兴产业为核心，是培育新质生产力的重要平台，其集成了新兴产业、科技创新和人力资本等要素，为新质生产力的充分发挥和持续发展提供了制度性支持和体系性保障，是新质生产力发展的基础。

（1）提供产业平台

新质生产力发展将现代化产业体系作为其多元产业平台。传统产业作为国民经济基础不可或缺的一部分，既是新质生产力发展的重要支柱，也需与新质生产力有机结合。战略性新兴产业和未来产业则是现代化产业体系的关键组成部分，代表了科技创新的最新成果和发展方向，推动新质生产力快速发展。通过搭建创新合作平台和促进产业间技术创新与研发合作，能够有效释放新质生产力的活力。

（2）提供创新渠道

科技创新是新质生产力的核心驱动，现代化产业体系为科技创新提供了广阔的实践空间和转化渠道。新兴产业和高新技术企业在此扮演着重要角色，依靠强大的科研实力和先进的创新体系，通过产学研协同机制不断改进生产工艺和流程，提升产品和服务质量。科技创新成果能够通过现代化产业体系迅速转化为产业化应用，有效提高生产效率，推动社会生产力持续提升。

（3）提供人才保障

创新人才是新质生产力的发展根基，尤其是高科技、创新型复合人才。现代化产业体系是吸引和培养创新人才的关键平台，通过产业梯度培养和人力资本开发，不断提升其科技创新能力和素质。同时，注重创新文化建设，营造鼓励创新、包容失败的氛围，吸引优秀人才集聚，激发其创新潜力，为新质生产力的发展提供人才支持。因此，建设现代化产业体系是培育新质生产力的关键措施。

2. 新质生产力：现代化产业体系建设的助推器

当前，发展新质生产力成为我国现代化产业体系建设的关键战略，是推动经济高质量发展的主要动力。新质生产力以创新为核心驱动，通过颠覆性技术和革命性技术突破，实现生产要素的创新配置，积极推动新业态、新模式的发展，力争在关键核心领域取得竞争优势，以促进产业结构优化升级，加速经济增长模式转型。

（1）以科学技术创新为主导

现代化产业体系建设以科学技术创新为主导，旨在优化产业结构、提升产业链水平，推动产业发展。新质生产力通过关键核心领域的技术突破，特别是原创性和颠覆性的技术创新，实现科技自主发展，促进产业技术基础的根本性变革，为产业提供先进技术支持，加速生产方式、工具和管理的智能化、自动化转型，显著提升企业生产效率和产品质量。同时，科技创新与产业创新深度融合，推动新产业形态不断涌现，助力建立现代化产业体系。

（2）以优化资源配置为手段

在现代化产业体系建设中，数据等新型生产要素与传统要素同等重要。新质生产力依托全国统一大市场，通过智能化、信息化、数字化等手段优化生产、分配和流通，实现资源和要素的精准匹配和最优配置。这不仅提高了生产要素的使用效率，还促进了要素资源的协同整合，推动实体经济与新型要素的结合，有效集聚和利用各类优质要素，避免资源浪费，提升资源配置效率，有利于现代化产业体系建设和经济可持续发展。

（3）以产业转型升级为方向

新质生产力驱动产业向数智化、高端化、绿色化和融合化方向转型升级，引领现代化产业体系建设。首先，数智化通过算力、云计算、5G 和大数据等数字技术优化生产方式，推动智能制造和数字化服务，提升产业智能化水平，增强国际竞争力。其次，高端化通过增加产品种类、提升产品质量和知名度，打造自主品牌，实现从中低端到中高端的跃升。再次，绿色化要求产业绿色低碳发展，推广绿色创新和技术，应用新工艺、新材料和新设备，建设绿色现代化产业体系。最后，融合化促进不同产业的融合发展，如数字化产业与实体经济的融合，优化产业体系结构，激发产业活力，推动现代化产业体系的发展。

综上所述，新质生产力从多个维度激发出的先进生产力效应，有力地推动了现代化产业体系建设。因此，准确把握和有效利用新质生产力是建设现代化产业体系的关键。①

3. 新质生产力赋能现代化产业体系智能化的内在逻辑

新质生产力深度融合数字工具和信息技术，从而驱动产业体系的智能化转型。从研发到服务，每一个环节都见证了产业价值创造机制的革新。数据为新质生产力注入强大动力，不仅提高了技术创新与知识共享的效率，还在产业集群内部促进了深度协作与创新思维的迸发。借助大数据和人工智能等先进技术，产品研发得以更加精准地对接市场需求，有效降低了创新的成本与风险，拓展了产业集群的边界，整体竞争力由此显著增强。这一变革，正悄然重塑着产业的未来格局。新质生产力显著改变了生产方式和资料使用，提升了生产效率：其一，引入复杂技术取代传统方法，推动专业化分工和生产流程优化，降低成本，扩展生产边界，提高效率和质量；其二，云计算和大数据等新技术灵活扩展工作负载，推动数字化、智能化生产；其三，人与设备可在智能技术支持下实现高效协作，不仅生产效率更高，劳动价值也能显著提升。新质生产力融入流通环节之后，可为提升流通效率和质量作出贡献，比如传统的信息搜寻手段需要消耗更多资金和时间成本，而在先进信息技术助力下，信息搜索效率显著提升，产品流通也会深受其益；传统物流路径很少做出变化，因此十分容易遭遇市场摩擦，造成物流延迟，甚至产生其他损失，而使用先进信息技术构建物流路径优化系统后，可根据实际情况及时灵活变通，将阻碍因素的负面作用降至最低。在服务环节，新质生产力同样能释放优势，比如智能化服务平台建立后，服务时间和空间更为灵活，被服务者可享受高效便捷的服务质量。可以说，新质生产力在服务领域的应用，不仅提高了服务效率，更推动了服务质量的提升，为消费者带来前所未有的便利与满足。

4. 新质生产力赋能现代化产业体系绿色化的内在逻辑

生产过程绿色化是新质生产力在推动产业体系转型升级中的重要一环。通过

① 陈梦根，张可. 新质生产力与现代化产业体系建设 [J]. 社会科学文摘，2024(7):1–12.

引入数字技术，新质生产力显著提升了生产效率，并在降低环境成本方面发挥了积极作用。数字技术的广泛应用，使得企业能够更加精确地控制生产流程，从而提高能效，减少不必要的浪费。这种效率的提升不仅带来了成本的下降，更通过规模效应增加了企业利润。这些额外的利润为企业提供了更多的资金，用于进一步投入节能减排项目，形成良性循环。数字化平台还推动了企业间的排污技术共享。这种共享模式打破了企业间的信息壁垒，使得先进的能效提升和污染处理技术能够迅速在行业内传播，从而提升整个行业的能效和污染处理能力。这种行业内的协作与共享，不仅有助于提升产业整体的绿色化水平，更增强了产业的整体竞争力。在交易层面，新质生产力同样为产业体系的绿色化赋能。碳交易市场是其中的重要一环。利用数字化工具和数据共享技术，企业可以更精准核算碳排放额度，而后以此为依据对生产环节做出调整，确保碳排放和碳资产符合标准。这一过程中，碳排放权实际上被企业所掌控，而碳排放额度的标准发挥了指导和监督作用，督促相关企业严格控制碳排放，逐步在低碳绿色转型方面获得良好成果。企业还要重视社会责任感塑造，将绿色营销潜移默化地融入自身营销体系，这样既能向消费者输出绿色产品，又能激发消费者绿色消费意愿。新质生产力发展与技术创新“形影不离”，而技术创新是能源结构绿色化的重要助力，比如低碳能源技术可在降低能耗成本方面发挥作用，同时新能源的出现也能降低社会对传统能源的依赖。这种能源结构的优化，不仅有助于缓解全球气候变化带来的压力，还为产业的长期发展奠定了坚实的基础。而政策激励和市场机制如碳交易和绿色补贴的结合，则为清洁能源的研发和推广提供了有力的经济激励，进一步加速了能源结构的绿色化进程。

5. 新质生产力赋能现代化产业体系融合化的内在逻辑

在产业融合的初期阶段，新质生产力如人工智能、大数据和物联网等技术的应用展现出的技术外部性特征日益显著。这些高新技术的引入，不仅推动了数字化生态的蓬勃发展，还使组织的边界越发动态与灵活。原本分属于不同行业、存在明显技术与市场鸿沟的企业，如今得以在技术层面携手合作，共同探索新的发展机遇。这一变革的背后，正是新质生产力赋予的强大推动力，其促进不同经济主体间的深度融合，为产业的创新与发展注入了新的活力。科技创新作为新质生产力的核心，在加速技术普及、推动市场效应显现方面发挥着举足轻重的作用。随着技术的迅速传播与应用，市场融合的步伐也日益加快。在这一阶段，新质生产力主要通过实现规模经济和范围经济来进一步推动产业的融合发展。技术的持续创新有效降低了生产与运营成本，使企业能够更高效地利用资源，从而实现规模经济。同时，新技术的广泛应用还为企业提供了开发多样化产品与服务的可能，结合不同市场的特点与需求，企业得以拓展产品与服务的范围，更好地满足消费者的个性化需求，进而在消费端形成显著的“长尾效应”。在科技与市场双重驱动的融合基础上，产业融合可以通过产业链的垂直与水平整合来实现更加全面的发展。新质生产力在这一过程中发挥着至关重要的作用。通过统一与兼容技术标准，新质生产力有效降低了企业间的合并成本，优化了供应链管理，进而促进上下游企业的紧密合作，提升整体的竞争力。此外，新质生产力还为企业提供了全新的技术与服务，帮助其拓展新的市场与客户群体，实现业务的横向扩展。这不仅推动了产业内外的广泛合作与合并，更为各方共同探索新的增长机会、扩大市场份额创造了有利条件。产业的深度融合将不可避免地重组传统产业格局，催生新兴产业的发展。然而，这也意味着那些无法适应这一趋势的企业可能会面临失去市场地位甚至退出市场的风险。因此，企业必须紧跟时代步伐，积极拥抱新质生产力带来的变革与机遇。①

6. 新质生产力赋能现代化产业体系完整化的内在逻辑

现代化产业体系需要完备的产业门类、链条和配套设施，以确保产业间互联互通、形成完整的上下游产业链，从而为整体产业体系提供坚实支持。近年来，发达国家如美国通过制造业回流和经济制裁影响了中国的产业链完整性，加速了中国现代化产业体系的建设。新质生产力的推动不仅能促进战略性新兴产业的发

① 刘胜，郭蓉，吴亮．新质生产力赋能现代化产业体系建设：内在逻辑、关键问题与实践路径 [J]. 新疆社会科学，2024(3):20–33,176.

展，还能推动科技创新赋能传统产业，促进实体和虚拟产业融合，同时发展优势和特色产业，丰富产业多样性，填补产业空白。通过多领域协同作战，构建完整的现代化产业体系，实现从低端到中高端价值链的跃进。

7. 新质生产力赋能现代化产业体系安全化的内在逻辑

确保安全可靠、自主可控的产业体系是国家经济安全和产业安全的基础。面对复杂多变的国际环境和大国博弈，以及脱钩和筑墙等挑战，建设现代化产业体系至关重要。必须攻克技术难题，调整产业链布局，提升安全性，确保产业链和供应链的稳定。新质生产力应用于填补产业链的缺口和弱点，可提供智力服务和新材料支持，强化关键环节的自主掌控能力，确保在重要领域拥有全球领先地位。优化产业结构以应对发达国家在高新技术和新兴产业中的竞争优势，确保产业安全和持续发展，推动国内外产业的协作与发展。

8. 新质生产力赋能现代化产业体系创新化的内在逻辑

科技创新是现代化产业体系建设的关键驱动力，必须持续加强产业创新，提升全要素生产率。数字技术、人工智能等高新技术的开发与应用，有效激发了创新的积极效应，推动了现代化产业体系的建设。通过科技创新，产业能够实现从"跟跑"到"领跑"的转变，创新是推动产业现代化和结构优化的关键。新质生产力涉及新兴产业和未来产业的发展，强调科技创新的推动作用，将高效的创新模式引入替代传统发展方式。新质生产力关注劳动者素质培养，依赖创新型人才，实现产业升级和经济高质量发展。①

（二）理论逻辑

1. 构建现代化产业组织体系

（1）锻造"链主"企业，发挥"头雁"效应

企业在全球产业价值链中的地位举足轻重，其掌控能力和国际竞争力对于整个产业体系的竞争水平具有决定性影响。在中国现代化产业体系的构建中，关键

① 王飞，韩晓媛，陈瑞华．新质生产力赋能现代化产业体系：内在逻辑与实现路径 [J]. 当代经济管理，2024,46(6):12–19.

的“链主”企业扮演着至关重要的角色。这些企业在产业链、技术链和价值链上均占据着举足轻重的位置，其不仅整合了各类资源，还掌握着核心技术，拥有产业发展的主导权。“链主”企业在产品、价格、市场、技术、标准和管理等方面均展现出引领作用，以自身的实力和影响力，推动着整个产业的进步。更重要的是，这些企业通过其强大的辐射和带动作用，引领上下游企业和关联企业共同发展，促进协同创新和技术突破，从而形成强大的市场控制力，主导整个产业的发展进程。在中国现代化产业体系的建设中，这些“链主”企业无疑是不可或缺的中坚力量。

（2）围绕“补链”“强链”构建企业梯度培育体系

在产业链的纷繁复杂中，不同企业因其独特的地位和作用，对产业的贡献多样。国有企业与大型企业，凭借其深厚的技术积累和规模优势，稳坐“链长”之位，引领着产业链的发展方向。国有企业与大型企业不仅是产业进步的推动者，更是市场稳定的重要保障。中小企业则在产业链中扮演着不可或缺的支持角色。这些企业往往围绕着关键技术或特色产品与服务展开运营，为大企业和国有企业提供精细的配套服务和坚实的支撑。中小企业是产业链的关键节点，虽然规模不大，但对产业的稳定运行和持续发展起着至关重要的作用。而“专精特新”企业、专精特新“小巨人”企业和制造业单项冠军企业，在“补链”“强链”和解决关键难题方面展现出非凡的能力。“专精特新”企业以其独特的创新能力和市场洞察力，为产业链注入源源不断的创新活力。专精特新“小巨人”企业则通过深入市场细分，锤炼出极强的市场竞争力，成为行业中的佼佼者。制造业单项冠军企业更是在特定市场领域内，凭借领先的技术和工艺，赢得了国内外市场的广泛认可，占据了绝对的优势地位。这些企业依托创新技术和精湛工艺，不仅弥补了产业链的短板，更对产业链起到了“强筋壮骨”的作用。这些企业以卓越的产品和服务，提升了产业链的整体竞争力，推动了产业的持续升级和进步。因此，按照梯度发展理论，我们应当构建一条由中小企业、“专精特新”企业、专精特新“小巨人”企业、制造业单项冠军企业、大企业和国有大企业组成的企业链条。这条链条以产业链和供应链为基础，进一步构筑起价值链和创新链，实现企业内部的高效分工与协作，以及资源的共享与优势互补。通过这样的构建，我们能够壮大整个产业链，主导产业的发展进程，从而推动经济的持续繁荣与社会的进步。

（3）推动产业由生产集群向创新集群转变

产业集群，这一独特的经济现象，通过资源与市场的共享，巧妙地实现了“外部性收益”。在地理空间上的紧密集聚，不仅拉近了生产商、服务商、金融机构、高等学校和科研院所之间的距离，更促进了集群内的高效协作。这种集聚带来的协同效应和规模优势，为集群内的每个成员都带来了实实在在的好处。技术创新与知识扩散在这里扮演着至关重要的角色，其推动着集群内部各个创新主体之间建立起多样化、灵活的关系网络，这些关系网络犹如一条条畅通的渠道，促进了资源、信息、技术的自由流动，以及创新的持续升级。在这样的环境下，产品、技术和组织创新得以焕发新的活力，推动整个集群向前发展。产业创新集群作为一种具备高度系统性和可持续性的产业创新能力的组织形态，其影响力不容忽视。它们通过一系列产业创新成果，不仅引领和推动实体产业的高质量发展，还在某种程度上影响和引导着新兴产业和未来产业的走向。这种前瞻性和引领性，使得产业创新集群在自主可控产业体系的建设中占据着举足轻重的地位。产业创新集群作为一种高效率的产业发展组织形态，在产业链与创新链的深度融合中发挥着关键作用。通过倡导集体行动的理念，以及各类创新效应的叠加，产业创新集群正为中国在高质量发展阶段培育世界级先进制造业集群提供一条切实可行的途径。

2. 构建现代化产业结构体系

（1）加快建设现代化农业产业体系

为了加快现代化农业产业体系的建设步伐，确保粮食与种业的自主可靠安全至关重要。保障粮食和重要农产品的稳定供给，是维护食品安全、夯实国家安全的基石。因此，必须大力发展设施农业与智慧农业，运用科技力量，构建多元化的食品供给体系。通过提供品质上乘、种类丰富且安全可靠的农产品，满足民众对品质化、多样化、个性化的消费需求，不仅体现了农业现代化的发展趋势，还是社会进步的象征。此外，提升农业产业的韧性，强化其抗风险能力与稳定性，是现代化农业发展的必然要求。借助科技助农之力，提高粮食产量和自给能力，不断优化农产品价值链，从而有效应对自然灾害和外部挑战，为中国式现代化产业结构体系建设奠定坚实基础。在这一过程中，科技与农业的深度融合，将为国家的粮食安全与农业发展注入强劲动力。

（2）以先进制造业为主导，高新技术产业引领和传统产业改造同步实施

中国制造业，规模宏大却有待强化，自主创新能力亟须提升，资源利用效率、信息化水平和质量效益也呼唤着革新。面对“卡脖子”难题，要实现核心零部件、先进工艺、关键材料和产业技术的自主可控，势必加快信息技术与制造技术的深度交融，攻坚关键共性技术，以此推动制造业向数字化、网络化、智能化迈进，从而实现产业升级，助力制造大国向制造强国的华丽转身。不仅如此，对传统产业的技术改造亦不可忽视。应激励企业采纳先进技术，更新陈旧设备，推广创新产品。经由质量、效率和动力的三重变革，提升传统产业在价值链的地位，实现从跟随者到领军者、从千篇一律到独具匠心的蜕变。这一过程，既是制造业自我革新的必由之路，也是中国制造业在全球竞争中脱颖而出的关键一跃。

（3）加快建设现代服务业体系

制造业与服务业的深度融合，催生了生产性服务业的蓬勃发展。一方面，在制造业分工日益精细、生产过程日趋标准化，以及市场竞争不断加剧的背景下，生产性服务业正朝着更加专业化的方向迈进。信息技术的巧妙融入，使这些服务得以跨越地域限制，实现空间上的聚集，从而推动行业的数字化转型。这一转变，标志着生产性服务业逐渐从劳动密集型向知识、技术密集型转变。另一方面，生活性服务业也展现出新的发展趋势，以高品质、场景化、体验式的发展特征，回应着当代社会对服务质量和体验的追求。这种转变，不仅提升了服务业的整体水平，也反映了现代生活方式的深刻变革。随着居民收入的提高，越来越多的人追求高品质的生活质量，推动了消费结构向精神消费和服务消费转型。现代技术如5G、AI、VR、AR的应用丰富了服务业的应用场景，增强了消费的选择性和精准性，

加速了生活性服务业的发展步伐。

3. 构建现代化产业保障体系

（1）以“新基建”为引领，构建现代化基础设施体系

基础设施是支撑国民经济发展的重要基石，通过其独特的联通功能，不仅增强了产业链与供应链的韧性、稳定性和安全性，更对经济增长产生了显著的乘数效应。在提升传统基础设施方面，重点在于加强网络的连接性、补充网络不足，并强化产业链的各个环节，从而加速经济运行中各要素的流动。这种流动性的增强，为产业链的顺畅运作提供了有力保障，同时为经济增长注入了新的活力。而在新型基础设施建设方面，如5G基站、特高压电网、城际高速铁路等科技设施的快速推进，不仅展现了国家对科技创新的高度重视，还为产业链的深度融合与创新提供了强大的技术支持。这些新型基础设施的建设，有效地连接了产业链、供应链和创新链，促进了上下游企业之间的互动与合作，进一步扩展了消费市场，推动了消费升级。这种全方位的协同作用，极大地提升了整体产业链和供应链的效率，为经济的持续增长奠定了坚实基础。产业发展所需的社会基础设施建设同样不容忽视。特别是在改善营商环境方面，这是提升软环境设施的关键一环。社会基础设施的建设应聚焦于法治环境、政务环境、融资环境、市场环境和社会服务环境的全面优化。通过弥补短板、提升弱项，不仅为企业提供了更加便捷、高效的服务，还为中国式现代化产业体系的建设营造了一个公平、平等、有序的社会软环境。这种环境的营造，无疑为产业的健康发展提供了有力的外部支持，推动中国经济走向更加繁荣的未来。

（2）建设支持实体经济发展的现代金融体系

金融犹如实体经济的血脉，其根本使命在于深度滋养与强力支撑经济肌体的健康发展。在构建产业金融支持体系的宏大图景中，尤为关键的一环是提升金融对民营经济的灌溉能力。当前，民营企业和中小微企业的融资满足度仍显捉襟见肘，小微企业融资成功率徘徊在三成左右，这一现状无疑凸显了金融服务在覆盖面和深度上的不均衡。金融机构在资源配置时，往往倾向于拥抱大企业、大项目，

而对小企业、小项目则略显冷漠。此种情况无疑窄化了产业金融的覆盖面，难以充分提高服务效率。鉴于此，搭建产业金融数字化服务平台尤为迫切。该平台应借由大数据技术的强大力量，实现风险的精准剖析与资源的高效配置，从而深化金融服务实体经济的肌理，拓宽服务的边界，提升服务的质效。通过此举，我们有望打破传统金融服务模式的桎梏，让金融活水更加均匀地滋养每一个经济细胞，为民营企业和中小微企业的发展注入强劲动力，绘制出产业金融与实体经济共生共荣的新篇章。

4. 构建现代化产业政策体系

（1）发挥选择性产业政策的积极作用

选择性产业政策，深植于赶超理论的丰饶土壤中，其核心旨在培育战略性新兴产业，驱动产业结构迈向优化升级的新高度，力图在经济发展的广阔赛道上实现跨越式的追赶与超越。中国，作为一个肩负发展重任的大国，承担着追赶、并跑乃至领跑的多元使命。尤其在战略性新兴产业和关乎国家安全的关键领域，当市场机制偶现失灵之际，选择性产业政策更彰显出不可替代的重要性。因此，精心制定旨在扶持战略性新兴产业发展的政策，无疑成为一项迫切且关键的任务。政策焦点应落于节能环保、信息技术、生物医药、高端装备制造、新能源、新材料等前沿领域，旨在引领产业向知识技术密集型、综合效益提升型、物质资源节约型的现代化方向稳健迈进。此过程需细腻考量，既要激发创新活力，又要确保政策的有效实施，促使产业在复杂多变的市场环境中，既能稳健成长，又能灵活应对挑战，最终实现产业结构的全面优化与经济的可持续发展。

（2）实现选择性产业政策向功能性产业政策转变

选择性产业政策，在理论层面上，被赋予“助跑”的功能，旨在推动产业向高级化演进，加速经济转型的步伐。然而，在实际操作中，对特定产业的扶持可能与市场经济改革的公平竞争理念产生摩擦，甚至发生冲突。选择性产业政策有可能扭曲市场竞争的固有规则，为其他产业的创新发展投下阴影。中国在光伏、新能源等领域的产业政策实践中，部分暴露出的“骗补”问题，犹如一面镜子，映射出政策实施效果与初衷之间可能存在的偏差。鉴于此，产业政策应更加注重维护有效市场竞争的生态环境，为企业创新提供肥沃的土壤，推动产业沿着高质量发展的轨道前行。发达经济体的国际经验为我们提供了有益的启示：在工业化步入中后期，产业政策逐步由选择性向功能性转型，并与国际产业体系深度融合，共同推动经济结构的转型升级。因此，产业政策的未来走向应是普惠性的，它应通过市场机制和竞争的力量，推动创新链与产业链的深度融合，为产业向中高端的迈进提供强大的驱动力。

5. 构建现代化产业创新体系

（1）建设现代化创新生态体系

现代化创新生态体系，是一个由创新主体、创新要素和创新环境交织而成的复杂系统，其核心在于优化并调节知识、技术、资本、人才、装备等创新要素的配置，以促进这些要素之间的高效流动与紧密联系，从而持续推动价值创造与赋能进程。面对美国的技术封锁，中国产业链与创新链遭受了一定冲击，这要求企业、科研院所、金融机构和政府协同发力，聚焦于科技创新，力求实现自主科技发展的目标。在这一过程中，推动产业链与创新链的生态融合，改变技术依赖的被动局面尤为重要。为此，国家应当精心优化科研机构、高水平大学与科技企业的布局与定位，构建一个高效协同的国家实验室体系。这一体系的构建，不仅有助于推进现代化创新生态体系的完善，更能在中国式现代化产业体系中发挥关键作用，为产业的持续发展与创新提供强有力的支撑。通过这一系列举措，中国将更好地应对外部挑战，进一步巩固和提升自身在全球科技竞争中的地位与影响力。

（2）围绕关键核心技术，解决“卡脖子”问题

“卡脖子”问题，实则是指西方国家利用专利壁垒、技术封锁、投资限制、产品进出口管制和市场准入限制等多重手段，对中国获取关键核心技术施加限制，进而对中国的产业发展、经济安全乃至国防安全造成严峻威胁，其根本目的在于遏制中国的发展步伐。关键核心技术，作为生产或技术系统中的核心要素，不仅具有高度专业化的特点，还扮演着产业引领的角色，是构成产业技术系统基础与

关键环节不可或缺的要素。解决“卡脖子”问题的关键是实现科技自主这一宏伟目标。为此，必须加强基础研究，不断积累与丰富基础知识，同时注重知识的整合与跨界融合，打破学科与行业的固有壁垒，推动技术应用的创新。在此基础上，还要积极拓展技术供给，创造新的需求与应用场景，从而彻底摆脱技术依赖的束缚，为中国现代化产业体系的蓬勃发展注入强劲动力。这一系列举措的实施，不仅为中国产业技术的自主可控奠定坚实基础，更将为中国在全球科技竞争中的崛起提供有力支撑。①

二、新质生产力赋能现代化产业体系建设的着力点

产业创新，其深厚根基在于科技进步，尤为重要的是发展战略性新兴产业，此乃时代之需，亦是发展之要。习近平总书记强调要培育壮大的战略性新兴产业，诸如新一代信息技术领域中的移动互联网、智能终端、大数据、云计算、高端芯片等，正蓄势待发，预示着多个产业即将迎来变革与创新的浪潮。这些技术不仅是信息化时代的基石，更是推动经济社会全面转型的关键力量。与此同时，围绕新能源、气候变化、空间和海洋开发的技术创新亦在不断强化，为绿色经济和低碳技术等新兴产业的蓬勃发展提供了无限可能。生命科学与生物技术的崛起，更为健康产业、现代农业、生物能源、生物制造和环保产业等领域注入了新的活力。这些技术的突破与应用，不仅深刻改变了人们的生活方式，还将引领产业结构的深度调整与优化升级。在新质生产力快速发展的背景下，提前布局并培育未来产业尤为重要。新科技与产业的深度融合，使得产业生命周期大幅缩短，今日的战略性新兴产业或许明日便面临转型。因此，对于尚处于萌芽阶段的未来产业，如人工智能、量子信息、未来网络与通信、物联网区块链等新一代信息技术，以及基因编辑、脑科学、合成生物学、再生医学等生物技术领域，还有绿色低碳产业和战略空间产业，均需给予足够的关注与培育。随着这些技术的不断成熟与扩散，将成为经济带动力强劲的战略性新兴产业，为经济社会发展注入新的动力。产业

① 史亚洲．新质生产力视野下构建中国式现代化产业体系的逻辑和着力点 [J]. 长安大学学报 (社会科学版),2024,26(1):1–14.

升级，更是当前经济发展的关键所在。传统产业并非停滞不前，而是需要通过数字化和智能化的升级，焕发新的生机。2023 年，中央经济工作会议明确提出，要广泛应用数智技术和绿色技术，加速传统产业的转型升级。[①]

第四节 新质生产力引领现代化产业体系建设的现状与实现路径

一、新质生产力引领现代化产业体系建设的现状

（一）产业结构亟须实现优化与升级

当前，我国产业结构亟须实现优化与升级。一方面，制造业内部结构偏重传统资源加工和高能耗领域，而中高端制造业的发展尚显不足，凸显出结构调整的紧迫性；另一方面，地区间发展不平衡问题显著，东部地区已步入工业化后期，而中西部地区多数仍处于工业化中期，新兴产业布局呈现同质化竞争态势，部分行业面临低端供给过剩与产能冗余的风险，这一现状无疑对产业结构的深度调整提出了更高的要求。此外，产业结构高端化进展不足，尤其是制造业数字赋能仍需加强，依赖进口的先进传感器和工业软件较多。因此，要提升数字经济对产业高端化的支持能力，解决产业融合不深、不广以及生产性服务业发展不足等问题，以推动产业结构向高端化发展。

（二）产业生产与流通的智能化水平还有待提升

随着互联网技术广泛应用，互联网消费成为民众的消费习惯，可是产业互联网发展脚步却有所滞后，主要表现在产业生产与流通不够智能化，且背后是创新基础设施不足和发达国家技术封锁等挑战的强烈干扰。基础研究作为科技研发的

① 洪银兴. 发展新质生产力 建设现代化产业体系 [J]. 当代经济研究 ,2024(2):7–9.

基石，是突破技术封锁的关键。我国深知这一点，逐年提升基础研究投入，2022年已达到1951亿元，但与发达国家相比，仍存在不小的差距。值得关注的是，企业在基础研究方面的投入相对较低，仅占总研发支出的约1%，这一现状无疑制约了技术创新的深度与广度。此外，新型基础设施建设投入不足，政府补贴政策过于偏向产品销售，而非技术研发，这对产业技术创新的激励作用有限。在国际竞争的大背景下，技术封锁与市场竞争的双重限制，进一步制约了新技术的创新与应用。而在产业流通智能化方面，要素空间流动的限制、数据价值挖掘的不充分和营销成本的高昂等问题频现，中小企业在数据应用和营销创新方面面临瓶颈，亟待突破。

（三）全球分工体系重塑与自主核心技术的“卡脖子”风险

我国十分重视技术升级，多年来积累了丰富经验，形成了这一方面的显著优势，可是核心技术自主研发与转化应用能力不足，正因如此，才会被发达国家“卡脖子”。科技创新是一个需要长期投入与探索的过程，而我国核心技术研发的支撑体系尚显薄弱，有三大不协调问题亟待解决：科研创新与产业发展不匹配，技术转化难，产业需求未能有效引导科研创新；人才结构不合理，顶尖人才和复合型人才缺乏；政府研发投入偏向大企业，中小微企业支持不足，地方经费支出盲目性较大。

（四）数字经济与实体经济融合存在不充分不平衡

我国是全球实体经济大国，数字经济规模居世界第二，但两者融合尚不充分不平衡。制造业作为基础，需要数字经济支持高质量发展；中国制造业中低技术占比较高，挖掘潜力需与数字经济深度融合。不同行业融合差异明显，现代农业和生产性服务业数字经济融合不足，数字鸿沟是关键阻碍。深层原因在于“脱实向虚”发展趋势未逆转，虚拟经济影响实体经济。传统企业看待数字技术仍局限于生产方式升级，新型数字企业虽有数据优势，却未能有效融入实际生产需求，制约新兴产业形成。

（五）产业实现绿色低碳转型的环境约束

近年来，我国努力耕耘绿色低碳领域，并且收获良多，可是总体上依旧处于工业化主导局面中，资源环境依旧面临巨大挑战。我国想要在2035年实现“双碳”目标，需要大幅降低碳排放总量，这一转型任务艰巨且紧迫，需持续探索低碳发展新路径。中国能源结构以煤炭为主，工业需大量高碳能源，是最大碳排放行业。尽管节能环保技术和政策提升效率，但长期粗放发展模式根深蒂固，转型压力大。绿色低碳技术投入相对不足，需重大突破，与产业高端化、智能化、融合化比较，绿色化发展最为困难，现代化进程较慢。①

二、新质生产力引领现代化产业体系建设的实现路径

（一）培育新质生产力，推进现代化产业体系建设的主攻方向

当前，中国现代化产业体系建设中的突出问题包括：一是核心技术和关键领域的自主创新能力弱，基础研究不足；二是存在“脱实向虚”现象，部分地区和行业过早“去工业化”；三是产业结构需优化，传统产业比重高、产能过剩突出；四是经济发展方式粗放，质量和效率有待提升；五是全球产业链中中低端环节需要提升。要解决这些问题，中国需加快数字化和绿色化转型，推动现代化产业体系向前发展。

1. 向“内”：苦练内功夯实产业发展基础

向“内”发展，关键是要夯实内功，也就是耕耘产业发展基础土壤。科技力量不容小觑，生产力发展能从中获取支持。当前科技变革愈加火热，成为新质生产力不断演进的重要基础。国际竞争之中，科技创新也是重要领域，这引领我国创新格局获得重塑，而科技创新离不开基础研究的支持，因此我国需要进一步重视基础研究。中央经济工作会议重视科技创新布局，特别强调颠覆性技术和前沿技术的研发工作，并致力于打造科学技术“直通”产业的渠道，使得产业在衍生

---

① 郭晗，侯雪花．新质生产力推动现代化产业体系构建的理论逻辑与路径选择[J].西安财经大学学报，2024,37(1):21–30.

新模式、新动能等方面更为突出，同时也为新质生产力的进一步发展提供助力。我国是名副其实的制造大国，制造业总量居于世界首位，但是产业基础却不够扎实。想要夯实产业基础，基础设施自然不可缺少，此外还需重视原始创新、基础研究，推动颠覆性技术创新，特别是在信息技术、高端制造等领域进行关键基础零部件、原材料、工艺、技术的突破。

2. 向“实”：坚定不移筑牢实体经济根基

制造业在中国地位超然，其发展质量直接关系国家发展前景，同时也会影响现代化产业体系构建进程。现实中“三重挤压”客观存在，第一重为虚拟经济与实体经济“争资本”，并凭借自身优势占据争夺优势；第二重为发达国家与我国争夺中高端产业，造成很多产业向外流动；第三重为中低端制造业向我国流动，想要低价利用人口红利。在这三重困境下，我国实体经济遭遇“三缺”困境，具体为缺资金、缺人才、缺科技。中国经济必须将高质量发展作为目标，并且处理好实体经济和虚拟经济的关系，避免盲目发展虚拟经济而忽视实体经济，同时也要避免被“理想化高质量发展”所洗脑而过早“去工业化”。近年来，中国工业化脚步不断加快，工业化水平稳步提升，而在生态文明时代，降低工业占比成为趋势，中国也积极响应。在该趋势下，“去工业化”显然是水到渠成的策略，但该策略实施时也要紧密结合实际情况，过早“去工业化”，势必会阻碍工业建设进程，使得我国工业难以全面实现。在评估工业发展价值时，工业所占比重是重要指标之一，但该指标难以全面反映价值情况，还要引入工业发展质量、竞争力等指标才能获得更有效成果。国际上很多发达国家如美国、德国实施了“再工业化”战略，目的并不是提升工业比重，而是着力增强工业技术创新能力。基于发达国家这些经验，我国也要走高质量工业化道路，一方面要降低工业比重，另一方面要继续夯实工业地位和作用，只有如此，其他产业才能获得有力支持，如发展服务业离不开工业的支持。

3. 向“数”：大力发展数字经济

数字经济是现代化产物，也是现代化产业更加完善的重要入手点。想要促进数字经济腾飞，信息基础设施是基础，并且还要不断革新和优化。新质生产力也对数字经济“情有独钟”，相较于实体经济，数字经济的融合能力更为强大，如制造业、服务业等可在数字经济助力下更深入结合，进而为新质生产力的培育提供优质土壤。2022 年，我国数字经济达到 50.2 万亿元，并保持继续增长态势。之所以取得如此佳绩，与数字经济超强渗透能力密切相关。2021 年，中国农业、工业、服务业的数字经济渗透率分别为 9.7%、22.5% 和 43.7%，显示出产业数字化发展不平衡的现状。与英国、德国、韩国相比，中国农业数字化差距显著，它们的农业数字经济渗透率分别为 29.9%、24.8% 和 17.4%。为了提升产业数字化水平，特别是农业和工业领域，需要加强数实融合，推进信息基础设施、融合基础设施和创新基础设施建设，创造更多的应用场景，促进数字经济新质生产力在国民经济中的快速应用和发展。

4. 向“绿”：大力推进产业绿色化转型

传统工业化模式消耗大量不可再生资源，排放过多污染物，导致人与自然关系失衡。新型工业化模式培育新质生产力，深刻变革生产力要素，通过技术、理念、制度创新重塑人与自然的关系。这为应对气候变化、维护能源和资源安全提供了清洁、可持续的生产力保障。科技创新既是新质生产力不断提升的灵丹妙药，也是产业转型不可缺少的支撑力量，尤其是绿色转型对其具有更深依赖性。如果绿色转型获得成功，产业发展所需人力和物资资源将会大幅减少，使得传统掠夺资源式发展模式成为历史。

5. 向“前”：瞄准产业发展前沿领域

新质生产力的发展主体要具有“新”的特征，新兴产业、未来产业自是责无旁贷，应该在新质生产力发展中发挥应有作用，与此同时，当新质生产力达到更高水平后，又会反过来助力新兴产业和未来产业更好发展。在现实生活中，新兴产业并不一定是完全“新兴起”的产业，立足于传统产业衍生出的具备高端、智能、绿色等特征的产业也能归入其中。而无论是哪一种类型，科技创新始终是新兴产业“泵血站”，支撑新兴产业在竞争中不被击倒，而且能不断壮大，甚至成为国民经济支柱。目前，我国可以从生物技术、高端装备、航空航天、海洋装备等入手来打造和衍生新兴产业，并积极对接前沿科技领域，从中汲取最新技术为新兴产业添砖加瓦。[①]

（二）新质生产力引领现代化产业体系建设的实践导向

1. 加大顶层布局力度，为发展新质生产力提供宏观指导

一是为有效推进新质生产力的发展，应构建由中央领导负责的专门推进机构，该机构专注于顶层设计的规划与地方发展实况的督导。进一步设立负责具体工作的领导小组，而为了增强小组的控局能力，领导者应在国务院相关职能部门负责人中进行选择。领导小组要在多个工作环节中发挥作用，如顶层设计、政策制定、督察考核等，其中督察考核工作要突破内部负责体系，积极引入第三方参与评估，目的是获得更精准和科学的评估结果。

二是为加快出台鼓励性支持和引导政策，助力新质生产力发展。明确针对企业等市场主体的奖励政策，并制定税收、贷款等倾斜支持措施，促进发展。建立精准企业分类范围，明确支持对象，并设计有效的政策制度，确保资金正确使用。

三是为引领全国新质生产力的发展，应选定多个具有显著科技基础优势和发展潜力巨大的区域，设立全国新质生产力发展示范区和国家级新质生产力发展创新园区。这些区域将获得倾斜性的支持政策，旨在加速新质生产力的培育与发展，通过示范效应带动全国范围内的新质生产力进步与升级。

四是为支持新旧产业的转型升级，应从中央层面着手，建立聚焦于大数据、人工智能、云计算、高端芯片等新技术领域的世界一流国际科技创新中心。鼓励各地积极申报，通过“揭榜挂帅”等机制明确目标责任，力求在关键技术上取得突破性进展。此外，应将建设国际科技创新中心的重任赋予科技基础雄厚、创新潜力巨大的省市，并对其进行严格考核，要求其在规定的时间内实现关键技术的突破，以推动国家整体科技实力的提升。

---

① 郭朝先，陈小艳，彭莉．新质生产力助推现代化产业体系建设研究 [J]．西安交通大学学报（社会科学版），2024(7):1–15.

2. 大力发展新产业，形成新产业为主导的现代化产业体系

一是充分发挥科技创新在新产业发展中的支撑作用，必须着力推动大数据、云计算、物联网等技术进一步研发和创新。这些新兴技术在应用时，除了基于具体产业特征进行针对性引入，还要上升到产业体系构建层次去考量这些技术，确保这些技术既为新产业体系构建作出贡献，也能在产业化和广泛普及道路上获得更优效果。中西部和农村地区应成为重点布局对象，使新产业逐步在这些地区扎下根系。此举是城乡一体化的重要助力，使区域协调发展更为深入，既有利于实现共同富裕目标，又能彰显中国式现代化的核心价值，让科技发展的成果真正惠及社会。

二是将新产业发展与国家重大战略紧密结合，是确保新产业在战略布局中稳步前行的关键。国家为推动如西部大开发、中部崛起、区域协调发展、乡村振兴、长三角一体化、京津冀协同发展和新基建等重大战略，已投入大量资源，并出台了一系列支持性政策。新质生产力若能与这些国家战略有效对接，无疑将获得更加迅速的发展。因此，应充分利用这些战略所带来的政策、资金和人才优势，为新质生产力的发展提供有力支撑，实现新产业与国家战略的共赢。

三是深入实施人才强国战略。高校、科研院所应设立新质生产力相关专业的本硕博培养体系，高标准、高水平进行人才培养。注重创新意识培养，摆脱传统学业评估，形成多维度评价体系，精准培养创新人才。与企业合作，开展冠名班和联合培养，共建博士后流动站，培养符合新质生产力需求的专业人才。利用继续教育、中职、高职体系，培养高级技术工人，为新质生产力发展提供持续的人才支持。

四是借助“一带一路”高质量发展，积极拓展中国新产业的海外布局。国内外布局协调联动，促进中国新产业的扩展。十年来，共建“一带一路”倡议有效促进全球互联互通，推动经济发展和民生改善。共建“一带一路”构建了全球互联互通网络，焕发了古丝绸之路新活力。新时代要推进共建“一带一路”高质量发展，需创新投资方式，与当地合资合作，形成利益共同体，确保中国新产业在

沿线投资布局顺利推进，提升国际竞争力。

3. 加大传统产业的转型升级发展，拓宽新质生产力的发展空间

第一，新技术在传统制造业中应更深入应用，并从转型升级层面研究新技术的应用之法。中国一汽作为传统制造业重要企业，多年来在解决就业方面发光发热，并创造了巨大产值，为国民经济发展和实现共同富裕作出巨大贡献。为此，必须采取切实有效的措施，促使传统制造业更好地适应高质量发展的要求，提升全球竞争力。应紧抓第四次科技革命带来的新机遇，加速新技术与传统制造业更深融合，使智慧制造、智能制造等成为现实。在融合过程中，生产环节、管理环节、流通环节等皆是重要融入对象，并且不同环节依托信息技术实现高效衔接，推动整个链条达到高智能化和高效化水平。

第二，加快高耗能、低效率传统产业的改造升级，推动向高质量发展转型。我国这类产业的改造升级对经济和民生至关重要。必须采取切实措施，如引入新技术和新设备，提升产业效能，同时严把质量关，确保投资在质量上取得可观进展。对于无法改造或无效益的高污染、低效能传统产业，应实施关闭或整体转型。在关停过程中，应考虑利用新科技在原有基础上开展创新，如将钢铁、化工等厂改造成新兴产业，以避免资源浪费，并为经济发展注入创新元素。

第三，发挥科技创新对实体经济的支撑与引领作用，是夯实国民经济基础的关键。我党始终高度重视实体经济的发展，并强调要防止金融与实体经济出现脱节。借鉴西方国家的经验，我们可以发现，过度发展虚拟经济容易导致经济危机等一系列问题。因此，必须通过科技创新来促进实体经济的高质量发展。具体而言，要着力增强实体经济的科技创新能力，以提升其产品的附加值和市场影响力。此外，还应积极推动全面技术改造的实施，充分利用科技创新来驱动实体经济的高效发展，从而确保实体经济在国民经济中持续发挥稳健的支撑作用。

4. 充分发挥知识产权优势，筑牢新质生产力发展的根基

一是要在国际发展中夺取战略主动权，知识产权保护的重要性不容置疑。知识产权优势已然成为国家间竞争的关键维度，尤其在第四次科技革命的背景下，

其重要性更加凸显。对于发展中国家而言，增强知识产权保护意识是提升其在全球产业链中地位的必要条件。长期以来，发展中国家在此方面的意识与重视程度相对欠缺，致使其在产业链中徘徊于中低端位置。中国，作为全球最大的发展中国家，应当采取实质性举措，树立榜样，发挥引领作用。具体而言，国内各类企业、高校和科研院所均需积极树立知识产权保护意识，鼓励创新发明，并积极申请专利，推动国家在全球知识产权竞争中占据有利地位。鼓励企业积极注册各类商标，提升商标意识，抢占商标注册先机，学习国际知名跨国公司的经验和策略；国家应完善知识产权保护的法律法规，为企业、高校和科研院所提供专利申请等制度支持，并加强执法力度，确保知识产权得到有效保护。打造具有自主知识产权的国际标准体系，支持中国标准“走出去”，尤其通过共建“一带一路”倡议先行先试，为广大发展中国家认可和受益。通过以上措施，全社会将形成良好的知识产权保护氛围，有效统筹发展和安全问题，从而为新质生产力发展提供有力支持。

二是要加快我国技术创新，实现关键核心技术自主自强，是支持新质生产力发展的基础。发达国家的现代化发展表明，掌握关键核心技术和国际知名品牌至关重要，不仅可以提升企业在全球市场的竞争力，也是国家现代化和安全的重要保障。为实现中华民族伟大复兴，必须加快技术创新，确保关键核心技术的自主掌握，摆脱技术依赖。具体措施包括：第一，发挥国家体制优势，集中攻克关键核心技术，确保新质生产力发展安全性，增强产业链韧性。政府、高校、科研院所和企业需形成合力，主动攻关关键技术；第二，鼓励科研人员参与关键技术创新，如采用贡献分红等方式，激励科技人员创新，促进共同富裕；第三，建立科技创新对接平台，确保企业有充分的科技创新平台，避免对外技术依赖。

三是要打造具有国际影响力的自主知识产权品牌，以促进新质生产力的发展，关键在于采取切实有效的举措。通过对标高水平对外开放的目标，可以显著提升我国品牌的国际知名度。华为、比亚迪等之所以能够成为国际知名品牌，其背后的关键是长期坚持的“出口创牌”战略。各类企业应深入实施这一战略，不局限于追求眼前利益，而是通过提升产品知名度来实现可持续发展和出口创汇；在国内市场，通过确保产品质量与信誉，在消费者群体中树立坚实的品牌形象，进而形成内外部客源协调联动的需求体系。这一策略不仅有力地推动了品牌知名度的提升，还为国内大循环发展格局提供了有力支撑。针对新旧产业，掌握自主知识产权的核心技术至关重要，需按照国际一流品牌的标准进行前瞻性布局与精心打造。此外，应充分利用共建“一带一路”倡议等国际合作机遇，展示我国品牌的优良信誉与高质量，进一步提升其在国际市场上的知名度。①

（三）以智能制造作为新质生产力支撑引领现代化产业体系建设

1. 智能制造塑造当代新质生产力

（1）科技革命推动智能制造的兴起

制造业有着漫长的发展历史。最初制造业生产方式为“手工操作”，而在第一次工业革命发生后，“手工操作”逐步被机器取代，此时制造业生产效率大幅提升，所产出的产品呈现模式化特征，即同一类型产品在尺寸、大小等方面基本一致。原先“手工操作”阶段时，制造出的产品往往是定制品或孤品。正因为制造业从手工走向机器，传统手工艺人失去了生存空间，开始大幅减少。机器制造具有诸多优势，如生产效率高最为凸显，但也存在短板，尤其是产品同质化问题。19 世纪末至 20 世纪初，电力设备获得改进，生产线进入工厂，制造业生产效率再上一层楼。以美国福特汽车公司为例，创建了世界上首个大规模采用流水线生产的工厂，实现了大规模制造的目标。生产线模式下，所产出的工业产品在标准化、批量化上更为突出，但是有些产品需要频繁调整设计思路，这样一来，生产线也需要不断调整，造成该模式不适于生产这类产品。进入 20 世纪 60 年代，计算机技术与互联网技术兴起。这类技术改变了信息流动模式，使得跨空间流动成为现实。具体到制造业中，这些技术推动不同部门、不同地域之间更密切和协调的合作。在这一阶段，机器制造和手工制造均有存在空间，高成本与同质化问题得到有效应对。然而“生产过剩”问题接踵而至，即生产走在需求前面，对自然

① 程恩富，陈健．大力发展新质生产力加速推进中国式现代化 [J]. 当代经济研究，2023(12):14–23.

生态系统造成了重大破坏。

人工智能、物联网、大数据和云计算等技术使制造业经历深刻变革，进入智能制造新阶段。谢弗等学者指出，人工智能的学习和适应能力显著改善了制造工艺，降低了成本并加快了生产速度。怀特和博恩提出了“智能制造”，定义为通过知识工程、制造软件、机器人视觉和控制系统，实现无人干预的生产。近年来，“智能制造”不仅在学术界获得广泛讨论，也成为政策关注的焦点，促进了高效、柔性和全生命周期管理的先进生产方式。

（2）智能制造形成现实新质生产力

第一，智能制造凭借变革性的新生产力，显著提升了生产效率，开辟了生产方式的新纪元。新技术革命，尤其是人工智能的兴起，成功将人类智力转化为强劲的生产力。智能制造则将这一“智力物质化”的过程应用于实际生产中，通过构建智能化的机器体系，融合视觉、听觉等感知能力和人类智能的特质，使其能够相对独立地完成产品设计、工艺规划、生产调度、质量控制等一系列复杂任务，从而大幅减少对人工的依赖。这不仅提升了生产过程的监控和控制能力，还实现了生产管理的精细化、敏捷化和高效化，大大提高了企业的生产效率和产品质量。

第二，智能制造改变了传统生产组织形态，使企业能以更灵活、更便利的方式组织劳动者进行生产。传统工厂固定层级化，需遵循标准化程序。智能制造引领数字平台新生产组织形态，企业可实现全球资源调配，通过数字平台采购劳动服务，突破时间和空间的限制。劳动者可在任何地点接受工作任务，如云制造、远程协作、物联网技术，设计师、工程师、操作员远程共同参与产品设计、生产、测试。劳动者角色转变为主体选择工作，促进个性化、多样化发展，但需不断更新知识技能以应对技术变化。

第三，智能制造整合前沿技术，为制造业升级提供新机遇。引入灵活性加速产品迭代与升级，数字孪生等技术通过构建精确数字副本简化设计测试，优化创新不中断生产。企业向市场提供综合解决方案而非单一产品，打破行业壁垒，推动制造业多元化、复合化。内部促进跨部门数据共享集成，利用跨行业知识，开放数据环境消除技术壁垒，促进知识流动。高度协同与共享机制助力各领域企业合作，为整体智能发展创造重要机遇。

2. 智能制造作为新质生产力促进现代化产业体系建设

智能制造对于实体经济、现代产业体系和新型工业化的重要性不言而喻。其在这些方面的支持作用可以从以下三个维度说明。

（1）智能制造推动产业智能化

一方面，智能制造不仅推动了制造业的升级转型，还跨行业传导新技术，成为助推其他产业智能化的重要力量。制造业作为我国实体经济的主导产业，其技术创新活力尤为突出，产生了显著的技术溢出与带动效应。率先实现智能制造的企业不仅在竞争中获得优势，还能带动产业链向智能化迈进。智能制造提升生产效率、降低成本，为其他产业提供示范和激励。数字平台加速供应链上的互动与创新，促进知识和资源共享，帮助非制造业加速智能化转型。

另一方面，智能制造依赖持续的技术创新和高科技人才支持，推动人才培养现代化。人才是产业智能化的重要资源，尽管有观点认为人工智能可能替代人类，但智能制造并未削弱人才在高附加值、创新岗位中的关键作用。现代化人才在智能制造中发挥重要作用，通过人机协作共同完成复杂任务，创造新的就业机会。智能制造推动人才培养体系向更高水平发展，要求劳动者具备卓越的数字技能、专业知识、创新思维和良好的沟通能力。

（2）智能制造推动产业融合化

一方面，智能制造通过无缝链接物理世界与数字世界，实现了数字化技术对实体生产的深度赋能与根本性改造，开创了一种虚实交融的新型生产范式，有力驱动了产业数字化的加速发展。其不仅是技术层面的革新，更是生产模式与产业生态的全面重塑，促使生产要素在数字空间高效配置，生产流程在虚拟环境中优化运行，进而引领制造业向更加智能化、高端化的未来迈进。其在两个关键方面发挥作用：一是提升市场对个性化需求的响应能力；二是通过大数据分析重塑供给结构，实现生产运营的精益化。智能制造通过实时监控、分析和优化物理世界，改变了传统的生产方式，建立高效的数字与物理通信机制，帮助企业实现数据驱动的深度运营、管理和市场整合。消费者的行为数据被视作生产的重要“原材料”，通过深入分析用户画像，企业能够精准预测并满足消费者的需求，打破生产与消费之间的传统界限。

另一方面，智能制造作为前沿技术在制造业的深度聚焦与应用，极大地催化了工业互联网、工业软件、工业大数据和工业机器人等领域的迅猛发展，进而孕育出一系列跨领域产业，这些产业有机融合计算机通信、电子设备制造、互联网服务等多元板块。此融合性产业的蓬勃兴起，不仅是传统产业组织结构向更加复杂、多元和互联互动新模式的深刻转型，更是技术创新型国家在全球产业链竞争中强势崛起的鲜明标志，彰显了国家在全球产业版图中的核心竞争力与战略地位。未来，全球产业链将转向网络式，不同国家和领域的交叉融合将促进信息和资源的高效流动，为拥有融合性产业的国家创造更多创新机会和市场空间。

（3）智能制造推动产业绿色化

智能制造的兴起，不仅标志着工业生产模式的深刻变革，还预示着环境保护与可持续发展路径的创新拓展。其核心在于将降碳减污的管理理念深度融入生产流程，通过技术手段的革新，显著减轻对自然生态系统的负担，助力社会在能源消耗、碳排放削减和环境友好型经济模式的构建上迈出坚实步伐。数字孪生技术作为智能制造的璀璨明珠，通过构建与现实世界映射的虚拟数字副本，使企业能够在无风险的模拟环境中精细调优经营效益、能源消耗和碳排放策略，为绿色电价机制、环保法规执行和节能监察政策的落地实施提供了强有力的技术支撑。此外，智能制造还展现出全天候、智能化的污染源监管能力，无论是废气、废水、固废还是噪声，皆在其严密的监控与管理下，有效遏制了环境污染的源头。智能制造在提升资源利用效率方面同样展现出非凡潜力。其一，凭借成熟的能源管理系统，实现了对能源使用的实时监测、深度分析、精准控制和优化配置。以智能电网为例，它通过整合大规模可再生能源、分布式发电和微电网技术，不仅降低了对传统化石能源的依赖，而且极大提升了能源体系的整体效率和灵活性。其二，智能制造的广泛普及加速了开放、共享的数字平台的崛起，促进了生产数据在全球范围内的无缝流通与高效应用。在这一数据驱动的决策框架下，企业基于更加全面、准确的信息进行理性决策，有效规避了因信息不对称而引发的生产过剩与库存积压问题，从而在宏观层面减少了资源的无谓消耗与浪费，促进了经济的绿色转型与高质量发展。

3. 智能制造支撑引领建设现代化产业体系的路径选择

（1）加强顶层设计与战略规划

党中央应将智能制造作为国家级战略，引导制造业更有力创新发展，并将深化信息技术与制造业融合作为主要入手点，以满足经济社会发展和国防建设的迫切需求。在此过程中，应充分发挥我国的制度优势，通过政策的有效引导与保障，及时出台一系列支持智能制造发展的政策文件，为制造业的高质量发展注入强劲动力。贯彻新发展理念，深化改革开放，统筹经济发展与经济安全，加速智能制造工程的实施步伐，着力提升创新、供给、支撑和应用能力。构建智能制造发展生态，推动制造业向智能化、融合化、绿色化方向转型，促进制造业的高质量发展，并显著提升国际竞争力。

（2）提高技术创新能力

我国在高端生产设备、工业软件、智能传感器等关键领域仍高度依赖进口，此种依赖态势潜藏着技术供应中断的风险，可能对制造业和其他产业的稳健发展造成不利影响。当前，多数企业尚处于智能化转型的初级阶段，面临诸多挑战与机遇。在此背景下，强化研发投入与深化基础研究成为突破瓶颈、实现自主可控的关键所在。国际经验表明，一个国家研发投入越多，技术创新能力也会越强。具体来说，研发投入不断增加时，新技术和新产品开发频率将会提升，同时也能为科技成果转化提供支持，使得最新科技成果不被“束之高阁”，而是为生产力提升作出贡献。研发工作需要源源不断的资金，金融机构需要保持长期稳定的贷款支持，而相关企业也要灵活运用股权融资、债权融资等手段，助力研发工作切实开展。研发工作夯实之后，5G、工业互联网、新材料、新能源汽车等前沿领域的发展和创新将获得巨大助力。这一系列举措，不仅关乎技术层面的革新，更涉及产业结构与生态的深刻变革，对于提升我国制造业的国际竞争力与可持续发展能力具有深远意义。

（3）培养高技能人才

我国高技能人才占比仅为技能劳动者的30%，相较于庞大的就业需求与经济发展要求，其数量显然捉襟见肘，与发达国家相比亦存在显著差距。此般高技能人才的匮乏，无疑将成为制约我国智能制造发展的重大瓶颈，尤其在高层次研发、设计、管理和服务领域的影响更加凸显。为破解此难题，亟须构建一套与现代化产业体系相适配的人才培养机制。高技能人才，作为掌握前沿技术知识与创新能力的关键群体，是智能制造发展的核心驱动力。同时，督促高校、研究机构与产业界紧密合作，共同推进技术研发和实践应用，提升人才创新能力和实践经验。加强与国际顶尖学术机构的合作，开展学术交流、合作研究和人才培养，为引进先进技术和管理经验，提供广阔的发展平台。

（4）加快建设智能制造标准化

智能制造标准化作为推动制造业转型升级的基石与核心，其重要性不言而喻。一个健全的标准体系，能够无缝集成智能制造领域的硬件与软件资源，统一技术与产品的规范，优化服务与管理流程，进而显著增强生产安全性与产品质量的可靠性。德国视智能制造标准化为“工业4.0”战略的先导环节，连续发布多版标准化路线图以引领发展。我国工业和信息化部与国家标准化管理委员会亦积极响应，通过发布多版《国家智能制造标准体系建设指南》，为智能制造标准化工作提供了具体且明确的指导路径。为确保智能制造领域的可持续发展态势，积极参与并推动相关标准的制定工作尤为关键，这要求我们在标准制定过程中秉持科学性、前瞻性与实用性原则，而为我国智能制造的繁荣未来奠定坚实基础。落实《中国制造2025》和《“十四五”智能制造发展规划》要求，组织实施制造业标准提升计划，推动智能装备和工厂形成协调互补的标准体系。针对各行业的特点制定标准，并加大推广力度，提升社会和企业对智能制造标准的认知和应用。加强与

ISO 的合作，学习国际先进经验，确保我国标准与国际接轨。[①]

（四）强化持续保障：推动建设现代产业体系

现代化产业体系是现代国家的核心技术基础，是中国式现代化的关键支柱。新产业、新业态是新质生产力的主要支持，二者的发展是现代化产业体系建设的核心。当前，随着新一轮科技和产业革命的兴起，科技创新加速传统产业升级，布局战略性新兴产业，塑造全球产业分工的新优势至关重要。然而，我国现代化产业体系面临产业结构不足、产业链不够深入、绿色发展受限等多重困难和挑战。因此，需要加快产业智能化、绿色化和融合化进程，进一步完善现代化产业体系，确保其具备完整性、先进性和安全性。

一是推动产业智能化，推进产业链向高端发展。产业体系的高端化需要依托产业技术的智能化。随着关键核心技术的突破和新质生产力的广泛应用，产业链不断向高端迈进。因此，必须推动产业的数字化转型，充分利用物联网、大数据、云计算等数字技术和传统产业的结合，构建智能化数据平台、自动化设备和智能制造系统，实现生产与资源管理的智能化。这将全面提升产业链的改造和升级。同时，要加快数字产业化进程，重点发展集成电路、通信设备和智能硬件等领域，完善数字经济治理，积极参与国际数字经济合作，加速打造具备国际竞争力的新兴数字产业集群，提升产业体系的先进水平。

二是推动产业绿色化，促进产业可持续发展。生态环境和自然资源是新质生产力发展的核心要素，建立绿色可持续产业体系对中国式现代化进程至关重要。因此，需要加快绿色技术创新应用，鼓励企业自主研发，实现绿色低碳技术的重大突破和广泛应用，革新制造业及其基础设施，实现新质生产力的绿色发展；加快可再生清洁能源的开发利用，提升产业能效，满足绿色化要求；强化绿色供应链管理，优化标准要求；推动循环经济等绿色新经济模式发展，促进生态友好型产业体系建设。

---

① 王文泽 . 以智能制造作为新质生产力支撑引领现代化产业体系建设 [J]. 当代经济研究 ,2024(2):105-115.

三是加强产业融合，促进产业体系协同发展。产业结构的升级需要增强产业间的协作能力，实现集聚效应和规模效益，提升产业链的韧性，为新质生产力的发展提供稳定支持。要通过西部大开发、长三角一体化等战略，整合人才和资金支持，推动新产业与国家发展战略，促进新质生产力快速发展；强化跨界创新和自主创新，推行产业跨界融合示范工程，借助平台企业打破产业创新壁垒，加速培育战略性新兴产业和未来产业，形成产业集群优势；优化区域产业链发展，政府须进行顶层设计，推动主导、支柱和基础产业的协调发展，发挥龙头企业的引领作用，推动区域内企业间的创新合作，提升整体产业链水平。①

（五）强化“一体两翼”建设，做好“四个坚持”

发展新质生产力与构建现代化产业体系是相辅相成的战略举措。我们要深入学习贯彻习近平总书记关于新质生产力的重要指示，以创新驱动为核心，积极培育新兴产业，加速推动新质生产力的培育和发展，为现代化产业体系的构建注入强劲动力。

1. 要坚持创新引领

习近平总书记指出，“科技创新能够催生新产业、新模式、新动能，是发展新质生产力的核心要素”。要深刻认识科技创新对发展新质生产力的重要性，持续增强创新驱动力。加大对创新企业的扶持力度，发挥高能级平台如大院大所对产业的推动作用，壮大科技型中小企业、高新技术企业、瞪羚独角兽企业和科技型上市企业，形成链条引领、“专精特新”中小微企业齐飞的协同效应。同时，加强金融支持、政策补贴和基础设施建设，引导企业增加研发投入，承担更多的科技项目，为其创新发展提供坚实支持。提升科技成果转化效率，及时将科技创新成果应用到具体产业和产业链上，不断完善现代产业体系。

2. 要坚持提质增效

习近平总书记强调，发展新质生产力“要突出构建以先进制造业为骨干的现

① 周文，李吉良．新质生产力与中国式现代化 [J]. 社会科学辑刊，2024(2):114-124.

代化产业体系这个重点，以科技创新为引领，统筹推进传统产业升级、新兴产业壮大、未来产业培育”。要深刻认识到新质生产力发展的关键在于质量优先，统筹推进产业引进和培育。加强精准招商，吸引区域带动力强、科技创新属性高的大项目和优质项目。积极推动数字经济发展，促进数据与实体经济深度融合，加快中小企业的数字化转型和智能化改造，推动传统产业转型升级，建设自主可控、安全可靠、竞争力强的现代化产业体系。持续推进绿色制造和服务体系建设，加大传统产业工艺、技术和装备的升级力度，促进资源高效循环利用，推动发展方式绿色转型。

3. 要坚持因地制宜

要深刻认识到发展新质生产力必须从实际出发，推动适合本地的新产业、新模式、新动能发展。依托本地主导产业，深耕细分领域，发展新能源汽车、智能网联、仿生机器人、人工智能等新兴产业和未来产业，打造地方特色鲜明的现代产业集群。强化各级扶持政策的贯彻落实，根据企业发展定位，提升政策的精准度，支持企业扩展规模、提升竞争力。加大企业走访和调研力度，精准捕捉企业需求，优化企业服务中心和检验服务中心布局，有效促进企业健康发展，助推企业成为推动高质量发展的新质生产力。

4. 要坚持人才为本

习近平总书记指出：“要按照发展新质生产力要求，畅通教育、科技、人才的良性循环，完善人才培养、引进、使用、合理流动的工作机制。”要深刻认识到发展新质生产力需要人才支撑。完善顶尖团队引领、领军人才集聚、高层次人才乐居、社会化引才助推、人才服务保障等政策，确保及时落实人才优先发展政策，优化人才发展环境。激发各类人才创新创造活力，强化领军人才项目、科技创新领军人才种子库申报，发挥龙头企业主导的创新联合体作用，推动产学研用深度融合，提供充足的实践机会和创新平台。加大引才力度，实施“双招双引”人才项目，吸引更多一流科技领军人才和创新团队，培养青年科技人才，积聚创新资源和人才优势，为推动新质生产力发展提供强大支持。①

① 张华谦 . 以新质生产力更好助推现代化产业体系建设 [J]. 唯实 ,2024(5):30-32.

参考文献

[1] 赵峰,季雷 . 新质生产力的科学内涵、构成要素和制度保障机制 [J]. 学习与探索,2024(1):92-101,175.

[2] 彭绪庶 . 新质生产力的形成逻辑、发展路径与关键着力点 [J]. 经济纵横,2024(3):23-30.

[3] 蒋永穆,乔张媛 . 新质生产力:逻辑、内涵及路径 [J]. 社会科学研究,2024(1):10-18,211.

[4] 李政,廖晓东 . 发展"新质生产力"的理论、历史和现实"三重"逻辑 [J]. 政治经济学评论,2023,14(6):146-159.

[5] 黄群慧,盛方富 . 新质生产力系统:要素特质、结构承载与功能取向 [J]. 改革,2024(2):15-24.

[6] 盛朝迅 . 新质生产力的形成条件与培育路径 [J]. 经济纵横,2024(2):31-40.

[7] 魏崇辉 . 新质生产力的基本意涵、历史演进与实践路径 [J]. 理论与改革,2023(6):25-38.

[8] 姚树洁,张小倩 . 新质生产力的时代内涵、战略价值与实现路径 [J]. 重庆大学学报(社会科学版),2024,30(1):112-128.

[9] 高帆 ."新质生产力"的提出逻辑、多维内涵及时代意义 [J]. 政治经济学评论,2023,14(6):127-145.

[10] 胡洪彬 . 习近平总书记关于新质生产力重要论述的理论逻辑与实践进路 [J]. 经济学家,2023(12):16–25.

[11] 杨广越 . 新质生产力的研究现状与展望 [J]. 经济问题,2024(5):7–17.

[12] 石建勋,徐玲 . 加快形成新质生产力的重大战略意义及实现路径研究 [J]. 财经问题研究,2024(1):3–12.

[13] 徐政,郑霖豪,程梦瑶 . 新质生产力赋能高质量发展的内在逻辑与实践构想 [J]. 当代经济研究,2023(11):51–58.

[14] 任宇新,吴艳,伍喆 . 金融集聚、产学研合作与新质生产力 [J]. 财经理论与实践,2024,45(3):27–34.

[15] 尹振涛,杨佳铭 . 以金融科技推动新质生产力发展 [J]. 金融博览,2024(5):54–56.

[16] 董昀 . 以金融高质量发展助力新质生产力发展 [J]. 经济,2024(4):27–29.

[17] 周景彤 . 新质生产力发展与金融场景建设双向赋能 [J]. 图书与情报,2024(2):15–17.

[18] 李建军,焦文昭 . 金融赋能新质生产力的内在逻辑与实现路径 [J]. 当代中国与世界,2024(2):21–30.

[19] 张壹帆,陆岷峰 . 科技金融在新质生产力发展中的作用与挑战 : 理论框架与对策研究 [J]. 社会科学家,2024(2):52–59.

[20] 何青,胡通,梁柏林 . 金融服务新质生产力发展 : 历史经验与中国启示 [J]. 当代财经,2024(7):1–15.

[21] 贾康,郭起瑞 . 发展新质生产力　以双轨金融支持科技创新和产业创新 [J]. 财会月刊,2024,45(10):3–5.

[22] 胡刚,陆岷峰 . 金融支持新质生产力提升路径 [J]. 金融教育研究,2024,37(4):14–20.

[23] 何德旭,曾敏 . 为新质生产力发展提供金融助力 [J]. 中国金融,2024(8):

60-62.

[24] 常冶衡, 张令兰 . 技术革命性突破下金融资本配置助力新质生产力发展框架设计 [J]. 财会通讯,2024(12):11-15,131.

[25] 廖恒, 邱志刚 . 金融助力新质生产力的长效机制研究 [J]. 理论与改革,2024(3):52-61,159.

[26] 王兴旺 . 金融租赁行业如何服务新质生产力 [J]. 中小企业管理与科技,2024(9):35-37.

[27] 杨志勇 . 财政在加快发展新质生产力中提供的是非特定基本公共服务 [J]. 财政研究,2024(3):12-17.

[28] 王艺明 . 新质生产力的关键特征、发展方向和财政政策支撑 [J]. 财政研究,2024(3):22-26.

[29] 李明哲, 刘天文 . 加强金融财务监管、防范财政金融风险的研究 [J]. 科技经济市场,2021(7):73-74.

[30] 王宏利 . 财政数字化转型面临的挑战 [J]. 产业创新研究,2022(23):15-17.

[31] 周波, 杨李路 . 财政赋能加快发展新质生产力 : 着力点、实现路径及基本原则 [J]. 河北大学学报 (哲学社会科学版),2024(7):1-10.

[32] 杨志勇 . 加快发展新质生产力的财政力量 [J]. 中央财经大学学报,2024(6):3-9.

[33] 赵全厚 . 财政金融协同助力发展新质生产力 [J]. 经济,2024(5):16-19.

[34] 马海涛 . 财政政策精准发力, 助力培育新质生产力 [J]. 财政研究,2024(3):3-6.

[35] 何代欣 . 充分发挥财政在加快新质生产力形成中的积极作用 [J]. 中国财政,2024(6):42-44.

[36] 韩凤芹 . 加快构建适应新质生产力的财政科技投入体制 [J]. 中国财政,2024(6):35-38.

[37] 胡岳峰 . 新发展格局下财政政策和金融政策的长期协调 [J]. 中外企业文化,2023(6):52–54.

[38] 张新宁 . 科技创新是发展新质生产力的核心要素论析 [J]. 思想理论教育,2024(4):20–26.

[39] 王政武, 杨俏丽, 陈春潮 . 科技创新赋能新质生产力发展 : 作用机理、现实困境与政策优化 [J]. 企业科技与发展,2024(3):6–12,19.

[40] 陆岷峰 . 科技金融赋能实体经济和新质生产力发展 : 经典理论、理论框架与应对策略 [J]. 改革与战略,2024(7):1–13.

[41] 邓宇 . 发展新质生产力与深化科技金融创新——兼论国际经验与中国实践 [J]. 西南金融,2024(4):20–35.

[42] 王京辉, 李菡 . 科创金融服务新质生产力的山东实践 [J]. 中国金融,2024(10):56–57.

[43] 褚海玉 . 科技金融赋能新质生产力发展的研究 [J]. 老字号品牌营销,2024(10):40–42.

[44] 张壹帆, 孙嘉雯, 陆岷峰 . 铸造新质生产力 : 科技金融与科技创新深度融合的路径与模式研究 [J]. 农村金融研究,2024(5):70–80.

[45] 赵晓东 . 科技金融与知识产权协同促进新质生产力发展研究 [J]. 知识产权,2024(5):114–126.

[46] 连俊华 . 发展科技金融培育新质生产力 [J]. 中国金融,2024(8):36–37.

[47] 胡刚, 陆岷峰 . 科技金融促进新质生产力形成路径研究——基于新目标策略影响分析 [J]. 区域金融研究,2024(2):31–38.

[48] 闵亮 . 浅议科技金融支持新质生产力发展的新路径 [J]. 全国流通经济,2024(8):145–148.

[49] 陆岷峰 . 科技金融赋能实体经济和新质生产力发展 : 经典理论、理论框架与应对策略 [J]. 改革与战略,2024(7):1–13.

[50] 张壹帆,陆岷峰.数字金融对金融新质生产力提升的作用机制研究[J].河南社会科学,2024,32(5):74-84.

[51] 李东民,张旭.数字金融推动加快新质生产力发展探析[J].征信,2024(6):67-74.

[52] 周景彤.新质生产力发展与金融场景建设双向赋能[J].图书与情报,2024(2):15-17.

[53] 和平.数字金融赋能实体经济[N].中国银行保险报,2024-05-30(005).

[54] 张伟.数字金融的演进、现状与发展建议[J].吉林金融研究,2024(1):1-9,22.

[55] 韩梅.数字金融发展的现状分析[J].经济研究导刊,2022(11):113-115.

[56] 周雷,龚一泓,吴登城.数字金融服务实体经济发展新质生产力:路径、挑战与对策[J].财会月刊,2024,45(13):122-128.

[57] 谭志雄,王伟,穆思颖.数字金融赋能新质生产力发展:理论逻辑与实现路径[J].电子科技大学学报(社科版),2024(7):1-9.

[58] 黄丹荔,乔桂明,周雷.数字金融赋能新质生产力发展的内在机制与路径[J].上海商学院学报,1-14[2024-07-15].

[59] 胡萍.数字金融助力新质生产力发展[N].金融时报,2024-07-16(005).

[60] 王国刚,周普.推进绿色金融发展加快金融强国建设[J].发展研究,2024,41(4):1-7.

[61] 李朋林,叶静童.绿色金融:发展逻辑、演进路径与中国实践[J].西南金融,2019(10):81-89.

[62] 薛熠,徐梦瑶.金融创新推动绿色新质生产力的发展[J].智慧中国,2024(4):30-33.

[63] 鲍曼君.绿色金融赋能新质生产力[N].中国银行保险报,2024-05-14(006).

[64] 王遥.绿色金融为新质生产力加速赋能[J].经济,2024(4):24-26.

[65] 张明哲 . 新质生产力视角下的转型金融发展 [J]. 现代商业银行,2024(9):30–34.

[66] 周兵, 李艺 . 绿色金融与技术创新耦合协调对低碳经济发展的影响 [J]. 经济与管理研究,2024,45(3):3–22.

[67] 张云飞 . 推动形成与绿色生产力发展相适应的新型生产关系 [J]. 人民论坛·学术前沿,2024(9):43–54.

[68] 王乃祥 . 做好绿色金融大文章　扎实推进高质量发展 [J]. 当代金融家,2024(6):19–22,18.

[69] 郑联盛 . 加快建设金融强国 : 现实价值、短板约束与重要举措 [J]. 改革,2023(12):28–40.

[70] 陆岷峰 . 金融强国与金融新质生产力 : 构建以数智化驱动的金融高质量发展新生态 [J]. 中国流通经济,2024,38(5):18–27.

[71] 潘越, 沈坤荣, 王擎, 等 . "建设金融强国与加快形成新质生产力" 笔谈 [J]. 中国经济问题,2024(2):1–23.

[72] 石建勋, 贾宏伟 . 加快建设金融强国的重大战略意蕴及实践路径 [J]. 新疆师范大学学报 (哲学社会科学版),2024(7):1–9.

[73] 陆岷峰, 徐玉锋 . 新质生产力驱动下的金融强国战略——构建具有中国特色的金融体系 [J]. 大庆师范学院学报,2024,44(3):44–53.

[74] 李恩付, 徐进才 . 建议加快实施金融市场强国战略推动新质生产力加速发展 [J]. 财富时代,2024(5):17–18.

[75] 刘伟, 刘志清, 王擎, 等 . 加快建设金融强国　助推新质生产力发展 (上) [J]. 金融监管研究,2024(6):1–21.

[76] 周道许 . 关于加快建设金融强国、推动金融高质量发展的思考 [J]. 区域金融研究,2024(4):1–11.

[77] 黄汉权, 盛朝迅 . 现代化产业体系的内涵特征、演进规律和构建途径 [J]. 中国软科学,2023(10):1–8.

[78] 王沛霖 . 着力构建现代化产业体系培育塑造新质生产力 [J]. 机器人产业, 2024(2):5-9.

[79] 陈梦根, 张可 . 新质生产力与现代化产业体系建设 [J]. 社会科学文摘,2024(7):1-12.

[80] 刘胜, 郭蓉, 吴亮 . 新质生产力赋能现代化产业体系建设 : 内在逻辑、关键问题与实践路径 [J]. 新疆社会科学,2024(3):20-33,176.

[81] 王飞, 韩晓媛, 陈瑞华 . 新质生产力赋能现代化产业体系 : 内在逻辑与实现路径 [J]. 当代经济管理,2024,46(6):12-19.

[82] 史亚洲 . 新质生产力视野下构建中国式现代化产业体系的逻辑和着力点 [J]. 长安大学学报 (社会科学版),2024,26(1):1-14.

[83] 洪银兴 . 发展新质生产力建设现代化产业体系 [J]. 当代经济研究,2024(2):7-9.

[84] 郭晗, 侯雪花 . 新质生产力推动现代化产业体系构建的理论逻辑与路径选择 [J]. 西安财经大学学报,2024,37(1):21-30.

[85] 郭朝先, 陈小艳, 彭莉 . 新质生产力助推现代化产业体系建设研究 [J]. 西安交通大学学报 (社会科学版),2024(7):1-15.

[86] 程恩富, 陈健 . 大力发展新质生产力加速推进中国式现代化 [J]. 当代经济研究, 2023(12):14-23.

[87] 王文泽 . 以智能制造作为新质生产力支撑引领现代化产业体系建设 [J]. 当代经济研究,2024(2):105-115.

[88] 周文, 李吉良 . 新质生产力与中国式现代化 [J]. 社会科学辑刊,2024(2):114-124.

[89] 张华谦 . 以新质生产力更好助推现代化产业体系建设 [J]. 唯实,2024(5):30-32.